Pommernoriginale
Zuhause und unterwegs

Jagdgeschichten und anderes
erlebt und zusammengestellt von

Hasso von Knebel Doeberitz
Dietersdorf

Autor: Hasso von Knebel Doeberitz
Lektorat: Dr. Horst Simon
Zeichnungen: Klaus-Peter Reif
Gesamtgestaltung: WAGE-Verlag

Vertrieb: WAGE-Verlag
Am Tannenkopp 15, 18195 Tessin, Germany
Tel./Fax: (038205) 12902/12901
Internet: http://www.wage-verlag.de
Email: info@wage-verlag.de

1. Auflage, 2002

ISBN: 3-9807492-6-6

Inhaltsverzeichnis

Hasso von Knebel Doeberitz

Friedrich Carl von Berg-Dubewitz
Vollrath von Braunschweig-Standemin
und
Oskar Caminneci

in treuem Gedenken gewidmet.

Geleit

Vier Jahrzehnte ist es nun fast her, als Hasso von Knebel Doeberitz dieses Buch im Selbstverlag herausbrachte.
Der Autor, ein passionierter Jäger, erinnert u. a. in kurzen Anekdoten und witzigen Geschichten an sein Heimatland Pommern, bzw. an pommersche Orginale. Er schildert Begebenheiten, die er gehört oder selbst erlebt hat, auf der Jagd und aus dem alltäglichen Leben, von seiner Studentenzeit in Heidelberg, seiner Millitärzeit in Preußen und der Vertreibung.
Dabei läßt er auch Freunde und Bekannte zu Wort kommen, z. B. Friedrich Carl von Berg-Dubewitz, Vollrath von Braunschweig-Standemin, die Caminnecis - Nachfahren des seinerzeit deutschlandweit bekannten Jägers Oska Caminneci, welcher 1944 im KZ Mauthausen im Zusammenhang mit einer Intrige des Oberstjägermeisters Ullrich Scherping zu Tode kam - u. a.
Trotz der Hürden, die ihm das Leben stellte, bewahrte der Autor seinen Humor. Das pommersche Platt sowie andere Dialekte geben einigen Geschichten eine Lebendigkeit, die den Leser an einer urwüchsigen Zeit teilhaben und ihn oft schmunzeln oder besser gesagt *grienen* lassen. Andere Themen machen betroffen und nehmen Bezug auf tragische Ereignisse.

Um die Erinnerung an das einstige Ostpommern wach zu halten, gab uns der Sohn des Autors, *Bernd von Knebel Doeberitz*, sein arg in Anspruch genommes Exemplar des Buches seines Vaters in die Hände, daß wir neu bearbeitet, ergänzt und nun verlegt haben. Damit geben wir Ihnen die Gelegenheit, über dieses oder jenes zu *schmunzeln* aber auch Wissenswertes über das Vorkriegspommern zu erfahren.

W. Ripperger
Forstmeister a. D.
Tessin, September 2002

Vorwort

Das zweite Dezennium seit unserer Vertreibung geht bald zu Ende. Immer größer wird die Zahl der aus der älteren Generation zur »großen Armee« Abberufenen und immer kleiner die Zahl derer, die noch die alten, guten Zeiten »zu Hause« erleben und ein Menschenalter lang die Heimat im Herzen tragen durften.

Fast alles wurde uns geraubt - nicht wenige wurden Opfer des Nationalsozialismus als sie versucht haben die Tragödie von unserem verlorenen Pommernland abzuwenden - nur die Erinnerung ist das einzige Gut, das uns nicht genommen werden kann. Daß davon möglichst viel auch der jungen Generation erhalten bleiben möge, muß unser Bestreben sein.

Auf dem Lande aufgewachsen, war ich unserer schönen pommerschen Landschaft mit ihren Wäldern und Seen eng verbunden und von Jugend an ein passionierter Jäger. Die schönsten Stunden meines Landlebens habe ich als Heger und Jäger auf einsamer Pirsch oder auf Jagden im Kameradenkreise verbracht. Von diesen Kameraden und von den auf heimatlicher Scholle gewachsenen Menschen soll nachstehende Sammlung berichten.

Wenn ich Anekdoten über diese urwüchsigen, humorvollen Originale voller Mutterwitz mit Jagdgeschichten etc. mische, so entspricht dies den Erlebnissen vieler Jahrzehnte. Auch hoffe ich, dadurch den Stoff für den einzelnen Leser und seine jeweilige Stimmung abwechslungsreicher zu gestalten.

Die Jugend hat Sinn für Humor, und sie soll aus den nachfolgenden Geschichten ersehen, wie schön die Zeiten früher in unserem lieben Pommernlande waren. Urwüchsig wie die Natur waren auch die Menschen. Möge es unserer »Jugend in der Fremde« vergönnt sein, wieder zur ostdeutschen Heimat zurückzufinden.

Die nachfolgenden Aufzeichnungen erheben keinen besonderen Anspruch auf literarischen Wert - sie sollen der Erinnerung, Information, Zerstreuung, Belustigung, aber auch Mahnung dienen.

Hasso von Knebel Doeberitz - Dietersdorf

Pommersche Jagden, Jäger und Treiber

Kaninchen-Jagd

Hasso v. Knebel Doeberitz

Als ich noch zu Hause in die Dorfschule ging, hatte ich meine zahmen Kaninchen, die ich zusammen mit Schulkameraden aus dem Dorfe versorgte. Der Kaninchenstall - eine Bretterbude mit Pappdach und anschließendem Auslauf aus Maschendraht - lag im Park zwischen dem alten Krocketplatz und dem Gemüsegarten gegenüber den Quittensträuchern. Er war in Leichtbauweise auf einen halben Ziegelstein als Fundament errichtet. Die »Halblapins« fühlten sich darin ganz wohl, aber die kleinen grauen »Feld-, Wald- und Wiesenhasen« strebten nach Freiheit, hatten bald das flache Fundament untertunnelt und taten sich im nahen Gemüsegarten in den Salat- und Spinatbeeten gütlich.

So kam es zur ersten Kaninchenjagd mit Zwille, Armbrust und bald auch mit dem unter Fürsprache des Gärtners als »dringend« angeforderten 6-mm-Tesching.

Wenn im Winter die Stalltür jeden Morgen eingeschneit war und nur nach langem Schneeschippen geöffnet werden konnte, die Jungen erfroren, dann wurde in den Schafstall umgezogen.

Im ersten Winter ging das noch gut. Aber im nächsten Jahr zeigten die Grauen, was sie draußen im Sommerstall gelernt hatten, und unterminierten den ganzen Schafstall mit ihren in den gewachsenen Boden gebuddelten Gängen, in denen sie auch jungten. Sie vermehrten sich hier bestens und unkontrolliert, so daß ich bald nicht mehr wußte, wie groß eigentlich meine Kaninchenherde war - ähnlich dem Besitzer einer großen Schaf-Farm in Südwestafrika.

Die »Halbwilden« erregten nun aber den Zorn des Schäfers und des Beamten, weil sich immer mehr Schafe in den Löchern die Beine brachen und der Schäfer den berechtigten Argwohn hegte, daß es ihm eines Tages auch mal so gehen könnte. Infolge eines Machtwortes meiner Mutter und des Beamten mußte ich mit meinen unbotmäßigen Schutzbefohlenen den Schafstall räumen und wieder in die Kaninchen-Villa im Park umziehen.

- Das gab die zweite Kaninchenjagd! -

Die Sommervilla wurde vergrößert und ausbruchsicher gemacht. Nun mußte aber mit dem Ziegengespann täglich Futter herangefahren und auch die Buchten mußten jede Woche gesäubert und ausgemistet werden. Das Ziegengespann bestand aus zwei langhaarigen Ziegenböcken, die im Kutschstall untergebracht waren. Ich hatte dafür einen »Kutsch-« und einen Arbeitswagen.

Wenn auch schon der Karnickelmist nicht gerade besonders gut roch, so stanken die langhaarigen Böcke bestialisch! Ich hatte daher zum Umgang mit Kaninchen und vor allem als »Kutscherlivree« meinen besonderen Ziegen-Anzug, mit dem ich nicht ins Haus kommen durfte, allenfalls im Sommer zum Frühstück auf die Veranda.

Die zum Ausmisten unentbehrliche Forke ist mir mehrfach gestohlen worden, daher nahm ich sie kurz entschlossen mit in mein Schlafzimmer und klemmte sie hinter mein Bett. Als meine Mutter eines Abends an mein Bettchen trat, um mir gute Nacht zu sagen, prallte sie entsetzt zurück, weil sie sich an dem nicht vermuteten Mordwerkzeug - die Forkenspitzen ragten gerade in der gefährlichen Höhe mitten über das Bett - fast die Augen ausgestoßen hätte.

So spielten die Kaninchen in meiner Familie schon von Jugend auf eine große Rolle! Am eindrucksvollsten haben sie sich aber in folgender Situation durchgesetzt:

Die Betreuung der immer mehr anwachsenden Kaninchenherde erforderte so viel Zeit, daß dadurch meine Schularbeiten zu kurz kamen und ich mal wieder im Unterricht restlos versagte. Zur Strafe sollte ich nachmittags zwei Stunden nachsitzen. Darauf eröffnete ich dem Kummer gewöhnten Hauslehrer kurzerhand: *»Dann müssen Sie die Kaninchen füttern und die linke große Bucht ausmisten!«* Wir schlossen Frieden. Ich habe nicht nachgesessen, und er hat nicht ausgemistet!

Mit dem »6 mm« ging es nun aber bald auf den Anstand draußen im Revier auf die wilden Flitzer. Das war nun schon für mich die »hohe Jagd«, und ich werde nie die vielen schönen Stunden vergessen, wenn im Schein der Abendsonne ein Grauer nach dem anderen aus der Kieferndickung gehoppelt kam, um jenseits des Weges im Klee oder jungen Getreide zu äsen. Hier lernte man abwarten, die günstigste Schußposition ausnutzen und möglichst mit Kopfschuß jede Nachsuche vermeiden, um bald erneut zu Schuß zu kommen.

Mit dem »6 mm« hatte ich mich schnell so eingeschossen, daß bald kein Eichelhäher, Eichkater und auch Spatz auf dem Hofe vor mir sicher war. Meinem ältesten Bruder, der auf einen Hirsch vorbeigeschossen hatte und darüber sehr traurig war, sagte ich dazu etwas spöttisch: *»Ich verstehe gar nicht, wie du an so einem Tier, groß wie ein Scheunentor, vorbeischießen kannst, wo ich doch Spatzen, Karnickel und Eichkatzen mit der Kugel treffe.«* - Das mochte er gar nicht gerne hören.

Später, vom Gymnasium in Stargard aus luden wir uns in den großen Ferien gegenseitig zur Karnickeljagd ein - nun mit Kaliber 16. Die Rekordstrecke erzielten wir zu dritt, meine Schulkameraden Leo und Arthur v. Oppenfeldt und ich in

Nadrensee im Kreis Tantow: Hier waren etwa 200 Morgen leichter Boden mit Kiefern aufgeforstet, die nun so gerade im richtigen »Kaninchenalter« waren. Bei schönem, trockenem Sommerwetter wurden kleine Treiben genommen und nur die »Hauptwechsel« besetzt. Die Treiberwehr bestand aus sechs bis acht passionierten Schuljungen. In Ermangelung eines Jagdstuhls knieten wir uns auf den Boden, den Hut voller Patronen vor uns, um auch ohne Ejektor schnell laden zu können. Da haben wir gelernt, ohne groß zu zielen, schnell den Schuß hinzuwerfen, als wenn man so mit einem langen Stock nach den Flitzern schlüge. Resultat in ca. drei Stunden: an die 90 Stück!

In meinem späteren Jägerleben habe ich mich immer gern mit den kleinen grauen Hopplern beschäftigt und manchen Hasen - und in Schlesien Fasanen - dadurch verpaßt oder vorbeigeschossen. Der »Kanin« ist eigentlich das einzige Wild, das hinten nicht »zu kurz« ist, wenn man nur gelernt hat, den Schuß »hinzuschmeißen«.

Schnepfenstrich

Etwa zwei Monate sind seit der letzten Hasenjagd vergangen, und jeder Jäger freut sich, wenn diese »saure Gurkenzeit« vorbei ist. Der Kalender stimmt nicht immer mit der Natur überein, wenn es nach ihm heißt:

»Okuli - da kommen sie,
Laetare - das ist das Wahre,
Judica, sind sie auch noch da,
Palmarum, Tralarum!
Quasi modo geniti
Laß' sie in Ruh',
jetzt brüten sie.

In der norddeutschen Tiefebene zieht die Schnepfe etwa von Mitte März bis Mitte April, aber, es muß auch »Schnepfenwetter« sein, sonst macht die Sache keine Freude. Und man will doch gerade Freude an der wiedererwachenden Natur haben, an den jungen Weidenkätzchen, am Vogelgezwitscher und am Rascheln des Mäusleins im dürren Laub. Dazu kann man kalten Ostwind und Graupelschauer nicht gebrauchen, sondern Tier, Mensch und Pflanzen müssen sich wohlfühlen, um dem beginnenden Frühling entgegenzulauschen.

Wir wollen nicht große Strecken machen, sondern uns freuen an der immer wiederkehrenden Urkraft des Frühlings, die schließlich über die Gewalt des Winters Herr wird.

Das beste Wetter ist ein warmer Nieselregen, dann streicht der »Vogel mit dem langen Gesicht« nicht so schnell.

Langsam wird es still und stiller, der letzte Drosselschlag verklingt, und der erste Stern zeigt sich am Himmel. Jetzt könnten sie bald kommen! Da ertönt es auch schon in der Ferne leise, aber deutlich wahrnehmbar: *Quarr, quarr, quiz,*

quiz - und ein Schatten streicht hinten über die Erlen. - Jetzt von hinten - *quarr, quarr* - und man verrenkt sich den Kopf. Der neben einem sitzende Hund zittert vor Aufregung. - Da - von halblinks kommt ein Pärchen im spielenden Fluge angesegelt: Zu einer Doublette reicht es nicht mehr, aber die hintere Schnepfe klatscht im Feuerblitz wie ein Stein zur Erde. Der Hund schießt davon und kommt nach kurzer Zeit mit der ersten Beute des neuen Jagdjahres im Fang stolz zurück, als wollte er sagen: *»Na endlich!«* - Er wird belobt, und dabei verpaßt man Schnepfe Nummer drei, die einem von hinten gerade über den Kopf streicht. Nach einigen Minuten nochmals ein Schnepfenpärchen von vorn: Diesmal glückt die Doublette. Nach längerem Suchen ist es dunkel geworden, und man tritt mit dem braven Begleiter »Blitz« den Heimweg an. Aber nicht immer klappt es so, besonders, wenn man sich nicht nach dem Wetter, sondern nach dem Kalender richtet.

Am Schluß des Wintersemesters 1914 hatten wir in Heidelberg verabredet, uns zu Ostern zum Schnepfenstrich in Reinfeld zu treffen: die beiden dortigen Söhne, Addi v. Doetinehem aus Ruhnow, meine Wenigkeit und der baltische Corpsbruder Hans v. Manteuffel, der als Führer der baltischen Landeswehr nur allzu früh vor Riga fallen sollte.

Nach einem dreistündigen Ritt bin ich mittags in Reinfeld angekommen, und nach dem Kaffee ging es zu fünft auf den Schnepfenstrich. In einem großen Erlenbruch bezogen wir bei windigem und kaltem Wetter Posten. Jeder wußte, wo der Nachbarschütze stand. Aber es wurde dunkel und dunkler, die letzte Drossel war längst verstummt, keine Schnepfe, nur Fledermäuse. Die Jagdherren fingen an, sich auf diese Tierchen zu versuchen, und so gab es eine große Knallerei auf dieses nicht gerade leicht zu treffende Ersatzwild. Wir gaben aber das erfolglose Schießen bald auf und wurden nun vom »Jagdherrn« abgeholt. Es war schon stockfinster - da knallte es bei dem letzten Schützen, Manteuffel, zweimal kurz hintereinander. Als wir zu ihm kamen und ihn fragten, worauf er denn jetzt noch geschossen hätte, erwiderte er lächelnd: *»Da krauchte was im Busch herum, ich dacht es wär Lengerke.«*

Mit Lengerke-Vandaliae hatte er nämlich eine Säbelforderung hängen, die gleich nach den Osterferien ausgetragen werden sollte.

»Ich dacht, es wäre Lengerke« - blieb noch lange Zeit bei uns geflügeltes Wort.

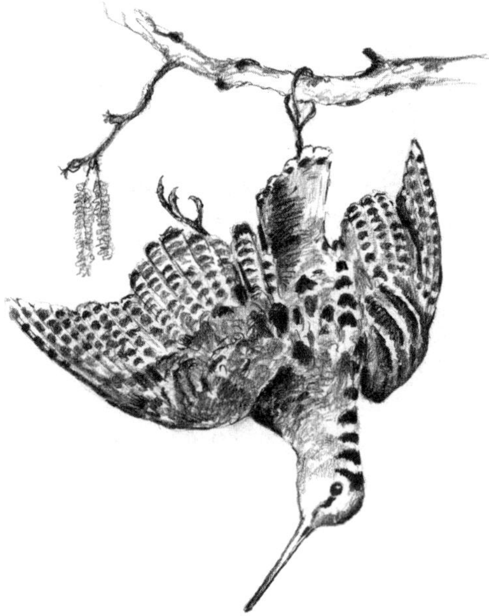

»Klarer Fall«

Das Hasentreffen fällt dir schwer?
Gib Obacht - ich erklär es dir:
Zwei Läufe hat nur dein Gewehr -
Der Hase aber vier!

Kesseljagd in Zülshagen

(Kreis Dramburg)

Trotz tiefem Schnee, Kälte und Ostwind ist die nun einmal angesetzte Kesseljagd programmäßig durchgeführt worden. Es ist überhaupt ganz selten vorgekommen, daß eine Jagd wegen schlechter Witterung abgesagt wurde. Das hätte gegen den jagdlichen Ehren-Kodex verstoßen, über den »Onkel Arthur«, mein Dietersdorfer Onkel, der selbst die kleinste Klapperei nicht ausließ, wachte.

Bei einem wahren Hundewetter mit Schneematsch und Graupelhagel wickelte er sich in seinen Lodenkragen und sagte nur: *»Ich hab's schon schlimmer erlebt.«*

Wir werden von ihm, der für alle Treiber ein Begriff und für die Schützen das personifizierte jagdliche Gewissen war, noch mehrfach hören.

Die große Feldjagd fand also bei tiefem Schnee, etwa 15 Grad Kälte und schneidendem Ostwind statt.

Freund Schülke, der ein ebenso passionierter Treiber wie großer Stotterer war, hatte mit einer ordentlichen Flasche Schnaps vorgesorgt und so eingeheizt, daß sie bereits nach dem zweiten Kessel leer, er aber voll war. Der Hase lag trotz Kälte auf dem Feld, hatte sich einschneien lassen, und das

Resultat war recht gut. Beim Legen der Strecke kam Schülke auf meinen Bruder, über die Strecke tretend, zugetorkelt und stotterte: *»Oh - Herr Doktor - so väl Hausa - häw wi noch nie hat«* - sprach's und lag der Länge nach auf der Strecke.

Nach dem 3. Kessel gab's Frühstück an der »Frühstückseiche«, wo sich alles langsam zusammenfand. Nur »Onkel Arthur« fehlte. Keiner hatte ihn gesehen. Als Nachzügler kam Schülke durch den tiefen Schnee gestapft und wurde von meinem Bruder gefragt, ob er denn den Dietersdorfer nicht gesehen hätte? - *»Jau, jau, - den häw'ck seha - de log dau hinne im Jrawe (Graben) - bitt an de Hals in'n Schnee. He künnt uck jar nich wedder rute kauma«* Darauf mein Bruder: *»Hast ihm denn nicht geholfen?«* Antwort: *»Nee, nee, - hätt mi ja keener wat sejjt!«*

Rotwildjagd in Dietersdorf

Dietersdorf, das heutige Bobrowo, vor dem zweiten Weltkrieg der Provinz Brandenburg, Regierungs-Bezirk Koeslin, Kreis Dramburg angehörig, am fast zwei Kilometer langen Vansow See gelegen, gehörte seit 1846 zur Herrschaft Knebel Doeberitz. Das Gut hatte 2.500 Morgen Acker und Wiesen, 1.200 Morgen fischreiche Landseen und 3.000 Morgen Wald, bestockt mit Kiefer, Buche und Eiche.

Besondere Passion und Können zeigte Freund Schülke bei der Hochwildjagd, wo er demgemäß als Obertreiber fungierte. In einem längeren Treiben kamen die Treiber nach Durchkämmen mehrerer kleiner Dickungen durch ein lichtes Stangenholz, in das wieder kleine Fichtenhorste eingesprengt waren.

Schülke hatte beobachtet, wie sich ein Rudel Rotwild in einen solchen, kurz vor den Schützenständen liegenden Fichtenhorst eingeschoben hatte. Er ließ die übrigen Treiber halten und ging selbst mit dem richtigen Wind, nur ab und zu sich mal räuspernd, in den Fichtenhorst hinein. Das Rudel, dem die Sache nicht ganz geheuer vorkam, zog, fast vertraut, auf der richtigen Seite heraus, den Schützen entgegen. Schülke, dies beobachtend, erkannte den Dietersdorfer Herrn, auf den das Rudel zuwechselte. Da war es mit seiner Fassung vorbei, und er rief laut: *»Deitesdöpsch, Deitesdöpsch (Dietersdorfer) pat up, pat up, nu ka-ka-ka-kaum'as«*

Erfolg: Das bisher so kunstgerecht in Ruhe vor die Schützen gebrachte Rudel prasselte wie die Feuerwehr los und wurde vorbeigeschossen!

Wildjagd in Zetthun

Der Jagdherr von Zetthun (Cetun), ein bekannter Nimrod, wurde 1944 im Konzentrationslager ermordet; die Fakten sind dem Beitrag "die Intrige des Oberstjägermeister U. Scherping" zu entnehmen.

Wieder Mal beim Jagdfreund Oscar Caminneci - großer Krach und Geschrei in der Dickung, kein Schuß fiel. Nachdem sich nichts ereignet hatte, kamen die Treiber aus der Dickung heraus und wurden von meinem Bruder Gerd gefragt, was denn los gewesen sei? Darauf Schülke: *»Oh, oh, - Herr Doktor, da war so'n Boll, de köm up us tau un jing öwer us röwer, dat's ümmer so krüselt.«* (Oh, oh - Herr Doktor, da war so ein Bulle, der kam auf uns zu, sprang über uns rüber, daß es nur so wirbelte) - *»So«*, sagte mein Bruder, *»was hatte er denn auf dem Kopf?«* Antwort: *»Na, wenn ick so wiesa scha* (Na, wenn ich zeigen soll - er zeigte so zwei handbreit) *so lang hätt hei woll up hat.«* (So lang hat er wohl daufgehabt).

Also ein ganz lächerlicher Spießer!

Entenjagd in Dietersdorf-Völskowsee

Punkt 7 Uhr Jagdbeginn und Treffen am Seeufer. Zwei bis drei Kähne, die gestakt werden. - Die vom Ufer aus durch den Rohrgürtel geschnittenen Schneisen wurden von den Schützen im Fußmarsch, die aus Kähnen mit jüngeren Förstern mit Hunden bestehende Treiberwehr überflügelnd, besetzt. Haupttreiben war der sogenannte Rohrberg, in dessen Mitte ein Doppelposten auf Brettern mit je zwei bis drei Stichschneisen vorbereitet war. Die Schützen standen Rücken an Rücken. Getrieben wurde »rundum«!

Der Fischerknecht »Willem«, der die Schneisen kunstgerecht angelegt hatte, wurde vor Beginn des Treibens von Onkel Arthur gefragt, wieviel Schneisen und in welcher Reihenfolge sie denn kämen?

Willem: *»Erst kommen zwei einfache, dann zwei doppelte und dann eine 3-doppelte.«* Onkel Arthur: *»3-doppelt? Das ist also sechsfach? Mensch Willem, so was gibt's ja gar nicht!«*

Aber Willem blieb bei seiner »3-doppelten«, worauf der Jagdherr resigniert sagte: *»Da ist also nichts zu machen, na, denn man los!«*

Die Krüzotter

(Die Kreuzotter)

Nach einigen Stunden Entenjagd Frühstück aus der Jagdtasche am Seeufer.

Ich war schon ziemlich ermattet, saß auf einer Binsenbülte und aß mein Brot. Vor mir stand Willem, kaute das seine und glotzte mir dauernd auf die Stiefel. Das fiel mir schließlich auf, und ich fagte:
»Willem, was kuckst denn immer?« Darauf Willem: *»Na, so eene jroße Krüzotter hab ick aber doch man lange nich jeseh'n.«* Ich fuhr hoch: *»Das sagst du jetzt erst? Die hätte mich doch beißen können!«*
Willem ließ sich aber nicht aus der Ruhe bringen und meinte nur ganz treuherzig: *»Ja - ick hab mir ja auch schon die janze Zeit jewunnert, dat se noch nich jebissen hat.«* (Ja - ich habe mich schon die ganze Zeit gewundert, daß sie noch nicht gebissen hat).

Schluß der Jagd war meistens gegen zwei Uhr, nachdem Treiber, Hunde und Schützen naß, dreckig und mehr oder weniger erschlagen waren. Als Belohnung gab es dann zu Hause Krebse oder Schleie mit Erdbeerbowle, wobei man wieder zu sich kam.

Bleß- und Taucherjagden

Auf unseren großen Seen der hinterpommerschen Seenplatte, auf denen sich im Frühjahr und Herbst Tausende von Bleßhühnern und Tauchern sammelten, wurden diese im Sinne der Fischerei oft geradezu zur »See-Plage«.

Auch das Brutgeschäft der zahlreichen Enten verschiedenster Arten wurde in den allseitig beliebten Rohrorten oft erheblich gestört, so daß im Frühjahr - nach dem Schnepfenstrich - gewissermaßen Polizeijagden auf Bleßhühner und Taucher abgehalten wurden, auf die sich jeder Teilnehmer nach dem Vierteljahr »Hahn in Ruh« schon besonders freute. Denn mit der Büchse waren die meisten Pommern recht gut bewandert, aber getriebene Fasanen z. B. das waren und blieben für viele todsichere Kugelschützen »Paradiesvögel«, wie mir mal ein in Jägerkreisen sehr bekannter Schlesier sagte, als die über hohe Eichen anstreichenden Hähne absolut nicht fallen wollten.

Wir hatten eben in Pommern keine Fasanen und so auch keine Übung im schnell hin- und vorgeworfenen Schrotschuß auf getriebenes Flugwild. Aber wir hatten reichlich Bleßhühner und Taucher, und so machten wir uns aus ihnen »Wasserfasanen«, um auch mit der Flinte unsern Mann zu stehen und auf den Herbstjagden in Schlesien nicht zu sehr abzufallen.

So wurde das Angenehme mit dem Nützlichen verbunden, und es kam zu Frühjahrs-Bleßkopfjagden auf den dafür geeigneten größeren Seen.

Mancher Leser mag sich zunächst fragen: Warum Frühjahr und wieso Wasserfasan? So schnell und hoch fliegen die »Schwarzen« doch gar nicht. Es fließt mir in die Feder: *Hast du eine Ahnung!*

Also zunächst Anlage der Jagd und warum im Frühjahr:

Ich sagte - auf den dazu geeigneten Seen. Das waren nur die größeren, langgestreckten Gewässer, auf denen *a* genügend »Wild« vorhanden war und sich dieses *b* über Kilometer treiben oder besser drücken ließ. Dies geschah durch eine Kette von acht bis zwölf Kähnen nebeneinander je mit einem Schützen besetzt und die Gewohnheit der Blessen und Taucher benutzend, daß sie sehr ungern und höchst selten über Land fliegen, sondern fast immer auf dem Wasser bleiben.

Das Frühjahr - etwa zweite Hälfte April - versprach den besten Erfolg, weil das im Winter geschnittene Rohr noch keine Deckungsmöglichkeiten bot und sich große Schwärme der Schwarzen auf dem offenen Wasser aufhielten.

In den ersten Anfängen dieser »hohen« Jagd haben wir auch im Herbst - etwa Oktober - gejagt, jedoch im allgemeinen mit viel geringerem Erfolg, weil das Gros in den weiten Rohrgürteln verschwinden konnte. Außerdem sollte ja gerade die schwarze und graue Invasion vor der Brut- und Laichzeit kurz gehalten werden.

Ich greife einen Jagdtag auf dem zur Domäne Güntershagen gehörigen Großen Lübbesee heraus, der - teilweise mit herrlichen Waldufern - zwei bis fünf Kilometer breit sich ca. 12 Kilometer in der Länge erstreckte.

Jagdbeginn war beim Dorfe Baumgarten, wo die Schützen, mit reichlich Patronen und Frühstück versehen, in die einzelnen Boote verstaut wurden. Unter dem Kommando des jungen Amtsrats Koch, auf einem Motorboot mit Megaphon ausgestattet, verteilten sich die Boote über die hier etwa fünf Kilometer breite Wasserfläche Fahrtrichtung Osten. Mit frischen Kräften wurde schnell Raum gewonnen, und die Fahrzeuge kamen sich infolge des schmaler werdenden Sees allmählich näher.

Mit dem Glase wurde das Wasser nach schwarzen Punkten und »Ansammlungen des Feindes« abgesucht. Einzelne weite Trupps wurden durch das Motorboot flott gemacht, und immer mehr Wassergetier flüchtete nach Osten. Das ging so vier bis fünf Kilometer lang, nur von einzelnen weiten Versuchsschüssen unterbrochen.

Im großen und ganzen ließen sich aber die Bleßhühner nur etwa vier bis sechs Kilometer weit aus ihrer Wahlheimat vertreiben. Dann wurde ihnen das zu dumm, und sie »griffen an«. Sie erhoben sich von der Wasserfläche und strichen zurück, zunächst einzelne Spitzenreiter, dann immer mehr.

Und nun setzte auf der Grundlinie langsames Schützenfeuer ein. Jeder Schütze konnte genau beobachtet werden, das machte das Ganze besonders interessant. Weite Treffer wurden mit lautem »Bravo« belohnt und umgekehrt mit höhnischem Necken, solange man selbst noch nicht gepudelt hatte.

Die Bleßhühner kamen in ziemlicher Höhe zwischen den Booten als »Fasanen des kleinen Mannes« an. Da hieß es weit hin und einige Bootslängen vorhalten! Hatte man das erst einigermaßen heraus, so war es unglaublich, wie weit so eine gut schießende Kal. 12 hinlangte.

Dazwischen kamen niedriger, aber weit schneller die Taucher angeschossen. Das waren die schwersten Schüsse, weil immer irgendein nicht genau in Linie fahrender Kahn im Wege stand und es im Bruchteil einer Sekunde »nach hinten« zu spät war - genau wie bei den Fasanen. Also mußte man nach vorne »ins Gesicht schießen«. Wie schwer das ist, weiß jeder erfahrene Fasanen-Schütze! Aber das war hier auch wegen des Aufhebens des Wildes nötig.

Das Motorboot kreuzte hinter der Linie und klaubte die Vögel aus dem Wasser. Aber bei der Breite von immer noch ca. 2 km mußte das meiste Wildbret von den Kähnen selbst eingesammelt werden. Dabei kamen sie leicht aus der Reihe.

Man konnte bei einem Taucher-Tiefangriff nicht schießen und erhielt entsprechende Verwarnungen durch das Megaphon des Jagdherrn.

Die Fahrt ging weiter nach Osten. Wir näherten uns einer Seen-Enge, bei der je zwei Flügelboote ihre Schützen an Land setzen mußten: Denn die schmalen Landzungen werden natürlich von den Blessen überflogen.

Dann wurde eine Frühstückspause eingelegt. Der motorisierte Jagdherr kam angerauscht, und wie er sich den Kähnen näherte, flatterte dicht am Ufer ein Bleßkopf hoch und suchte sich nach hinten zu drücken. Nun trat der bisher kaum zu Schuß gekommene Jagdherr mit seiner Browning in Aktion, und auf den dritten, einige Motorbootslängen vorgehaltenen Schuß klappte der Schwarze wie eine Mütze ins Wasser. Darauf erschallte aus einem Kahn die Stimme eines pommerschen Waidgenossen (wir führten alle meist nur Doppelflinten): *»Wo hat er denn den dritten Schuß her?«* Jetzt war die richtige Stimmung zum Frühstück da, das nun auch innerlich feucht wurde.

Nach einer halben Stunde ging es in bester Laune weiter, denn nun kam ja erst das Haupttreiben.

Wie wir aus der Enge herausfuhren, da zeigten uns die Gläser: »Backbord voraus - alles schwarz!« Immer häufiger kamen ganze Bouquets angeflogen, und immer besser wurden die Trefferprozente. Wie bei den großen Hasen-Kesseln in Sachsen mußte man hier auch die ersten »auf den Schnabel schießen«. Dann drehten die nachfolgenden Pulks ab, so daß sie später nochmals vor die Rohre kamen. Und so wurde allmählich das Treiben immer intensiver und interessanter. Jeder hatte mit sich zu tun und kaum noch Zeit, sich um seine Nachbarn zu kümmern, wenn nicht das Gesamttempo durch Aufklauben des Wildes und straffe Führung durch den Jagdherrn erheblich verkürzt würde.

Wir näherten uns dem durch steile Waldufer eingefaßten Ende des Sees, der sogenannten »Hölle«. Und nun war auch bald die Hölle los: Immer wieder erhoben sich weit voraus ganze Schwärme, kreisten und formierten sich zum Durchbruch gen Westen. Kommen sie links, rechts oder in der Mitte? Das war die aufregende Frage für die Schützen, denn jeder konnte ja alles beobachten. Und dann ging es am Schwerpunkt los, aber auch die anderen lagen im Feuer, denn dazwischen kamen immer mehr Taucherpaare angeflitzt.

Zum Schluß hieß es: »Flügelboote vor«, und die letzten dickfälligen Schoofe und Einzelgänger wurden regelrecht eingekesselt. Noch einmal schwoll die Kanonade an, um dann langsam zu verkleckern. Der eigene Bootsmann ist fast noch mehr in Aufregung gekommen als man selbst und hat eine phantastische Strecke zusammengezählt, die die eigene Schätzung - genaueres Zählen ist kaum möglich - bei weitem übertraf. Denn jeder der braven Steuerleute wollte »den Vogel abgeschossen haben«.

Im »Kessel« und auf der Rückfahrt zur Domäne Güntershagen, die etwa an der Mitte des Sees lag, wurde nun in Ruhe alles aufgenommen und beim Landen in der Koppel Strecke gelegt.

An die 500 Taucher und Bleßköpfe war das beste Ergebnis, an dem ich selbst mit ca. 70 bis 80 Stück beteiligt war. Die stärksten Konkurrenten waren immer Jochen Dewitz mit seiner langen »Nimmersatt« Kal. 12 und Walter Koller mit dem Drilling »Nimmerfehl«. Genau kann ich die Zahl nicht mehr angeben, denn mein Schußbuch ist wie meine schönen Waffen und so vieles, vieles Unersetzbare verloren gegangen.

Aber das Schußbuch der Wasserjagden auf dem Gr. Lübbesee hat der Sohn Hans Koch Lüneburg, der Enkel des mir noch wohlbekannten »alten Amtsrates« gerettet, und wir haben es einmal in wehmütiger Einnerung studiert.

Abschließend sei noch berichtet, daß im Juli zwei große Entenjagden stattfanden, auf denen sechs bis sieben Schützen je 150 bis 200 Enten, mit gelegentlichen kleineren Jagden insgesamt 400 bis 500 Enten geschossen haben.

Wieviel frohe Waidmannsstunden haben wir nicht dort im schwankenden Rohr und auf spiegelnder oder auch bewegter Wasserfläche erlebt und jährlich an die 1.000 Stück Wasserwild geschossen, das uns die Natur in ihrer Gabenfülle von Jahr zu Jahr neu bescherte.

Wir legen im Geiste einen grünen Bruch auf das Grab des Jagdherrn Ernst Koch droben auf dem einsamen, von einer Feldsteinmauer umgebenen Friedhof mit weitem Blick über den See und sein übriges geliebtes pommersches Revier.

»Vätchen«

Ein sehr passionierter Jäger und guter Schütze, Herr v. Schmiterlöw-Draheim, machte fast jede Jagd mit. Er schoß gut und auch gern viel. War sein Anlauf befriedigend, so meldete er in einem je nach der Zahl immer vergnügter werdenden Ton: *»3, 5, 7 Häschen«*. War er dagegen nicht zu Schuß gekommen, so verkündete er recht griesgrämig *»blanke Läufe«*!

In einem Feldvorstehtreiben in Zülshagen habe ich einmal die Schützen längs des Weges angestellt. Es machte sich so, daß Herr v. Schmiterlöw, genannt »Vätchen«, seinen Posten in einem Grund erhielt, wodurch er prompt hörbar unzufrieden meinte: *»Was, hier? - Doch wohl auf dem Berg!«*

»Vätchen« war, wie schon gesagt, ein sehr korrekter und waidgerechter Jäger, der alle Jagdregeln und angesagten Wünsche des Jagdherrn genauestens beachtete.

Auf einer Herbstjagd stand er in Zülshagen an einer Brücke. Da hauptsächlich auf Fasanen getrieben wurde, hatte er diesmal dagegen nichts einzuwenden. Nach zwei sicher geschossenen Hähnen kam eine alte Henne, die genau so glatt heruntergeholt wurde. Sein Nachbar, Herr v. Gaudecker, hatte von der Seite aus genau gesehen, daß der dritte Fasan eine Henne war, die nicht geschossen werden sollte.

Gegen Schluß des Treibens rief G. seinem Nachbarn zu: *»Bravo,* Schmiterlöw, *aber der dritte Hahn war wohl eine Henne!«* Vätchen, noch stolz auf seine drei guten Schüsse, würdigte ihn nur eines verächtlichen Blickes und sagte: *»Junger Mann!«*

Der Sicherheit halber ging er aber gleich nach Schluß des Treibens in das Gebüsch, um die Fasanen selbst aufzuheben. Nach kurzer Zeit kam er mit der Henne in der Hand heraus und sagte zu seinem Nachbarn, den Tonfall ändernd: *»Gaudecker, haben Sie schon jemals so eine große Henne gesehen?«*

Seitdem heißt die Schlenke mit der Brücke: Die »Schmiterhenne.«

»Onkel Arthur«

Er war nicht nur als vorbildicher Jäger überall bekannt und beliebt, sondern seinen Angestellten und Arbeitern auch ein vorbildlicher Herr, besonders geschätzt von der »grünen Farbe« und von allem, was mit Wald und Wild zusammenhing. Sein Stolz war seine musterhaft gehegte und gepflegte Forst. Er selber hat die Reviere Dietersdorf und Gr. Grünow etwa 60 Jahre lang mit großer Liebe verwaltet.

In Grünow war die Förster-Dynastie König herangewachsen: Vater mit vier Söhnen, die alle der »grünen Farbe« angehörten. Mit dem jüngsten Sohn Erich habe ich selbst 25 Jahre zusammen gearbeitet, und wenn uns noch drei Jahre länger dieser schönen, gemeinsamen Arbeit beschert worden wären, so hätten wir im Jahre 1948 das 100jährige Jubiläum der Revierförsterei Groß Grünow - Vater und Sohn König zusammengerechnet - feiern können. In solchen Zeitspannen konnten schon beachtliche Althölzer und Hirschgenerationen heranwachsen!

Onkel Arthur pflegte die Förster zweimal monatlich zum »Rapport« zu bestellen, wobei alles genau durchgesprochen wurde.

Gelegentlich einer solchen Besprechung sagte er zu einem der Förster: *»Müller, ich habe im Revier Völskow einen >Schwammbaum< gesehen.«* Müller: *»Wo, Herr Kammerherr?«* Antwort: *»Das werde ich Sie beim nächsten Rapport fragen!«*

Für solche Späße war Onkel Arthur bei alt und jung bekannt und beliebt.

»Unverständlich«

Eines Jahres stand der »alte Dietersdorfer« auf dem Falkenburger Feld-Vorstehtreiben an der Falkenburger Chaussee-Abzweigung B./Crössinsee. Bei einem wahren Hundewetter stand er mit hochgeschlagenem Kragen, Rücken gegen den Wind, Flinte in der Hand. Ebenso in seinen Mantel eingewickelt, kam der alte Milchkutscher Schünke von Falkenburg mit seinem Milchwagen angeklappert. Plötzlich sah er seinen Herrn bei dem Sauwetter an der Chaussee stehen, hielt ruckartig an und sagte von seinem Bock herunter:

»Na, gnä Herr, Se brucka doch uck hi nich so to staua, bie dissem Wedder. Gauas doch na Hus und setta Se sich an de Ofe.«

(Na, Gnädiger Herr, Sie brauchen doch auch hier nicht so zu stehen, bei diesem Wetter. Gehen Sie doch nach Hause und setzen sie sich an den Ofen).

Wie verschieden sind die Menschen doch in ihren Passionen!

»August«

Auf der Wildjagd in Mesow steckte am Schluß eines Treibens ein vorsichtiger Treiber den Kopf heraus, sah den »Deitersdörper« (Dietersdörfer) stehen und zog sich sofort wieder in die Dickung zurück. Darauf rief ihn Onkel Arthur an: *»August, kommt rut, ick häw di all seha!«* (August komm heraus, ich habe dich gesehen).

Diese Geschichte machte jahrelang bei den Treibern die Runde. Wenn sie vor Jagdbeginn zusammenkamen, das zu erwartende Resultat und die anwesenden Schützen besprachen, dann hieß es: *»August is uck allwedde dau!«* (August ist auch wieder da).

»Maler August«

Maler August war ein alter Junggeselle mit dem Kopf voller Flausen, der aber im Betrieb Fenster, Türen etc. unter tadellosem Anstrich hielt.

Beim Streckelegen nach der Jagd fragte er seinen Duzfreund (von einem Erntefest her), den Landrat v. Wuthenau: *»Was hast du denn geschossen?«* Antwort: *»Nichts.«* August: *»Dann hat er dich an die falsche Stelle gestellt!«*

»Kneble sülwen«

(Knebel selbst)

Es war um die Zeit der Jahrhundertwende. Da ging ein Bauer aus der Tempelburger Gegend mit seinem Handstock auf der Chaussee von Tempelburg über Heinrichsdorf nach Falkenburg. Er wurde von einem Einspänner überholt, gleichfalls gelenkt von einem »Bauern«. Der Fahrer hielt an und wendete sich mit der Frage *»Wo wißt du denn henn?«* (Wo willst du denn hin?) an den Fußgänger. Der antwortete: *»Ick wull na Knebel Doeberitz.«* (Ich will zum Knebel Doeberitz.) *»Dann stieg man upp«* (Dann steig mal auf), sagte der Fahrer, *»dat paßt ja got, da wull ick ok graud hen.«* (das paßt ja gut, da will ich auch gerade hin) Der Bauer stieg auf.

Im Laufe der Unterhaltung stellte der Fahrer die Frage: *»Nu sag eis, wat wulst du bi Kneble?«* (Nun sag mal, was willst du beim Knebel) *»Jau«,* sagte der Bauer, *»ick hew da son Grenzstriet mit mi Naver, und Knebel soll ja so'n menschenfründlichen Kerl sin und da wull ick mi bi em eis Roat ho-*

len.« (Ja, ich hab da so ein Grenzstreit mit meinem Nachbarn, und Knebel soll ja so ein menschenfreundlicher Kerl sein, und da will ich mir bei ihm Rat holen.) *»Dat dau man.«* (Das mach mal.)

Die Fahrt ging zu Ende, und sie kamen auf den Gutshof. *»So, da sünn wi«,* (So, da sind wir) sagte der Fahrer, *»nu stieg man runner«.* (Nun steig mal ab). Er rief nach einem Knecht zum Ausspannen und führte seinen Fahrgast ins Haus, öffnete eine Tür und ließ ihn eintreten mit den Worten: *»So, nu sett di man dal, Knebel kümmt glick.«* (So, nun setz dich mal hin, Knebel kommt gleich.)

Nach kurzer Zeit trat der Fahrer wieder in das Zimmer mit den Worten: *»So, Freundchen, nu vertell mi eis, wo di de Schuh drückt!«* (So, Freundchen, nun erzähl mir mal, wo dich der Schuh drückt!) *»Ihhh«*, sagte der Bauer, *»ick wull ja doch mit Kneble rede, mit Kneble sülwen.«* (... ich will ja doch mit Knebel reden, mit dem Knebel selbst.) Darauf sein Gegenüber: *»Na, ik bin ja doch Knebel, Knebel sülwen. Nu vertell schon.«* (Na, ich bin doch Knebel, Knebel selbst. Nun erzähl schon.) Dann der Bauer: *»Ach, ach, ach, du bist Knebel Doeberitz?«*

»Das Museum«

Das Zimmer, in das «Kneble» seinen aufgelesenen Fahrgast eintreten ließ, war sicherlich das Arbeitszimmer von «Onkel Arthur».

Man gelangte zu ihm vom Kellergeschoß aus (Hintereingang) über eine kleine Wendeltreppe. Hier hieß Onkel Arthur den Bittsteller warten, während er sich im Schlafzimmer einen anderen Rock anzog. Unser Bäuerlein wird also etwas

Zeit gehabt haben, sich in der ungewohnten Umgebung umzusehen, die ihn wohl mit Erstaunen erfüllt haben dürfte. War doch dieses «Schreibkabinett» - so möchte ich es einmal betiteln - etwas Einmaliges:

Nach dem Brande im Jahre 1895 war der ganze Raum mit einer Eichentäfelung versehen worden nach dem Gesichtspunkt, möglichst viele Jagdtrophäen unterzubringen. Denn für viele Geweihe, Rehgehörne, Keilerwaffen, ausgestopfte Raritäten, wie zum Beispiel eine gehörnte Ricke, Perückenbock, Edelmarder und viele Vögel (Eisvogel, Tannenhäher, Birkhahn, seltene Enten etc.), war schon längst der Platz knapp geworden. Dies wurde durch die sinnvoll ausgedachte Holztäfelung besser: Diese war durch von links oben nach rechts unten und von rechts oben nach links unten ausgefräste Vertiefungen etwa bis zur Hüfthöhe in schräge Quadrate geteilt. Jedes dieser schrägen Quadrate ergab Platz für eine mit kurzem Schädel aufgesetzte Rehkrone (etwa 200 Stück), beleuchtet von einem Kronleuchter mit gefundenen Abwurfstangen. Ausgesuchte Plätze hatten die besten Hirsche inne - ein kapitaler 16-Ender, 14-Ender, Zwölfer, ein alter zurückgesetzter Sechser mit ungewöhnlich starken Stangen, gute Keilergewehre, monströse Geweihe und Gehörne.

Neben dem Schreibtisch ein ausgestopfter, auf den Hinterläufen stehender Fuchs, der nach einem an einem Geweih aufgehängten großen Brachvogel »spekuliert«, u. a. m.

Das Telefon - damals noch an der Wand - war so dicht von Geweihen umgeben, daß deren Augsprossen mit Pfropfen gesichert waren, damit man sich nicht beim Telefonieren die Augen ausstach. (Die Bezeichnung »Augsprosse« stammt aber nicht daher!)

Eine große Anzahl von Geweihen und schwachen Gehörnen hatte oder fand von Jahr zu Jahr immer weniger Platz und wurde ins Treppenhaus verbannt, obgleich schon längst auch die gleichfalls getäfelte Decke zum Aufhängen von Geweihen benutzt war - eine Notlösung, die ich nie sonst in meinem Leben wieder gesehen habe.

Beim Brande hatte Onkel Arthur als erstes seine besten Geweihe gerettet, indem er sie aus dem Fenster warf. Erfreulicherweise sind aber auch alle anderen selbst erlegten Trophäen erhalten geblieben, so daß im Laufe der Jahre das vorstehend beschriebene Kuriosum entstand. Ein Innenarchitekt hätte wohl ob dieser »Knochensammlung« Krämpfe bekommen !

Nach dem Tode des alten Herrn blieb sein Arbeitszimmer als Originalität unberührt erhalten und erhielt den Namen »Das Museum«. Ich selbst habe meine Schreibtischarbeit in ein anderes, etwas »ruhigeres« Zimmer verlegt.

Ein ähnliches Schreibzimmer hatte mein Schwiegervater in Rosenhöh. Nur ging dort Qualität vor Quantität, indem nur das Beste vom Besten »Zutritt« erhielt: Neben einer großen Anzahl kapitaler Böcke (Rosenhöh war ein ausgesprochenes Reh-Dorado) hing an jeder Wand ein kapitales Geweih. Zwei 20-Ender und ein 14-Ender auf heimatlichen Familienbesitzen im Kreise Dramburg erlegt.

Es dürfte wohl nur wenige Jäger geben, denen es in ihrem Leben beschieden war, in freier Wildbahn zwei wirklich klotzige 20-Ender zu erlegen. Einwirklich einmaliges Waidmannsheil!

»Großartig, diese Sauen!«

Neben dem Gut Dietersdorf gehörte zum Besitz der v. Knebel Doeberitz das gleichfalls im Dramburger Kreise ererbte Gut Gross-Grünow (Gronowo) mit einem Arial von 5.500 Morgen.

Als der Wildschaden in Grünow durch Acker- und Spanneraufforstungen bedenkliche Formen angenommen hatte, entschloß ich mich zu einem Wildzaun.

Eines Abends saß ich an einem Wechsel und beobachtete einen Keiler, der den alten Wechsel entlang zog und, ohne sich zu stören, mit großem Geklirr glatt durch den Drahtzaun ging. Dieses Erlebnis erzählte ich »Onkel Arthur«, der nur schweren Herzens seine Einwilligung zu dem Zaun gegeben hatte. Spontan sagte er: *»Doch großartig, diese Sauen!«*

Ja, es ist wirklich ein großartiges Wild, besonders auf Treibjagden, aber auch sonst ist es mir das liebste nächst dem Brunfthirsch.

Trotz Zaun nahm der Schaden von Jahr zu Jahr zu, besonders im Kriege, wo so viele Jäger und auch ich nicht zu Hause waren. Als ich 1943 aus dem Felde zurückkam, wurde mir persönlich der Wildschaden angekreidet, einerseits von der Kreisbauernschaft, andererseits von der Ordensburg Crössinsee, die mein Hauptrevier Grünow gern selbst haben wollte. Des lieben Friedens wegen vergab ich im Herbst 1943 einen Brunfthirsch gegen einen Waggon Trockenschnitzel an einen Herrn Zander aus der Harzgegend. Auf diese Weise sollte das Wild selbst seinen Schaden wenigstens teilweise bezahlen, womit der Kreisbauernführer zufrieden war und die Hetze zunächst aufhörte.

Herr Zander (Klostergut Loektum bei Vienenburg), ein sehr passionierter und waidgerechter Jäger, hielt sich verabredungsgemäß auf Abruf bei seinem Vetter Malzahn im Nachbarkreis auf. Als die Hirsche gut schrien, ohne daß wir sie schon im einzelnen kannten, rief ich ihn an, und er kam am nächsten Tag.

Am ersten Abend zeigte ich ihm den Wildschaden und ein Rudel mit einem schreienden Platzhirsch, ohne daß wir ihn näher ansprechen konnten. Am nächsten Morgen das gleiche. Abends schickte ich Herrn Zander mit Förster König auf eine Kanzel am Seradellaschlag, wo ich den Abend vorher einen jagdbaren Hirsch im Dunkeln gesehen hatte. Ich bat noch, meine auf der Kanzel vergessene Zigarettenspitze mitzubringen, wünschte ihm Waidmannsheil und ging selbst zu einem anderen schreienden Hirsch, den wir noch nicht zu Gesicht bekommen hatten.

Ich saß in luftiger Höhe, als schon sehr früh bei Zander ein Schuß fiel. Als wir uns im Dunkeln trafen, kam er mir wie ein Jungjäger vor, der seinen ersten Bock geschossen hat. Er schwärmte voller Begeisterung: *»Ich habe den Hirsch meines Lebens geschossen!«*

Also hin zum Anschuß - ja, wirklich, da lag ein sehr braver Sechzehnender mit besonders langen Stangen, das Gewicht der Trophäe ergab 16 1/2 Pfund und später bei der Auszählung 195 Nadlerpunkte.

Ich muß eingestehen, daß mir zunächst der Gedanke kam: Wenn dir der Hirsch genau bekannt gewesen wäre, hättest du ihn vielleicht doch selbst geschossen! Aber als ich die Freude des alten, guten Jägers sah, und er zu meinem Erstaunen sogar an meine Zigarettenspitze gedacht hatte, ohne die ich nicht zu rauchen pflegte, da empfand ich eine ehrliche Mitfreude.

K.P. Reif

Und jetzt? Es ist das einzige Geweih aus meinem heimatlichen Revier, das erhalten geblieben ist, und wir haben nun beide, Jagdgast und Gastgeber, unsere Freude daran. - Diana hat es so gewollt und recht gehabt!

Ich habe Herrn Zander und den heimatlichen Hirsch kürzlich besucht, wurde mit mindestens »200 Nadlerpunkten« aufgenommen und fühlte mich, unter dem braven Recken aus der Heimat sitzend, richtig geborgen und heimisch. - Nichts verbindet doch die Menschen mehr als gemeinsam erlebte Jagdfreuden! Lange haben wir an jenem ruhigen Sommerabend unter zwei kapitalen pommerschen Geweihen bei mehreren guten Tropfen gesessen, im Geist in unserer geliebten Heimat mit ihren Hirschen und Sauen.

Diesmal sagte ich Waidmanns Dank dem waidgerechten Jäger für den heimatlichen Abend und dafür, daß er durch sein Waidmannsheil im Herbst 1943 eins unserer besten Geweihe und damit ein Stück Heimat gerettet hatte.

Im Vollmond

Still in der lauschigen Sommernacht
liegt, rings von Bäumen umgeben,
einer Wiese schillernder Pracht
in nächtlich heimlichem Leben.
Alles was von des Waldes Getier
gern sich nur zeiget im Dunkeln
schleicht und huscht herum jetzt hier
leis bei der Glühwürmchen Funkeln.
Ruhig mit seinem silbernen Schein,
ständig nur wandelnd im Kreise,
leuchtet der Mond in die Welt hinein
auf seiner ewigen Reise.
Selbst ein erloschener Krater nur,
tot in eisigem Schweigen,
hüllt mit geborgtem Licht er die Flur
ein in schimmerndem Reigen.
Da aus des Waldes Tiefe empor,
sichernd, mit zögerndem Schritte,
tritt ein Achtzehnender hervor,
sichert hinaus zum dampfenden Moor.
Mit hellem Hauch und voller Kraft
schallt sein Ruf hinaus in die Nacht.
Eifrig verfolgend des Rudels Spur
zaudernd in heimlichem Grimme.
Antwort im Moor - mächtige Schreie,
Brechen in nächtliche Stille.
Äste krachen, gewaltiger Schritt,
heller Klang der Geweihe.
Angetrieben von Eifersucht
kommt es zum bitteren Kampfe
bis der Schwächere sich wendet zur Flucht,
tötlich getroffen von stechender Wucht.
Immer wird so es im Leben sein
stets muß der Schwächere weichen,
nur dem Starken gelingt es allein,
siegreich sein Ziel zu erreichen.

»Philipp der Kugelsichere« und andere Böcke

In meinem elterlichen Revier Zülshagen in Pommern hatten wir einen zahlenmäßig starken und qualitativ sehr guten Rehbestand, der durch günstigste Äsungs- und Standortverhältnisse begründet war:

Das langgestreckte Fichten-Laubholzrevier stockte auf Waldboden erster und zweiter Bonität. In einer Länge von etwa drei Kilometern, anstoßend an eigene Felder mit schwerem, sehr kleegraswüchsigem Boden, so daß die Fruchtfolgen ein- und zweijährige Kleeschläge enthielten und immer an zwei oder mehreren Stellen für das Rehwild erreichbar waren. Infolge des starken Kleebaues wurde auch regelmäßig gekalkt.

Im Revier selber gab es zwei von früheren Vorwerkswirtschaften stammende größere Wildäcker von etwa je vier Hektar. Fruchtfolge dort: Sommerung, Klee, Kartoffeln. Letztere für Rotwild und Sauen. Jedoch war der Hochwildbestand in meiner Kindheit noch nicht stark, Rotwild war mehr Wechselwild, das verschwand, wenn die Blätter fielen und die Felder kahl wurden.

Daher konzentrierte sich auch das Hauptinteresse auf den Rehbestand, der in jeder Weise gehegt und pfleglich behandelt wurde, jedoch in Punkto Rickenabschuß zu pfleglich. Keiner hatte Lust und Zeit für den im dichten Revier schwierigen Rickenabschuß, und so bestand etwa ein Geschlechterverhältnis von 1:4 bis 5. Der Jagdwissenschaftler wird sagen: Ja, da können natürlich keine guten Böcke wachsen. Weit gefehlt!

Mein älterer Bruder, der sehr passionierte Revierinhaber, erhielt in den Jahren vor dem ersten Weltkrieg vier Jahre hintereinander in Berlin eine silberne Medaille für seine Böcke.

Schloß in Dietersdorf (poln. Bobrowo), der letzte Wohnsitz der Familie Hasso v. Knebel Doeberitz. Heute ist es ein Zentrum für behinderte Kinder und befindet sich erfreulicherweise in gutem Zustand.

Familienwappen der v. Knebel Doeberitz in restauriertem Zustand am Gebäude

Athur v. Knebel Doeberitz (links), damaliger Besitzer von Schloß Dietersdorf, mit der Familie des Autors Anfang der dreißiger Jahre. Später erbte Hasso v. Knebel Doeberitz den Besitz.

Autor mit seinem Sohn Bernd, der das Manuskript des Buches an den Wage-Verlag übergeben hat.

Bleß- und Taucherjagd auf dem Großen Lübbesee (Domäne Güntershagen), 1934

Kapitaler Rehbock erlegt vom Autor im hinterpommerschen Jagdrevier Groß Grünow (»Lupinenbock«)

H. v. Knebel Doeberitz mit im Forst Zülshagen gestreckten reifen Vierzehnender

Junghirschrudel in dem Hochwildrevier Zülshagen

15.

Rotte Schwarzwild im Eigenjagdbezirk des Autors

Auf dem Wechsel zum Acker

Blühendes Kartoffelfeld im Land der braunen Knollen

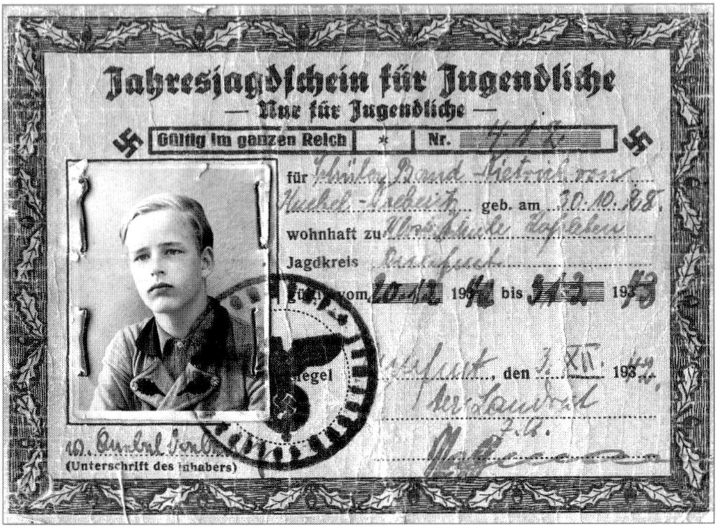

Jahresjagdschein für Jugendliche

— Nur für Jugendliche —

Gültig im ganzen Reich * Nr.

für Schüler Bernd Dietrich von Knebel-Doeberitz geb. am 30.10.28

wohnhaft zu

Jagdkreis

gültig vom 10.12. 194 bis 193

Siegel , den 193

(Unterschrift des Inhabers)

Jugendjagdschein von Bernd v. Knebel Doeberitz

Der Sohn des Autors auf dem Balkon des Schlosses Dietersdorf bei einem Besuch im polnischen Bobrowo 1999

Gutshaus Zülshagen vor 1945

Autor mit »Isabella« auf Kartoffeleinkauf (Pflanzgut), 1939

Herrenhaus Groß Grünow; bis zum Umzug ins Schloß Dietersdorf Wohnsitz des Autors

Hochzeit von Gerd v. Knebel Doeberitz (Bruder des Autors) mit Alice v. Medem, Hasso v. Knebel Doeberitz mit Gemahlin erste Reihe, fünfter von links *(weitere siehe Bildnachweis)*

Die evangelische Fachwerkkirche in Dietersdorf steht heute nicht mehr

Blick vom Schloß Rosenhöh auf den Zetkin-See

Das Hirschtor an der Einfahrt zum Schloß Dietersdorf

Ulan v. Wietersheim hoch zu Roß

v. Braunschweig mit dem Geweih des von ihm erlegten kapitalen »Mittagshirsches«

Auch v. Braunschweig wurde durch die Nationalsozialisten im KZ umgebracht

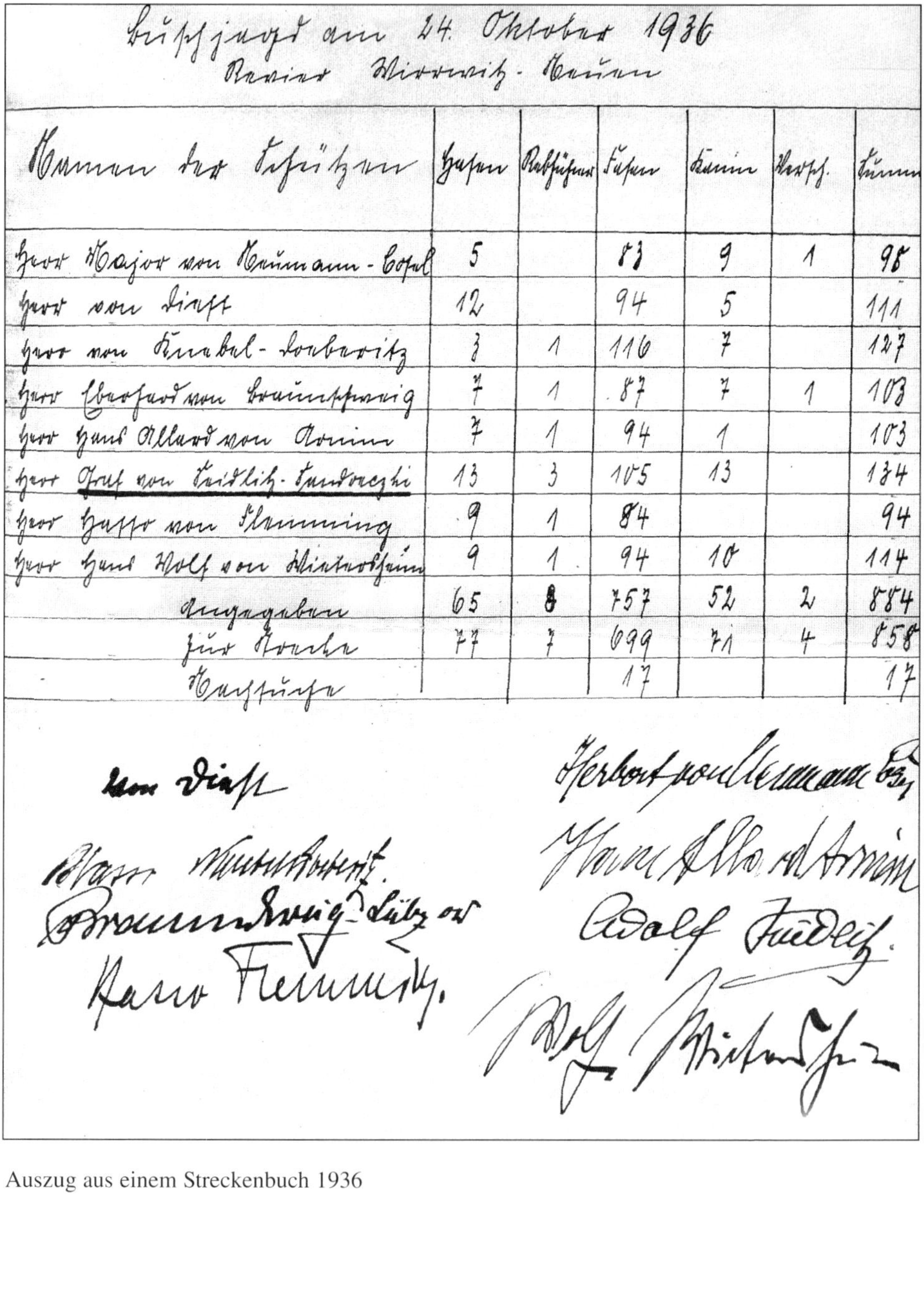

Treibjagd am 24. Oktober 1936
Revier Niemitz-Lauben

Namen der Schützen	Hasen	Rebhühner	Fasanen	Kanin	Schnepf.	Summe
Herr Major von Neumann-Cosel	5		83	9	1	98
Herr von Diest	12		94	5		111
Herr von Knobel-Dobrowitz	3	1	116	7		127
Herr Eberhard von Braunschweig	7	1	87	7	1	103
Herr Hans Allard von Arnim	7	1	94	1		103
Herr Graf von Seidlitz-Sandreczki	13	3	105	13		134
Herr Hasso von Flemming	9	1	84			94
Herr Hans Wolf von Wietersheim	9	1	94	10		114
Angegeben	65	8	757	52	2	884
zur Strecke	77	7	699	71	4	858
Nachsuche			17			17

von Diest
Herbert von Neumann Cosel
Hasso [illegible]
Hans Allard Arnim
Braunschweig-Lützow
Adolf Seidlitz
Hasso Flemming
Wolf Wietersheim

Auszug aus einem Streckenbuch 1936

Um einen Beitrag zur schwierigen Frage des Heranschonens starker Böcke zu leisten, über die doch die Ansichten und Meinungen sehr geteilt sind, seien mir folgende Ausführungen gestattet:

Ich bewirtschaftete nach dem ersten Weltkrieg selbst drei Reviere im gleichen Kreise, nicht über 12 bis 15 Kilometer Luftlinie entfernt von Zülshagen, das ich mit Revier 1 bezeichnen will.

Revier 2: leichter Boden, wenig Klee, Moorwiesen, vorwiegend Kiefer. Ich habe dort 25 Jahre lang die guten Böcke geschont, alle schlechten abgeschossen und ein Geschlechterverhältnis von 1:2 hergestellt. Alles umsonst. Die Böcke blieben mittelmäßig bis auf zwei bis drei Ausnahmen, deren »Familien« im Herzen des Reviers auf den jeweils neuen Moorkulturen zu Hause waren und dort auch wie Haustiere behandelt wurden. Nur einen wirklich guten Bock habe ich dort in 20 Jahren gestreckt, nachdem er sich genug vererbt hatte.

Revier 3: besserer Boden, teilweise Mineralwiesen, Klee, Kiefern-Buchen-Mischbestände. Also genau das Mittelding zwischen 1 und 2. Hier im Revier 3 lag die Stärke der Böcke bei einem Geschlechts Verhältnis von 1:3, im Durchschnitt auch auf der Mitte zwischen Böcken aus Revier 1 und 2. Der nachstehend beschriebene Bock (500 g Gehörngewicht) ist auf dem Vorwerk mit leichterem Boden, jedoch seit zwei Jahren Süßlupinen-Bau, erlegt worden.

Aus dieser 35jährigen Erfahrung und mit großer Passion und Ausdauer betriebenen, waidgerechten Behandlung der Rehbestände der beschriebenen drei Reviere ist für mich die oft erörterte Frage, warum man nicht mit der Hege beim Rehwild ebenso zum Ziele kommt wie beim Rotwild, eindeutig klar: Das Reh ist in viel stärkerem Maße Produkt der jeweiligen Scholle als das freizügigere Rotwild. Es braucht beste Äsung und muß sich wohlfühlen!

Trotz eines viel zu hohen Rickenbestandes im Revier 1 waren dort Bock-Gewichte (aufgebrochen) von 46 und 48 Pfund nicht selten. Im Revier 2 dagegen wogen die Böcke nur um 36 bis 40 Pfund. Nur der von mir erlegte wirklich gute Stammvater wog 45 Pfund, was ich zufällig noch weiß. Also: *Die Natur ist die beste Hegerin! Der Mensch kann sie wohl unterstützen*, aber, sind die Grundlagen nicht vorhanden, so nutzt beim Reh alles Schonen nichts.

Und nun zu Philipp:

In Zülshagen (Revier 1) drehte sich wie gesagt im Sommer jagdlich alles um die Böcke, die auch fast alle bekannt, aber nicht gerade leicht zu erbeuten waren. Sie waren sehr standorttreu, da sie ja überall Äsung in Hülle und Fülle hatten.

Da war ein alter, sehr heimlicher Knabe mit stumpfen Enden, der seinen Einstand nicht verließ und nie auf dem Felde anzutreffen war. Mein Bruder, ein sehr sicherer Kugelschütze, schoß ihn beim Pirschenfahren - da mußte es meist sehr schnell gehen - vorbei.

Das nächste Jahr wieder dasselbe. Jetzt wurde ein Gast auf den verhexten Philipp angesetzt: der gleiche Erfolg. Philipp wurde immer heimlicher.

Im nächsten Jahr noch ein Gast: der gleiche Negativ-Erfolg. Nun bekam der Förster den Auftrag, seine Kunst zu zeigen: Der sehr ruhige Mann schoß gleichfalls zweimal vorbei. Hatte auch er Nerven bekommen?

Philipp wurde nun immer unsichtbarer, er war und blieb »verhext« ... und wenn er nicht »gestorben« ist, so lebt er wohl noch heute!

K.P. Reif

Als Junge begleitete ich oft meinen älteren Bruder beim Pirschenfahren mit Gruber, dem alten Kutscher, der jeden Bock, ja selbst die einzelnen Ricken genau kannte. Wenn er mal wieder auf eine der bekannten »alten Tanten« traf, dann sagte er: *»Da steht sie wieder, die reguläre Alte.«*

Wir kannten in der nach mir benannten Schonung einen sehr starken Bock mit besonders hohem Gehörn, der wie Philipp nie den Bestand verließ. Langsam fuhren wir im Schritt ein Gestellt entlang. Auf einmal überfiel ein starkes Stück Rehwild den Weg. *»Das ist er«*, entfuhr es uns, und über die Randfichten hinweg sahen wir den gesuchten Bock einen Augenblick in einem Bruch verhoffen. Mein Bruder kniete auf dem Sitz des Wagens, und schon krachte der Schuß. Die Pferde rückten an, und nichts war mehr zu sehen.

Vorsichtig pirschten wir in das Bruch: Da saß der Bock mit hoch erhobenem Haupt im Wundbett. Er erhielt die zweite Kugel auf nahe Entfernung auf den Trägeransatz. Ein Fehlschuß erschien ausgeschlossen, aber das Haupt blieb nach wie vor oben. Ich guckte durchs Glas und sah, daß er sich mit dem Gehörn (Höhe 31,5 cm) in einer Astgabel verfangen hatte und längst verendet war. Die erste Kugel saß Blatt, die zweite Trägeransatz.

Der Bock erhielt in Berlin, Stettin, Posen und Köslin drei silberne Medaillen und einen Ehrenpreis.

1909 oder 1910 habe ich als Sekundaner meinen ersten Bock auf der zugepachteten Bauernjagd erlegen dürfen. In den großen Ferien war dort das Pirschen bei stehendem Korn nicht einfach. Aber Beharrlichkeit führt zum Ziel:

Auf einem Feldrain zwischen zwei Roggenschlägen habe ich meinen ersten, nicht hohen, aber 10 cm lang vereckten guten Bock zur Strecke gebracht. Ein Schulkamerad hat mir später eine Zeichnung des charakteristischen Gehörns gemacht. Das Gehörn selbst ist mir nach dem ersten Weltkrieg abhanden gekommen. An seiner Stelle hing die lebensgroße

Federzeichnung, die nun natürlich wie alle meine Gehörne und Geweihe (auch die prämierten Böcke meines Bruders) den Weg allen Wahnsinnes gegangen und unwiderruflich verloren sind.

In den 30er Jahren hatte ich in Dietersdorf (Revier 3) immer Jagdgäste zur Blattzeit, da ich selbst nur drei bis vier Böcke, die mir als besonders abschußwürdig erschienen, erlegte.

An einem Juli-Sonnabend-Nachmittag saßen wir mit einem sehr passionierten guten Freund, Gerd v. Gottberg, beim Kaffee. Wir wollten danach zusammen pirschen.

Da fuhr ein Auto vor, dem der befreundete Landrat Jochen v. Wuthenau entstieg und der sich angelegentlichst nach den Böcken erkundigte. Auch Wuthenau und Gottberg waren von ihrer Studentenzeit her gut bekannt, und so fragte Gottberg: *»Die Büchse hast du wohl auch gleich mitgebracht?«* - *»Natürlich«,* meinte Wuthenau, *»die hab ich zu dieser Zeit immer mit.«*

Ich rief also den Förster an und schickte ihn mit dem neuen Gast in dessen Auto in einen entfernten Revierteil, wo der Förster einen guten Bock kannte, damit wir uns gegenseitig nicht störten.

Gottberg und ich zogen zu Fuß los. Wir waren schon längs heimgekehrt und saßen bereits beim Abendbrot, doch Wuthenau mit Förster und Auto fehlten immer noch. Da es schon stockdunkel war, mußte da irgendetwas passiert sein.

Auf einmal Autohupen, und Wuthenau erschien im Eßzimmer und sagte: *»Kommt mal mit raus!«* Im Schein der elektrischen Ampel zeigte uns Wuthenau auf dem rechten Kotflügel einen Bock mit auf den ersten Blick unwahrscheinlichem Gehörn. Gottberg sagte nur: *»Mensch, Wutki, bist du verrückt?«* - *»Das ist er«,* meinte der Förster.

Daß er so gut war, hatten weder er noch ich gewußt: Mit kurzem Schädel wog das Gehörn 500 g. Es war der beste Bock, der hier seit langen Jahren zur Strecke kam (Alter etwa sieben Jahre) und noch dazu im Außenrevier mit schlechter Grenze. Grund: zwei Jahre Süßlupinen. Also wieder: Die Äsung ist maßgebend!

Wieviel Freude hatte man den Sommer über beim Beobachten seiner Böcke auf den Revierfahrten! Es war unser Ehrgeiz, sie möglichst alle zu kennen und richtig anzusprechen. So hatte z. B. Förster König im Revier 2 eine Gehörn-Skizze jedes genau angesprochenen Bockes in seinem Jagdkalender, die dann mit dem erlegten Bock verglichen wurde. Meist stimmte sie genau, denn er war ein Meister des Ansprechens wie auch Zeichnens.

Die Blattzeit, wenn der Roggen in Stiegen stand, war der Höhepunkt. Da ist es mir oft gelungen, den Gästen 10, 12, 15 Böcke an einem Abend vorzuführen, und nicht selten kamen wir mit zwei »alten Herren« nach Hause.

So tauschte ich auch einmal drei gute Böcke gegen drei Gams, was zur beiderseitigen Zufriedenheit innerhalb je zweier Tage funktionierte.

Ich habe nun von »Philipp dem Kugelsicheren« erzählt, und da möchte ich auch noch kurz von einem bisher *kugelfesten* Menschen berichten, der ich selbst bin. Ich habe nämlich die gangbaren Kaliber 7 mm, 9,3 mm und 8 mm alle ausprobiert: 8 mm zweimal gelegentlich der Brussilow-Offensive 1916 im Osten, 7 mm bei einer Nachsuche auf ein krankes Stück Wild im eigenen Revier und 9,3 mm auf einer Saujagd 1937. Eine 8- und die 7-mm-Kugel waren einfache Armschüsse, aber die anderen beiden Kugeln sind doch immerhin so außergewöhnlich, daß ich sie kurz beschreiben will:

Bei einem Infanteriegefecht im Juni 1916 lief ich die Schützenlinie entlang und bin auf einmal infolge eines starken Schlages gegen meinen linken Oberschenkel fast umgefallen. Ich griff in die linke Hosentasche, wo es mir so merkwürdig warm vorkam, holte die Trümmer meines völlig zersplitterten Eßbesteckes und die russische Kugel heraus. Diese war im direkten Schuß auf etwa 150 m seitlich auf das Eßbesteck aufgeschlagen und hatte nun selbst mit abgeplatteter und verbogener Spitze unter den Trümmern des Bestecks in meiner Tasche gelegen, als ob sie wie Messer und Feuerzeug dorthin gehörte!

Ich trug die Kugel als Talisman an der Uhrkette, und sie ist mir als eines der wenigen persönlichen Dinge merkwürdigerweise bisher treu geblieben.

Nicht ganz so glatt ging es mit Kaliber 9,3 ab. Ich stand mit mehreren Schützen auf einer geraden Schneise auf dem Rückwechsel in einem Fichtenschirm. Die Treiber waren gerade bei uns durch. Da drückte sich ganz langsam und vorsichtig ein zweijähriger Keiler nach hinten und verhoffte kurze Zeit am Dickungsrand. Ich hatte die Doppelbüchse im Anschlag und dachte so bei mir: *»Noch ein paar Schritte, und du liegst auf der Schwarte.«*

Aber - erstens kommt es anders, zweitens als man denkt: Infolge eines mir unerklärlichen Ruckes schlug mein Büchsenlauf auf einmal nach oben, es sind meiner Ansicht nach beide Läufe losgegangen, ich fiel um und lag nun meinerseits »auf der Schwarte«. *»Donnerwetter«*, dachte ich, *»so etwas ist dir doch noch nie passiert«*, und wollte mich aufrichten, aber kein Glied konnte ich rühren, auch keinen Finger. Das wurde mir nun alles immer unerklärlicher, und ich begann nachzudenken. Das ging noch! So kam ich auf die glückliche Idee, es einmal mit der Stimme zu versuchen. Und siehe da, die funktionierte. Ich begann also, nach meinem rechten Nachbarn zu rufen, der dann auch bald vor mir stand. Darauf entspann sich etwa folgendes Zwiegespräch:

»Was ist denn los, warum stehst du nicht auf?« Ich: *»Können vor Lachen, ich kann nicht den kleinen Finger rühren und weiß nicht, wieso. Ist mir eigentlich die Büchse*

geplatzt und bin ich durch den Schock umgeflogen oder was ist los?« Er: *»Nein - die Büchse ist heil, und der Keiler liegt auch da, den hast du doch geschossen?«*

Nun fing es an meiner linken Halsseite an, warm zu rieseln und dadurch in meinem Kopf zu dämmern, und ich sagte: *»Wenn der Keiler da liegt, dann hab ich die Kugel, die den Keiler streckte, durch den Hals. Sieh mal nach, ob die Schlagader heil ist.«* Er - den Schal und Kragen vorsichtig lüftend: *»Ja, tatsächlich, die Kugel ist einen Zentimeter neben der Schlagader eingeschlagen und ist zwischen den Schulterblättern hinten wieder raus.«*

Das alles hatte so etwa fünf bis sechs Minuten gedauert, und als mein unfreiwilliger Sanitäter versuchte, mich aufzurichten, und ich erst mal den Kopf wieder hoch hatte, kam auf einmal Leben in meine durch den Krellschuß gelähmten Knochen. Wir legten auf Ein- und Ausschuß einigermaßen saubere Taschentücher, und ich konnte so selber zum herbeigerufenen Wagen gehen.

Die augenblickliche Lähmung war dadurch entstanden, daß die Kugel den Dornfortsatz eines Wirbels der Wirbelsäule gestreift hatte, was natürlich das ganze Nervensystem außer Funktion setzte. Zu dem unglaublichen Dusel kam vor allem aber noch folgender Umstand hinzu:

Der vordere Teil des Geschosses mit Bleispitze war im Keiler verblieben oder beim Auftreffen auf den Blattknochen abgerissen und zersplittert. Nur der hintere Teil des Stahlmantelgeschosses war nach oben abgelenkt worden, und so kam es, daß der Ausschuß zwischen meinen Schulterblättern nicht viel größer war als der Einschuß. Wäre die Bleispitze nicht beim Auftreffen auf das Keilerblatt abgerissen, so würde ich heute keine Jagd-Artikel mehr schreiben!

Die Autofahrt in das zwei Stunden entfernte Johanniter-Krankenhaus Polzin war nicht sehr angenehm, denn nun setzten die Schmerzen ein, die ich mit vorsorglich mitgenommenem »Alten Pasewalker« hinunterspülte. Nach sechs Wochen Krankenhaus und weiteren sechs Wochen Erholung war ich zum Fasching aber wieder völlig auf dem Damm.

Später sagte ein Witzbold: *»Ach so - das andere Schwein lag auch?«* - Ja, Schwein muß man haben!

Hirschbrunft

Wie angenehm ist es, im Sommer seinen Rehbestand zu beobachten und kennenzulernen, bis der rote Bock heimlich wird und im nun hohen Roggen verschwindet, um erst wieder in der Blattzeit sichtbar zu werden, wenn der Roggen in Stiegen steht.

Oder die Entenjagd im Juli in schwankendem Kahn auf einem der zahlreichen Seen bzw. abends auf Gerste- oder Weizenstoppel, wenn ein Schoof nach dem andern aus der Dämmerung daher gesaust kommt.

Und nun ertönt auch schon der Brunftschrei des edlen Rothirsches, des Königs der heimatlichen Wälder. Welch unvergeßliche Bilder:

Abends auf einsamer Kanzel, vom Dorf her das übliche Geblök der heimtreibenden Herden und Hundegekläff, Wagengerassel und vereinzelte Stimmen ... Da, ein langgezogener, tiefer Ton aus der Dickung und Antwort aus dem hohen Holz. War das nicht doch etwa eine Kuh aus den dahinten liegenden Ausbauten?

Aber nein - das Leittier, vorsichtig, zögernd, bald schob sich das ganze Rudel aus dem Bestand. Ein bis zwei geringe Hirsche. »Er« brummte noch immer in der Dickung, bis ein langgezogener Orgelton aus dem Holz ihn wütend antworten ließ. Jetzt trat er zum Rudel, ein braver Zwölfer mit regelmäßigen Kronen, guter Auslage, aber noch zu dünnen Stangen. Der mußte noch älter werden.

Nun konnte man sich in Ruhe dem anderen Herren zuwenden und hatte dabei das friedlich äsende Rudel mit seinem Herrscher vor sich.

Da, der letzte Schrei war schon dicht am Rande des Holzes, er klang ganz nach »dem älteren, suchenden Hirsch«. Aber, das Büchsenlicht war bereits im Schwinden! Wütend schrieen die beiden Hirsche sich an. Mein Zwölfer setzte sich im Troll auf seinen Nebenbuhler zu und verschwand im Holz. Hell klapperten die Stangen aneinander, dann war alles still.

Das Leittier äugte unentwegt ins Holz. Da kam auch schon ein dunkler Körper langsam angezogen, blieb stehen, äugte zurück und schickte dem abgeschlagenen Konkurrenten einen wütenden Kampfschrei nach.

Das Rudel zog weiter in den Kartoffelschlag hinaus und war nur noch als dunkle Klumpen zu erkennen.

In drei anderen Richtungen meldteten noch Hirsche, aber es war Zeit, den Hochsitz mit gutem Wind zu verlassen, um kein Unheil anzurichten.

Am nächsten Morgen ging es bei klarem, flimmerndem Sternenhimmel wieder hinaus, um sich einen der anderen Hirsche anzusehen. Es glückte! Man hatte einen wunderbaren Anblick, als bei Sonnenaufgang der gute alte Zehner seinen Brunftschrei dampfend in der vom Rauhreif weißen Kultur dem beim Rudel stehenden Hirsch entgegen orgelte.

Das ist er, der alte Einzelgänger, und ein scharfer Knall ließ ihn in der Kultur wie vom Blitz erschlagen verschwinden - für immer. Leider verstummten auch die anderen Hirsche.

Glückliche Stunden der Erholung in Gottes so überreicher Natur waren vorbei - ein neuer Tag mit seiner Sorge und Plage mit Menschen und Menschenwerk zog herauf.

Bald war die hohe Zeit vorbei, und es begannen die Wildjagden auf Kahlwild und Sauen mit fröhlicher Geselligkeit.

Wie viele der guten Waidgenossen deckt nun nach zwei Kriegen der grüne Rasen! Die frohen Stunden sind vorbei, es ist einsam geworden. Und trotzdem hofft man, daß einem das Leben nach all der Trauer und dem Leid, nach Verlust seiner lieben Reviere und Waffen noch einmal solche Waidmannsfreuden beschert, ehe für einen selber Halali geblasen wird.

Sammeln der Jägerei

Es war am Abend nach der Hühnerjagd,
die fremden Jäger waren abgefahren,
als weit versprengt, zerschossen, hart geplagt,
die Hühnervölker auseinander waren.
Halb aufgerieben lagen rings die Ketten,
im Nesselkraut, im Weißdorn, in den Kletten.
Ich saß allein am staub'gen Wegesrand,
versteckt inmitten dürft'ger Brombeerranken,
und leise kam die Dämmerung ins Land,
und mit ihr kamen quälend die Gedanken:
Ich dachte all der toten Waidgenossen,
des treuen Hundes, den ich selbst erschossen.
Und alles schien so trüb, so trostlos grau.
Da klang ein harter Ruf im Abendscheine,
und vor mir, bei der Wegewarte Blau,
stand da ein Rebhahn auf dem Ackerraine
und äugte wild umher, von Angst getrieben,
und rief und lockte, wo sein Volk geblieben.
Kärr-hick, kärr-hick, mit ängstlich schrillem Schrei,
so rief er laut, ein sorgenvoller Mahner,
und rief in Angst, ob er der letzte sei.
Er tat mir leid, der kleine Mohikaner.
Und regungslos verhielt ich im Verstecke,
daß ihn mein Anblick nicht aufs neu verschrecke.
Doch horch! Da kam ihm Antwort, dünn und zag,
von ferne her und näher dann und näher,
und froh erklang des kleinen Ritters Schlag.
Zum Sammeln blies er nun, der wack're Späher,
und schwirrend kamen sie herbeigefahren,
die nach der großen Not noch übrig waren.
Mir aber war's, als rief ein Jägerhorn
aus weiter Ferne, wie in alten Tagen.
Da fuhr ich jäh aus meinem Brombeerdorn
und spürt das Herz mir an die Rippen schlagen
und horchte scharf: Das war nicht »Jagd vorbei!«
Nein! Sammeln war's! »Sammeln der Jägerei!«

Hulverscheidt

»Saujagden«
- kein Jägerlatein -

Ein schönes Erlebnis hatte ich mit Sauen bei meinem Freund und Nachbarn Leo v. Oppenfeldt in Reinfeld. Infolge guter Organisation seiner Wildjagd, die bei ihm immer vorbildlich klappte, lagen meistens 30 bis 40 Stück Hochwild, gut zwei Drittel davon Sauen, auf der Strecke.

Im zweiten Treiben war mir im räumen Stangenholz, weitab von der Dickung, eine starke Doppelrotte von etwa 12 bis 16 Frischlingen mit zwei bis drei Bachen so weit auseinandergezogen gekommen, daß es mir geglückt war, drei Frösche herauszuholen. Darauf habe ich mich befriedigt zum Frühstück gesetzt.

In der Frühstückspause eröffnete mir der Jagdherr, ich bekäme im »Kiefholz« einen ganz neuen Posten an der Klanziger Grenze, weitab vom Treiben, wo ich auf einem Zwangswechsel ganz allein stünde.

»Na ja«, dachte ich bei mir, *»die Sache mit dem neuen Posten ist mulmig, aber du hast ja eben genug geschossen, und da kannst du es gern mal ausprobieren«* - es hatte noch nie jemand dort gestanden.

Ich richtete mich, nachdem die Wagen in die Ferne entschwanden, gemütlich ein. Vor und rechts von mir geraumer Kiefern- und Buchenbestand, hinter mir eine Dickung und links von mir eine kleine Wiese, dahinter der Grenzbach. *»Vor dem Bach mußt du alles umschießen«*, hatte mir der Jagdherr beim Anstellen gesagt. *»Na schön«*, dachte ich bei mir, *»so viel wird wohl hier nicht kommen.«*

Nachdem ich einige Äste gekappt und nun gutes Schußfeld hatte, ließ ich mich auf meinem Sitzstock nieder. Stille ringsum. Nach einer guten halben Stunde die ersten Schüsse in etwa zwei Kilometer Entfernung. Nichts regte sich bei mir. Doch nach ungefähr zehn Minuten kamen von vorn vier

Überläufer im Schweinsgalopp durch das Altholz und wollten rechts von mir in die Dickung. *»Also, die ersten beiden«,* zuckte es mir durch den Sinn. Und richtig, es glückte! Kujel 1 und 2 standen Kopf, worauf 3 und 4 kehrtmachten und in weitem Bogen die Wiese Richtung Nachbarrevier annahmen. Dadurch hatte ich Zeit, wieder neu zu laden und Nr. 3 auf der Wiese umzudrehen. *»Nun aber Ruhe!«* Ich ließ Nr. 4 in den Bach, und als er das jenseitige Ufer erklomm, warf ihn der linke Lauf im Knall nieder. Nun kam die Aufregung nach, und ich setzte mich erst mal wieder mit geladener Büchse und Reservekugel im Handschuh auf mein Stühlchen.

Vorne knallte es jetzt lebhafter. *»Das scheint hier ja gar nicht schlecht zu sein«* - und ich nahm mir vor, bei dem guten Anlauf heute ja nicht zum Schluß noch etwas zu verpatzen.

Es verging eine halbe Stunde, da kamen denselben Wechsel wieder drei Kujels der gleichen Güte angereist, nahmen aber gleich die Wiese an. *»Verflucht nochmal, da hast du nicht so viel Zeit wie vorhin, also aufgepaßt!«* Als der erste Schwarzkittel auf der Wiese war, rutschte er im Schuß zusammen, und Nr. 2 fiel noch vor dem Grenzbach um. Beim Laden überlegte ich mir, daß der Revierförster des staatlichen Nachbarreviers ja der Bruder meines Försters König war, es also »in der Familie bleibt«, und ich ließ den »letzten Mohikaner« durch den Bach, weil es ja schon mal so schön geklappt hatte. Und richtig, er ließ mir genügend Zeit, in aller Ruhe auf dem anderen Ufer abzukommen und er fiel um. Nun zählte ich: *Zwei, vier, fünf, sechs, sieben plus drei macht zehn und fand die Sache schön!*

Püstow

Püstow war in den dreißiger Jahren wohl die beste Saujagd Ostdeutschlands in freier Wildbahn. Nachfolgend die Beschreibung eines Treibens an der Varziner Grenze.

Der Sohn des Hauses, Fränzchen v. Zitzewitz, erzählte uns am Vorabend der zweitägigen Jagd, daß er manches anders eingerichtet und vor allem das berühmte erste Treiben mit dem zweiten vereinigt hätte, da er genug Schützen habe: Und zwar eine Reihe von vier Schützen mitten durch das Treiben im lückigen Fichtenhorstbestand. Die vier Schützen waren Leo Oppenfeldt, der soeben beschriebene Jagdherr, der Turziger, der Varziner und ich.

Schon beim leisen Anstellen huschten Sauen umher, wie bei einem gut besetzten Waldtreiben in Schlesien die Hasen! Gleich nach dem Anblasen ging auch das Schützenfeuer bei uns und in der linken Flanke los. Es fielen in diesem Treiben 114 Kugelschüsse, und auf der Strecke lagen 48 Stück Hochwild, hauptsächlich Sauen. Und alles ohne jede Lappe oder Gatter! Mein Nachbar schoß rechts sechs, der Nachbar links vier, der vierte drei Sauen und ich fünf. *»Na«*, dachten wir, *»uns kann keiner!«*

Weit gefehlt: Beim Stelldichein kam der Forstmeister Döring, der in der linken Flanke stark im Feuer gelegen hatte und sagte: *»Ich habe sieben Sauen auf der Strecke!«*

Ich werde diese Zahlen nie vergessen - wir vier neuen Posten hatten zusammen 18 und die drei besten Schützen auch 18 Sauen im ersten Treiben! Und wenig mehr als zwei Kugeln pro Stück. Gesamtstrecke der zweitägigen Jagd: 120 Stücke Hochwild, davon 86 Sauen.

Die Jagd 1936, die letzte Wildjagd von Vater Franz, erbrachte 120 Sauen und 11 Abschuß-Hirsche (Kahlwild nicht frei). Wie war ein solches Ergebnis möglich?

Ruhe, nach der Brunft futtern, genau durchdachte Organisation der Jagd mit guten Hunden, liebevolle Auswahl jedes einzelnen Standes und Schützen, die über den Durchschnitt flüchtig mit der Kugel schossen. Wer schlecht schoß, wurde von Vater Zitzewitz nicht mehr eingeladen, basta.

Er selbst ging aber auch mit dem besten Beispiel voran. Ich habe nie einen alten Herrn die Sauen so sicher auf den Kopf stellen sehen wie ihn. Fast immer saßen die Kugeln auf dem Halsansatz, so daß sie nur den Schnurchel in den Sand steckten und wie die Hasen kopfüber gingen.

Der Wildschaden war natürlich unbeschreiblich, da auf Sauen vor der Jagd nicht geschossen werden durfte. Der landwirtschaftliche Beamte hatte aber nach dringenden Vorstellungen erreicht, daß vor einem an den Wald angrenzenden Gemengeschlag ein langer Draht gezogen und an ihm mehrere »Kläffer« so angebracht werden durften, daß sie an einer Leine mit Ring längs des Drahtes frei beweglich waren.

Zwei Nächte hatten sich die Sauen diese ungebührliche Störung ihres Nachtmahls mißmutig mit angesehen. Dann war aber ihre Geduld zu Ende, und die alten Bachen gingen in der dritten Nacht zum Angriff über.

In Jägerkreisen wurde erzählt, daß am dritten Morgen nur noch die Halsbänder der »Gleithunde« am Draht gehangen hätten. Sie selbst wären verschwunden gewesen, und die Sauen hätten nun wieder die ihnen bis zur Jagd zustehende Ruhe gehabt.

Hunde waren überhaupt die erklärten Feinde der Püstower Sauen. Auf der großen Jagd war eine Koppel von vier bis sechs Airedaleterriern unter ihrem passionierten und scharfen »Oberhund« Roland sehr aktiv. Geführt wurden sie von ihrem Fütterer und Betreuer in einem Ölmantel mit Südwester, ausgerüstet mit langer Saufeder und einem großen Horn, ähnlich dem des Nachtwächters in Richard Wagners Meistersingern.

Mit einem langen, tiefen Ton, den die Hunde genau kannten, wurden sie zusammengehalten und dirigiert. Wenn Rolands tiefer und rauher Hals ertönte, dann wußte man, daß er hinter irgendeiner dicken »Kommode« her war, und dann hieß es aufgepaßt, denn Überläufer oder gar Frischlinge beachtete er kaum, ließen ihn jedenfalls nicht laut werden. Geringe Sauen waren »unter seiner Würde«, die überließ er seinen Kindern.

Diese herrlichen Jagderlebnisse in ihrer Fülle und Urwüchsigkeit miterlebt zu haben, ist ein besonderes Geschenk Dianas.

Trauernd und dankbar seien sie überschrieben: »Es war einmal«. Ein stiller Waidmannsgruß allen damaligen Teilnehmern an der Püstower Jagd, von denen nur noch ein ganz geringer Prozentsatz am Leben ist. Waidmanns Dank dem Jagdherrn und seinem zu früh verstorbenen Sohn!

»Schwarzwildfreuden«

Von v. Braunschweig

Bei dem Thema »Schwarzwild« drehen sich im allgemeinen die Gespräche und Schilderungen um Pirsch und Ansitz, um Spürschnee und Drücken, um ernsthaftere Begegnungen mit dem wehrhaften Wild und schließlich um das leidige Kapitel Wildschaden. Hier soll einmal eine ganz andere Seite aufgeschlagen werden aus dem unerschöpflichen und vielgestaltigen Buch der Natur, die ihre tieferen Geheimnisse und Freuden nur der Aufgeschlossenheit und Liebe gegenüber Wald und Wild offenbart. Hier wollen wir dem so oft verfolgten und gehetzten und darum so vorsichtig und scheu gewordenen Schwarzwild in freier Wildbahn begegnen, wo Jäger und Heger, Landwirt und Forstmann widerstreitende Interessen zum Wohle von Acker und Wald, von Wild und Jagd ausglichen und so ein Vertrautsein des Schwarzwildes erzielten, das zu den seltenen Begebenheiten in freier Wildbahn gehört und eine Quelle immer neuer Freuden und interessanter Beobachtungen gewesen ist.

Noch unter meinem Vater hat es begonnen, dem ich im Geiste mit diesen Zeilen einen immergrünen Bruch dankbarer Erinnerung auf sein Grab in pommerscher Heimaterde lege.

An einem Wintertag verließ eine Kuh, die keine tierärztliche Kunst zu retten vermocht hatte, als Kadaver den Gutshof in Richtung Wald. Hier wurde sie im Herzen des Reviers auf einem Gestell abgeladen, das quer durch eine etwa 35 Morgen große Dickung führte, in der regelmäßig Sauen steckten. Schon am zweiten Tage konnte man feststellen, daß die Schwarzkittel diese einstige Zierde des Kuhstalls angenommen hatten und anscheinend auf den rechten Geschmack gekommen waren. Da sie hier niemand störte, so dauerte es nicht mehr lange, und man konnte sie, noch ehe die Schatten der Nacht ihren undurchdringlichen Mantel breiteten, bei ihrer allabendlichen Mahlzeit in aller Ruhe und Gründlichkeit beobachten. Starke und geringe Stücke fanden sich bald ganz regelmäßig zum abendlichen Rendezvous zusammen, stritten sich um den besten Happen, bissen sich, klagten und kreischten, und es währte nicht lange, da zeugten nur noch die groben Knochen einer einst 14 Ztr. schweren Kuh von dem Unglück auf dem fernen Gutshof. Wollte man also diese Freude des Beobachtens weiter genießen, mußte nachgeholfen werden. Mit Mais geschah dies am besten.

Etwas früher als sonst ging es hinaus, um den Mais noch vor Beginn der ersten Dämmerung an den gewohnten Platz auszustreuen. Aber siehe da, mißtrauisch quittierten unsere Freunde diese Programmänderung durch Nichterscheinen, wie sie auch sonst, wenn sich der Wind einmal ungünstig drehte, mit lautem Blasen in der Dickung verschwanden und nicht mehr zum Vorschein kamen.

Diese erste kleine Panne wiederholte sich noch verschiedentlich, es kamen viele Tage, an denen sie sich nicht blicken ließen, sei es, daß sie ihr Mißtrauen nicht überwinden konnten, sei es, daß sie sich bereits zu einem Auswechseln nach anderer Richtung entschlossen hatten oder in der letzten mondhellen Nacht durch böse Erfahrungen jenseits der Grenzen vergrämt waren. Das alles aber änderte nichts an der Tatsache, daß der Mais jedes Mal verschwunden war, und änderte auch nichts an der Zähigkeit, Ausdauer und Pünktlichkeit, mit der allabendlich das Futter am selben Platz verstreut wurde, und zwar mit demselben lauten Ruf: *»Komm, komm!«*

Wochen und Monate gingen so mit wechselndem Erfolge dahin. Die einzige vorsichtige Änderung bestand darin, daß weniger Körner auf die Futterstelle gestreut wurden, dafür aber die etwa 130 m lange Strecke zwischen ihr und dem

Beobachtungsplatz mit Mais »bekrümelt« wurde. Das hatte zur Folge, daß die Sauen sich allmählich zu uns »heraufraßen«, sich mehr und mehr an unsere Witterung gewöhnten und unsere Stimmen vertrauter aufnahmen. Der Leser wird später erfahren, weshalb ich das Wörtchen »unsere« besonders betone.

Sehr bald stellte sich heraus, daß die Sauen ein laut ausgesprochenes Wort viel besser vertrugen, es viel weniger übelnahmen als ein gedämpftes Geflüster. Sollte hier nicht eine ererbte Erfahrung mitsprechen, die das Wild zwischen dem harmlosen Lärm und der verdächtigen Gedämpftheit irgendwelcher fremder Laute unterscheiden gelehrt hatte?

Die ersten Vorboten des herannahenden Frühlings kündeten bereits mit schwellenden Knospen und ersten neuen Vogelstimmen den Schöpferwillen ewig wiederkehrender Auferstehung, als sich eines Tages auch unser Futterplatz neu belebte:

Eine Bache führte uns - doppelt vorsichtig und mißtrauisch - ihre wenige Tage alten Frischlinge vor. Ihrem Beispiel folgten nach und nach mehrere andere, so daß bald ein munteres »Gekribbel« auf dem Futterplatz herrschte.

Und nun leitete sich allmählich ein Vorgang ein, der im menschlichen Leben oft seine Parallele hat, dort aber komplizierter verläuft und häufig Anlaß zu Verstimmungen gibt. Die buntgestreifte, lebensfrohe und durch keinerlei böse Erfahrung beschwerte Jugend machte sich nämlich sehr bald selbständig und zeigte den Alten, daß man völlig gefahrlos selbst bei Büchsenlicht auf der »Maisfährte« bis auf den Beobachtungsplatz vordringen konnte, ja, daß es hier noch mehr gab, wenn der ausgestreute Fraß restlos vertilgt war.

Wie ist es nun im menschlichen Leben? Es müssen nicht alle Wege von vornherein falsch sein, die eine unbeschwerte Jugend aus den Verhältnissen ihrer Zeit heraus einschlägt. Die großen, ehernen Schöpfergesetze werden immer dieselben bleiben und werden nicht ungestraft außer acht gelassen, aber so manche Dinge lassen sich eben leichter und besser nach neuen Erkenntnissen und Methoden erreichen, die der Erfahrung des Alters fremd sein müssen, und daher, wenn nicht abgelehnt, so doch mit großer Skepsis angesehen werden. Das führt oft zu Unstimmigkeiten.

Hier im Walde lernte das Alter von der Jugend, aber - spitzt die Lauscher, liebe Jugend: Es »lernt«, was mancher für überflüssig hält, obwohl ihm nicht die reichere Erfahrung zur Verfügung steht.

Hier in unserer Sauendickung herrschte jedenfalls eine selten glückliche Harmonie zwischen Jugend und Alter, Jäger und Wild.

Ihre Ergebnisse sind nicht ohne weiteres zu verallgemeinern, wie mir auch jeder erfahrene Schwarzwildjäger bestätigen wird, daß die Führungsautorität der Bache sehr groß ist. Nicht nur beim Drücken, sondern auch bei ungestörtem Auswechseln erscheint die führende Bache oft um ein Beträchtliches eher als ihre unerfahrene Kinderschar. Diese mütterliche Führung und Sorgsamkeit wird ihr leider gar nicht so selten zum Verhängnis, da sie als »einzelnes Stück« angesprochen wird. Verkümmerte, jammervolle, im Gelände herumirrende Frischlinge sind die lebendigen Ankläger und Zeugen, daß menschliche Unerfahrenheit, Unbedachtsamkeit oder schießerhafte Herzlosigkeit den Kleinen die Mutter mordete, deren sie noch viele Monate bedurft hätten. Darum kann man nicht oft genug mahnen: Vorsichtig bei dem ersten Stück, ganz gleich, ob beim Drücken, am Dickungsrand oder beim abendlichen Ansitz!

Keiler ließen sich auf unserem Futtergestell nur verhältnismäßig selten sehen, auch waren es dann nur zwei- bis dreijährige, und auch diese wurden nie völlig vertraut. Die Liebe verschlug sie allmählich wer weiß wohin und ließ sie ihre Jugenderinnerungen vergessen. Den älteren Herren paßte der

K.F. Reif

Trubel nicht, sie waren eben Einzelgänger geworden, und bei der Erfahrung, die ihnen ein längeres Leben vermittelt hatte, war ihre Zurückhaltung nur zu begreiflich.

Dem Frühling folgte der Sommer mit seinen lockenden, ernteschweren Feldern, und so geschah es häufiger, daß die Sauen abends nicht erschienen und erst beim morgendlichen Einwechseln ihr Futter aufnahmen. Der Herbst aber versammelte sie schon wieder fast regelmäßig. Aus den kleinen, buntgestreiften Winzlingen waren stramme Frischlinge geworden, die sich mitunter geradezu erbittert um die besten Plätze stritten.

Inzwischen war auch eine unauffällig gezimmerte Bank in den von Buchenjungwuchs überwachsenen Beobachtungsstand hineingebaut. Je spärlicher der Fraß auf den Wildäckern und Feldern wurde, desto größer wurde der Appetit, und desto dreister und ungenierter bewegten sich unsere Freunde um uns herum.

Eines Abends kam der große Augenblick, wie ihn in ähnlicher Weise Bengt Berg mit Lahol, dem Regenpfeifer, voller Freude genossen haben mag, als er ihn, brütend auf seinem Nest, in der Stille nordischer Einsamkeit in der Hand hielt: *Das erste Stück, ein Überläufer, nahm den Mais aus der hingestreckten Hand!* Damit war auch die letzte trennende Schranke des Mißtrauens gefallen. Der eine machte es vor, allmählich folgten die anderen, und schließlich ließen sich auch einige der älteren Bachen überzeugen.

Ungefähr acht Monate hatte es gedauert, bis uns dieser Erfolg beschieden war; später war es meinen Kindern ein leichtes, den älteren Stücken ein paar der langen »Federn« auszurupfen, um sie sich an die Mütze zu stecken.

Allmählich lernte man die einzelnen Gesichter und Charaktere kennen: Einige waren so typisch, daß man sie immer wieder erkannte und daher den betreffenden Sauen Namen geben konnte. Wie oft habe ich mich gewundert, wenn der

Schäfer daheim aus den 400 Schafen ein ganz bestimmtes verhältnismäßig schnell herausfand - für mich hatten sie alle gleiche Gesichter. Hier aber bei den Sauen, denen man wirklich mit Herz und Sinn verschrieben war, ging es mir ähnlich wie dem Schäfer, ich lernte unter den 20 bis 30 Stücken Unterschiede sehen, die keinem Laien oder Fremden jemals aufgefallen wären.

Wie betrüblich war es, wenn sich herausstellte, daß diese oder jene Bekannte nicht mehr erschien, da immerhin damit zu rechnen war, daß sie irgendwo die tödliche Kugel erhalten hatte. Länger als drei bis vier Jahre hat sich wohl keine der Namensträgerinnen am Futterplatz gehalten, mögen sie in der Rauschzeit abgewandert oder sonstwie verdrängt worden sein, andere Naturgegebenheiten sie mehr angelockt oder Hubertus ihr Ende gefügt haben. Es ist nicht ausgeschlossen, daß das eine oder andere Stück jenseits der Grenzen seiner Vertrautheit zum Opfer gefallen ist, im allgemeinen brauchte man hier nicht besorgt zu sein, denn außerhalb des »heiligen« Reviers, das kein Büchsenschuß entweihte, bewahrten sich die Sauen ihre ererbte Vorsicht und Scheu. Wenn auch bei der alljährlichen Wildjagd die Sauendickung unberührt durch Treiber und Schützen blieb, so war es, natürlich nicht zu vermeiden daß manche unserer Freunde bei ihrem morgendlichen Einwechseln in anderen Revierstellen stecken blieben und dies mit ihrem Leben bezahlen mußten.

Die Vertreter der Landwirtschaft begrüßten natürlich möglichst hohe Strecken an Schwarzwild, der Jagdherr aber, der gleichzeitig der verantwortliche Leiter eines land- und forstwirtschaftlichen Betriebes war, hatte die beiderseitigen Interessen abzuwägen, er mußte hart sein, wo er als Jäger lieber Milde geübt hätte, er konnte im Interesse von Wald und Wild Nachsicht üben, wo der Ackerwirt nach Rache schrie.

Am humorvollsten kam dieser Widerstreit der Interessen einmal zum Ausdruck, als ein Forstmeister einen Vortrag über die Bekämpfung der Forstschädlinge zu halten hatte. Er begann in seiner famosen, humorvollen Art seine Ausführungen mit den Worten: *»Der größte Forst- und Jagdschädling ist der landwirtschaftliche Beamte!«* - und keiner der anwesenden Landwirte war diesem Waidmann darob böse!

Trotz des notwendigen jährlichen Abschusses und der sonstigen Abgänge blieb der sich immer wieder ergänzende Stamm im »heiligen« Revier erhalten und hat uns und unseren Kindern sowie manchen Gästen unvergeßliche Stunden da draußen im Walde bereitet. Ich habe sie heranwachsen sehen, die munteren Dinger, angefangen vom Frühstück an ihrer Mutter, das ich einmal auf blankem Gestell in zehn Schritt Entfernung erlebte, bis hin zu dem Zeitpunkt, wo sie Überläufer wurden, so manche Jungbache davon präsentierte mir später wiederum ihre Kinder.

Es war interessant und geradezu überraschend, wie die Sauen zunächst die ihnen fremde Witterung von Gästen quittierten. Erst nach einigem Zögern und nach lautem, gutem Zureden meinerseits gaben sie sich so vertraut wie sonst. Wie sehr sie sich aber im übrigen als Herren des Platzes fühlten, mag aus Nachfolgendem erhellen:

Wir hatten eines Abends unseren irischen Setter mitgenommen, der sich ruhig und friedlich benahm. Kaum aber hatten ihn die älteren Stücke, darunter die »schwarze Dame«, wegbekommen, zogen sie auf den Hund los, ließen sich in keiner Weise durch sein mehr aus Angst als Angriffslust Gebell und Geschnappe einschüchtern und griffen ihn schließlich von mehreren Seiten an. Dem Hund blieb nichts anderes übrig, als sein Heil in der Flucht zu suchen, und zwar Richtung Wagen, der während des Fütterns etwa 130 Schritt entfernt am Rande des Gestells hielt. Selbst am Wagen ließen die Sauen nicht von dem Hund ab, bis er sich schließlich durch einen eleganten Sprung unter den Wagensitz in Sicherheit brachte. Seitdem habe ich nie wieder einen Hund zum Füttern mitgenommen.

Fast neun Jahre hat dieses vertraute Verhältnis zwischen Jäger und Wild bestanden, bis das Lichterwerden der schützenden Dickung, meine häufige Abwesenheit und der bald folgende Krieg einen endgültigen Schlußstrich unter dieses Kapitel jagdlicher Freuden zog.

Nach einer meiner letzten Pirschen im heimatlichen Wald zur Brunftzeit 43 war ich morgens spät mit meinem Pirschwagen auf der Heimfahrt. Als ob mir der Herbst noch einmal die ganze Fülle seiner Schönheit in den heimatlichen Wäldern zeigen wollte, verströmte er sein Sonnengold über flammende Buchenwälder und durch das dunkle Grün des Kiefernaltholzes. Versunken im Schauen und Genießen sah ich plötzlich etwa 60 Schritt neben dem Wagen eine starke Bache in der Suhle sitzen. *»Halt, Wilhelm!«,* raunte ich dem Kutscher vorne zu.

Schlammbedeckt zog das Stück etwa 50 Schritt hinter dem Wagen in die zu meiner Linken liegende Dickung. Ich wollte gerade weiterfahren, da zog die vertraute Sau knapp 30

Schritt vor den Pferden wieder ins lichte Holz zur Suhle und setzte ihr sonnenbeschienenes Herbstfrühbad fort.

Ich fuhr beglückt heim.

Heute mutet es mich an, als ob sie abschiednehmend noch einmal den alten Pirschwagen umkreiste und in das ganze Bild dieser Vertrautheit den Dank für vergangene, unvergeßliche Jahre legen wollte.

Über Mittag

Von v. Braunschweig

Kein Mensch hatte »ihn« in diesem Herbst 1943 bisher zu Gesicht bekommen, auch keiner der beiden Forstbeamten dieses herrlichen Reviers, in dem ich jagdlich nicht nur die Oberleitung hatte, sondern auch alljährlich einen guten Hirsch strecken durfte. Die Brunft war schon in vollem Gange, als ich hinkam, aber es war bisher nichts besonders Gutes bestätigt worden. Ein Hirsch allerdings mußte noch da sein, der der Fährte, Stimme und dem Benehmen nach alt und stark zu sein versprach.

Er stand in einem großen Kieferndickungskomplex von drei Jagen Breite und zwei Jagen Tiefe. Auf der einen Seite schloß sich ein raumer 80jähriger Altholzbestand von etwa 300 Meter Breite an. Ein Streifen, der dem katastrophalen Spannerfraß des Jahres 1927 nicht zum Opfer gefallen war, während hinter ihm wiederum ein großer Dickungskomplex folgte, der sein Dasein derselben Katastrophe verdankte. Ziemlich am Rande dieser Dickung, aber noch im Altholz, lag eine mir bekannte Suhle, deren tiefste Stelle einen kleinen Wasserspiegel aufwies.

Der bisher unbekannt gebliebene Hirsch, der, wie gesagt, in dem ersten Dickungskomplex stand, verließ diesen auf Grund bereits angestellter, tagelanger Beobachtungen nur bei Dunkelheit und zog des Morgens so früh wieder ein, daß auch mit dem besten Glas nichts festzustellen war. Auch meldete er sich bei Büchsenlicht ganz selten, und nur im Dunkeln hörte man bei dem vielseitigen Konzert seine alles an Grobheit überragende Stimme heraus, die einen fast metallischen Klang hatte. Tagelange eigene Versuche und Bemühungen bestätigten mir nur die mitgeteilten Erfahrungen. Was aber dem Auge verborgen blieb, das ließ das Ohr ahnen. Wenn dieser Hirsch durch die Dickung zog, dann entstand jenes streifende, ästeschürfende Geräusch von solcher Stärke und Intensität, wie es nur durch starke Geweihe verursacht wird.

Wer kennt nicht das Auf und Ab gespannter Hoffnungen, wenn es bei solchen Beobachtungen hier und dort lebendig in der Dickung wird, dann Stunde um Stunde verrinnt, bis sich schließlich die Schatten der Abenddämmerung immer eindringlicher auf Gestelle und Blößen legen und endlich die hereinbrechende Dunkelheit klipp und klar entscheidet: Für heute ist es mal wieder nichts!

Wer kennt nicht das Überlegen und Schmieden neuer Pläne für den nächsten Morgen, die abermals bei sich lichtendem Tage gleich den Nebeln vor den siegenden Strahlen der Herbstsonne in Nichts zerfließen!

So ging es nicht mehr weiter. Die Brunft hatte bereits ihren Höhepunkt überschritten, und es mußten neue Wege gesucht werden, um diesen Hirsch wenigstens einmal zu Gesicht zu bekommen. Ich beschloß daher, meine Beobachtungen ohne wesentliche Unterbrechung über den ganzen Tag auszudehnen.

Die morgendliche Pirsch war wiederum ergebnislos verlaufen, und so fuhr ich denn, nachdem völlige Stille und Ruhe im Brunftbetrieb eingetreten war, eilends nach Hause, trank Kaffee, bestellte mir das Mittagessen in einer Thermosflasche in den Wald und saß bereits eine Stunde später zusammen mit meinem Jüngsten, der vor Freude und Erwartung strahlte, am Rande meiner bisher vergeblich umpirschten Dickung. Ich hatte mich so angesetzt, daß ich das Gestell zwischen dem ersten und zweiten der drei nebeneinanderliegenden Jagen beobachten konnte. Nichts rührte sich. Weithin heilige Stille, erfüllt von diesem herbstlichen klaren Sonnenglanz und jenem Duft von Nadelwald und feuchtem Moos, wie ihn nur der Herbst hervorzuzaubern vermag. Stunde um Stunde verrann, Magen und Uhr erinnerten mich an meine Thermosflasche, und so schickte ich meinen Jungen los, um das Mittagessen zu holen. Er war gerade meinen Blicken entschwunden, als ich etwa auf 300 Meter einen starken Hirsch mein Gestell überqueren sah. Ehe ich ihn im hochgerissenen Glas hatte, war das Geweih bereits in die gegenüberliegende Dickung getaucht, und ich gewann nur den Eindruck: ein im Rumpf sehr starker Hirsch.

Jetzt hieß es schnell denken und handeln: Mittagsstille und -wärme, Brunftzeit, Suhle, zwei Jagen Dickung bis zum Altholz! Also, so schnell es geht, parallel zum Hirsch Richtung Altholz! Möglichst eher da sein als er!

Im Geschwindschritt und teils laufend erreichte ich das nächste Gestell zwischen dem zweiten und dritten Jagen. Vorsichtig schob ich mich an den Rand, um den Hirsch hier womöglich zu Gesicht zu bekommen. Da ich wußte, wie unglaublich schnell ein Hirsch selbst bei ungestörtem Ziehen vorwärtskommen kann, wartete ich hier nur ganz kurze Zeit. Erschien er nicht, so war er entweder in dem zweiten Jagen stehengeblieben, oder aber er war bereits weiter, als ich dachte. Und dies traf zu! Denn als ich nach abermaligem Laufen die Ecke meiner Dickung am Altholz erreichte, sah ich ihn weit halb rechts vor mir auf die Suhle zuziehen.

Noch war der Würfel nicht gefallen, ob er seinen Wechsel von dort wieder zurück oder in den unmittelbar hinter der

K.-P. Reif

Suhle liegenden zweiten Dickungskomplex nehmen würde. Jetzt erkannte ich erst ganz klar und deutlich, wie stark und mächtig sein Rumpf und Geweih waren. Der Hirsch trat an die Suhle, kniete sich dort nieder und schöpfte aus dem kleinen Wasserloch, wobei er mir den Spiegel zudrehte. Und, wie vorsichtig dieser Edle war! Nach ein paar Schluck Wasser stand er auf, äugte erst einmal nach allen Seiten und kniete sich dann erneut zum Schöpfen nieder.

Da es für mich durchaus nicht feststand, wohin der Hirsch nach diesem »Mittagstrunk« ziehen würde, so hieß es: Ran an den Hirsch auf Büchsenschußweite, solange er noch bei der Suhle verweilt!

Es galt also, ähnlich wie beim Auerhahn, diesen Hirsch anzuspringen, sobald er mir abgewandt zum Schöpfen niederkniete, und es galt, in dem sehr raumen Bestande Deckung zu nehmen, sobald sich der Hirsch erhob. Zweimal glückte dies vorzüglich. Aber das dritte Mal erhob sich der Hirsch unerwartet früh, so daß ich die in Aussicht genommene Deckung nicht mehr erreichen konnte, sondern blitzschnell hinter einem 75 Zentimeter hohen Wacholder und einem danebenstehenden Birkenloden zusammensackte. Eine halbe Minute, die mir zur Ewigkeit wurde, stand der Hirsch nun bei der Suhle und äugte zu mir herüber. Hatte er etwas gemerkt? Noch waren es rund 200 Meter. Nein, jetzt zog er schnurgerade auf mich los, um mit halbem Winde, der von links nach rechts über mich hinwegstrich, den alten Einstand wieder anzunehmen. Mein erster Gedanke war: Herunter mit dem Fernrohr von der Doppelbüchse. Jetzt kann es um schnelles Schießen und kürzeste Entfernung gehen. Ein leichtes Knicken, das Fernrohr lag im Moose, ich schrumpfte in hockender Stellung zu einer unwahrscheinlichen Kleinheit zusammen. 150 Meter, 100 Meter, 50 Meter. Den Schaft der entsicherten Büchse bekam ich in meiner verbogenen Stellung nicht mehr unter dem rechten Arme heraus. 25 Meter! Heiliger Hubertus, wie geht das aus!

Abschrift.

Nationalsozialistische Arbeiterpartei
Kreisleitung Dramburg

Dramburg, den 25.7.1944

Einschreiben!

Herrn
Hasso von Knebel Doeberitz
Dietersdorf Kreis Dramburg.

Einstweilige Verfügung !

Mit sofortiger Wirkung schließe ich Sie hiermit aus der NSDAP aus.

Begründung :

1.) Sie habeh in keiner Weise aktiv in der Partei mitgearbeitet und dem Ortsgruppenleiter PG. Ernst gegenüber stets passive Resistenz gezeigt. Der Gruß "Heil Hitler" kommt nur schwer und sehr selten über Ihre Lippen. Der Versammlungsbesuch läßt ebenfalls sehr zu wünschen übrig, was schon daraus hervorgeht, daß Sie trotz mehrmaliger Aufforderung seitens des Ortsgruppenleiters es nicht für nötig hielten, Ihr Parteibuch auf einer der Versammlungen persönlich in Empfang zu nehmen. Es liegt seit 1939 noch heute beim Ortsgruppenleiter.

2.) Ihr Verhalten gegenüber den Angestellten und Arbeitern Ihres Betriebes ist ebenfalls nicht so, wie man es von einem Parteigenossen erwarten kann. So haben Sie z.B. Polen bevorzugt behandelt, indem Sie einer Polin nach der Entbindung Wein geschickt und einer anderen Polenfamilie Wolle gegeben haben. Daß, auch die meisten Menschen Ihres Betriebes nicht den "Gruß Heil Hitler" anwenden, ist auch auf Ihr Verhalten zurückzuführen. - Sie bieten durch Ihre Art, Ihr ganzes Wesen und Verhalten, nicht die Gewähr für eine aktive Mitabeit in der Partei und sind daher für diese nicht tragbar.

Gegen diese Verfügung können Sie innerhalb von 14 Tagen Einspruch erheben. Der Einspruch ist bei mir mit Begründung einzureichen.

Diese Verfügung wird endgültig, wenn der Einspruch nicht rechtzeitig erfolgt.

Heil Hitler!
Der Kreisleiter m. d. L. b.
gez. Goelling
kom. Kreisstabsamtsleiter

Für die Richtigkeit
der Abschrift

GEMEINDE LATHWEHREN · LANDKREIS HANNOVER

Die Übereinstimmung vorstehender Abschrift mit der Urschrift wird beglaubigt.
Lathwehren, den 20. Juni 1970
Der Bürgermeister

Auf Grund von Passivität und Nächstenliebe wurde Hasso von Knebel Doeberitz aus der NSDAP ausgeschlossen. Auch hier kommt die Verachtung der Diktatur gegenüber anderen Völkern zur Geltung.

Der Ahnenpaß

Der Rassegrundsatz.

Die im nationalsozialistischen Denken verwurzelte Auffassung, daß es oberste Pflicht eines Volkes ist, seine Rasse, sein Blut von fremden Einflüssen rein zu halten und die in den Volkskörper eingedrungenen fremden Blutseinschläge wieder auszumerzen, gründet sich auf die wissenschaftlichen Erkenntnisse der Erblehre und Rassenforschung. Dem Denken des Nationalsozialismus entsprechend, jedem anderen Volke volle Gerechtigkeit widerfahren zu lassen, ist dabei niemals von höher- oder minderwertigen, sondern stets nur von f r e m d e n Rasseneinschlägen die Rede.

Der faschistische Staat verlangte von den Bürgern den stammesgeschichtlichen Nachweis ihrer Herkunft. Das Dokument mußte zum Beispiel bei Einstellung in den öffentlichen Dienst vorgelegt werden. Fremde Bluteinschläge galten als Ablehnungsgrund und »anrüchig«.

Auszug aus dem Ahnenpaß der Linie von Knebel Doeberitz

(Vater von 7)

14 Name: v. Braunschweig

Vornamen: Richard Philipp

geboren am: 7. IX. } 1823 in: Sorchow Krs. Stolp
getauft am: 7. XI. } in:

Sohn des [28]: Philipp v. Braunschweig

und der (29): Sophie Louise Magdalena v. Wobeser

Standesamt: | Register Nr.

ev. Pfarramt: Groszgarde

Beglaubigt nach — Urkunde — ~~— Ahnenpaß —~~ gestrich. — Wt. hinzugef. — Wt. Datum 27. XI. 42

Siegel

~~Standesbeamter~~ ~~Kirchenbuchführer~~ Notar Lignitz

Arthur Lignitz Notar in Berlin

Ergänzungsbescheinigung siehe Seite

† am: 7. VIII. 1884 in: Groszpodel

(Mutter von 7)

15 Geburts-Name: v. Bandemer

Vornamen: Albertine Jenny Caroline

geboren am: 30. VI. } 1827 in: Weitenhagen Krs. Stolp
getauft am: 7. VIII. } in:

Tochter des [30]: Franz Wilhelm Werner v. Bandemer

und der (31): Christine Louise Wilhelmine v. Hanstein

Standesamt: | Register Nr. 23.

ev. Pfarramt: Weitenhagen

Beglaubigt nach — Urkunde — ~~— Ahnenpaß —~~ gestrich. — Wt. hinzugef. — Wt. Datum 27. XI. 42

Siegel

~~Standesbeamter~~ ~~Kirchenbuchführer~~ Notar Lignitz

Arthur Lignitz Notar in Berlin

Ergänzungsbescheinigung siehe Seite

† am: 19. XII. 1900 in: Sorchow

14 Vornamen, Name, Beruf und Bekenntnis:

Richard Philipp v. Braunschweig

15 Vornamen, Geburtsname, Beruf und Bekenntnis:

Jenny Caroline Albertine v. Bandemer

haben die Ehe geschlossen

am: 1. XI. 1853 in: Weitenhagen

Standesamt: | Register Nr.

ev. Pfarramt: das.

Beglaubigt nach — Urkunde — ~~— Ahnenpaß —~~ gestrich. — Wt. hinzugef. — Wt. Datum: 27. XI.

Siegel

Lignitz

~~St.B.-Kb.F.~~-Notar

Arthur Lignitz Notar in Berlin

2. Ausfertigung 3

Entnazifizierungs-Hauptausschuß

des Kreises / d~~xxxxxx~~ Hannover

Hannover, Höltystr. 15, den 2.11.1948

Fernsprecher 80527 App. 36
86191 " 37

Az.: M/K VE3952/46 Sp.E. I/114

Rechtskräftig am:

.... (Ort, Datum)

(Stempel)

.... Unterschrift

Entnazifizierungs-Entscheidung im schriftlichen Verfahren

In dem Entnazifizierungsverfahren gegen

Name von Knebel-Doeberitz Vorname Hasso

geboren am 28.12.1893 in Zuelshagen/Krs. Dramburg/Pomm.

wohnhaft Steinkrug über Weetzen

Beruf Land- und Forstwirt

ergeht auf Antrag des öffentlichen Klägers vom 22.10.1948 auf Grund der Verordnung über Rechtsgrundsätze der Entnazifizierung im Lande Niedersachsen vom 3. 7. 1948 und § 19 der Verordnung über das Verfahren zur Fortführung und zum Abschluß der Entnazifizierung im Lande Niedersachsen vom 30. 3. 1948 im schriftlichen Verfahren folgende Entscheidung:

1.

Der Land- und Forstwirt Hasso von Knebel-Doeberitz wird in Ketegorie V eingestuft.

Gründe:

Der Betroffene war zwar Mitglied der NSDAP von 1937 und wurde vom Stahlhelm in die SA überführt. Er ist aber sehr bald wieder aus der SA ausgeschieden. Aus der NSDAP wurde er, wie bestätigt ist, wegen seines Verhaltens ausgeschlossen.
Dieser Ausschluss, seine Verhaftung und längere Haft und die Bestätigung seiner antifaschistischen Einstellung sind als Entlastung ausreichend.

Rechtsmittelbelehrung:
Gegen diese Entscheidung kann der Betroffene innerhalb einer Frist von 2 Wochen nach Zustellung Antrag auf mündliche Verhandlung stellen. Der Antrag ist schriftlich beim Entnazifizierungs-Hauptausschuß einzureichen. Wegen der Gebührenfestsetzung steht ihm das Recht der Beschwerde zu.

Hannover, den 2.11.1948
(Ort, Datum)

Stempel

Der Vorsitzende:
gez. M e y n s
Unterschrift

Der Niedersächsische Minister für die Entnazifizierung
Entnazifizierungs-Hauptausschuß des Kreises Hannover

Beglaubigt
Koch
Angestellt[e]

Dem Betroffenen durch Postzustellungsurkunde am .... zugestellt.

Die Entnazifizierung wurde in den Nachkriegsjahren von den Alliierten überwacht, jedoch oft nur halbherzig durchgeführt.

Da verhoffte der Hirsch vor mir, machte halb links um und zog, mich rechts liegen lassend, der nahen Dickung zu. Jetzt ging es um Sekunden und, ich möchte sagen, um Haaresbreite, denn ich konnte erst die Büchse heben, wenn ich dem Hirsch etwas mehr aus seinem seitlichen Blickfeld war, durfte aber nicht so lange warten, bis er in den immer verhängnisvoller werdenden Wind kam. Das waren wirklich Sekunden, die an körperliche Anspannung gedankliches Einfühlungsvermögen für den richtigen Augenblick entscheidende Anforderungen stellten. Und wahrhaftig, es glückte um eine halbe Fluchtlänge! Ich bekam die Büchse rechtzeitig hoch, und im selben Augenblick knallte es.

Mit einer gewaltig angesetzten Flucht wollte der Hirsch zu der nahen Dickung. Mitten in der Flucht aber bekam er Wind von mir, warf sich herum und landete bereits halb spitz von mir abgewandt. Jetzt flüchtete er so geschickt parallel des Dickungsrandes von mir weg, daß es mir, der ich aufgesprungen war, trotz des sehr lichten Bestandes nicht mehr möglich war, auch nur einen Augenblick abzupassen, in dem ich ihm eine zweite Kugel hätte antragen können. So verfolgte ich erwartungsvoll den Dahinstürmenden. Nach etwa 100 Schritt verlangsamte er sich zum Ziehen. Der sonnenscheinerfüllte Herbstmittag wurde ihm allmählich zur Nacht. Taumelnd setzte er die Läufe übereinander und brach wenige Sekunden später verendet zusammen. In freudiger Erregung eilte ich zu dem gestreckten Hirsch.

Hatte ich ihn auch für sehr stark angesprochen, so wurden bei näherer, ruhigerer Betrachtung meine Erwartungen noch übertroffen. Dies war wirklich ein Geweih, das die Bezeichnung »kapital« verdiente. Leider ist mir auch mein Schußbuch, in das ich jedes Mal ausführliche Eintragungen machte, verlorengegangen, aber das gerettete Bild wird die nur in der Erinnerung gebliebenen Aufzeichnungen als wahrscheinlich richtig bestätigen.

Das Geweih wog einen Tag nach dem Abkochen 10,5 Kilogramm. Rosenumfang 28 und 29 Zentimeter. Stangenumfang an der schwächsten Stelle 17 Zentimeter. Der Hirsch wog aufgebrochen und ohne Geweih, 24 Stunden ausgehangen 3,95 Zentner. Auch für pommersche Verhältnisse war dies ein ungewöhnlich starker Hirsch.

Wer mag ahnen, weshalb und woher dieser Kapitale in das mir so vertraute Revier gekommen ist, in dem ich ihn als erster und einziger zu Gesicht bekam. Es war schon immer so, daß sich zur Brunftzeit neue und starke Hirsche einstellten, und so manchen dieser hochjagdbaren habe ich strecken dürfen, keiner aber erreichte an Gesamtstärke diesen letzten!

»Nur wem die Lieb' das Herz durchglüht,
zum Wald in seiner ganzen Weite,
kann ahnen, was das Herz durchzieht
vor solcher edlen, starken Beute.«

»Hermann«

Göring war bei Frau v. Dewitz in Mesow, um Rehböcke zu schießen. Der Jagdwagen stand vor der Tür, der alte Kutscher Hermann auf dem Bock. Göring stieg ein.

Die Gutsherrin stand auf der Rampe und rief dem Kutscher, der die Böcke genau kannte und meisterhaft anzufahren verstand, zu: *»Mach's gut, Hermann!«* Darauf verbeugte sich Göring und antwortete: *»Jawohl, gnädige Frau!«*

»Zu dick«

Bei einer weiteren Jagdreise befand sich Reichsjägermeister Göring auf einem andern Gut. Da versuchte der kleine Sohn des Hauses, ihn zu fotografieren.

Nach einigen vergeblichen Versuchen sagte er zu seiner Mutter: *»Mutti, ich krieg ihn immer nicht ganz rauf.«*

Merkwürdig

Bei derselben Gelegenheit kam Göring in den Saal des Gutshauses. Dort hing ein Oelbild in Lebensgröße, den Vater des Besitzers darstellend. Große, schlanke Figur in Ulanenuniform, Mantel umgehängt, Tschapka schief auf dem Kopf. Göring stand bewundernd davor.

Dann rief er seinen Adjutanten und sagte: *»Menthe, notieren Sie: Lebensgröße, Uniform, Mantel umgehängt, Mütze schief. So will ich gemalt werden - merkwürdig, die Maler wollen mich immer nicht in ganzer Figur malen!«*

Der beste Witz

Auf dem pommerschen Jagdausflug wurde Göring ein Herr Blühdorn vorgestellt: *»Herr Reichsmarschall, das ist der Herr, der die guten Witze und Geschichten von Herrn Reichsmarschall sammelt und kolportiert.«*

Göring: *»Mein lieber Mann! Das geht aber manchmal schon etwas zu weit, denn schließlich leben wir doch in einem Rechtsstaat!«* Darauf unser Freund Blühdorn: *»Herr Reichsmarschall! Dieser letzte Witz war aber nicht von mir!«*

Der politische Teckel

Reichsjägermeister Göring kam auch zu Herrn v. Veltheim nach Elvershagen. Der Jagdwagen kam vorgefahren. Alles, auch der fettleibige Göring mit seinem Teckel, stand auf der Rampe. Kaum hatte der Wagen gehalten, sprang der Teckel hinein, beschnupperte die Sitzpolster, machte kurz kehrt und hoppste wieder heraus. Die Zuschauer lachten.

Da sagte die Hausfrau, eine geborene Baltin, in echt baltischem Dialekt: *»Er wittert den Aasjeruch der Reaktion!«*

Die gestrenge Baronin - geb. v. Fircks

Nach der Pirschfahrt feierliche Abendtafel. Göring führte die Hausfrau und steuerte als erster das Eßzimmer an. Beim Überschreiten der Schwelle verspürte er einen leisen Ruck an seinem rechten Arm und vernahm die kurze, aber klare Zurechtweisung: *»Herr Jöring - erst kommt die Hausfrau!«*

Am Tisch angekommen nahm Göring Platz, während sonst alles hinter den Stühlen stehen blieb. Wiederum ertönte die baltische Stimme - diesmal etwas bestimmter und lauter: *»Herr Jöring - wir beten.«*

Unserm Reichsmarschall in spe blieb nichts anderes übrig, als sich wieder zu erheben.

Zwei dritte November

Der 3. November 1909:

Lachende Sonne auf kahlen Feldern,
rotgoldnes Laub in Park und Wäldern,
Hundegeläute hinter dem Hasen,
Hufeschlagen auf Acker und Rasen -
Uniformen und manch roter Frack.
Achtung! Heut ist Hubertustag!

Hochragendes Schloß unter dunklen Bäumen,
Wachslichterglanz in hohen Räumen,
Brillanten und Perlen auf seidnen Gewändern,
Kreuze und Sterne aus vielen Ländern -
Uniformen und manch roter Frack.
Achtung! Heut ist Hubertustag!

Der 3. November 1946:

Rollender Räder gleichbleibendes Lied,
schleichender Zug durch besetztes Gebiet.
Vertriebene Deutsche im Abteil ohne Licht,
die Runen des Leides im magren Gesicht,
ein zerlumpter Landser, ein menschliches Wrack -
Achtung! Ist heut nicht Hubertustag?

Zerbombte Häuser, schmutzige Gassen,
hungernde Deutsche in Kellergelassen,
lichtscheues Volk im Regengerinsel,
weinende Kinder, Hundegewinsel,
Jammergestalten in Asche und Sack -
Achtung! Ist heut nicht Hubertustag?

Phillip v. Carnapp Bornheim

Die Zahl muß stimmen

Hasso von Knebel Doeberitz

Mein Rgts.-Kamerad v. Braunschweig-Standemin war ein unverbesserlicher »Schädling des dritten Reiches«. Als solcher ist er schon in den dreißiger Jahren vom Gauleiter des Landes verwiesen worden.

Im Kriege war er unter dem Schutz der Wehrmacht als Pferdevormusterungs-Offizier wieder zu Hause. Nach dem 20.07.1944 ist er, wie auch der Autor dieses Buches (im Zusammenhang mit dem Führerattentat), von der Gestapo verhaftet worden. Während letzterer ein halbes Jahr in Gestapohaft verblieb, wurde Braunschweig am 21.01.1945 in ein KZ-Lager »überstellt«. Dort ist er eines Tages in eine große Gemeinschaftszelle gesperrt worden.

Der zuständige Kalfaktor entpuppte sich als ein 1. Garde-Ulan-Regimentskamerad (Ulan-Reiter, die in Potsdam ausgebildet wurden), der wegen irgendeiner schiefen Sache im KZ gelandet war, ihn sogleich erkannte und ihn entsetzt fragte: *»Wie kommst du denn hierher?* (Im KZ duzte sich alles) *Das ist ja die Todeszelle, in der alle gesammelt werden, die demnächst in ein Vernichtungslager überführt werden sollen. Hier mußt du schnellstens heraus. Halte dich heute abend bereit, da werde ich dich abholen und in eine andere Zelle bringen.«* Ulan Jesko von Puttkamer hielt Wort und holte ihn abends mit *»Komm schnell«* ab.

Er war ein »schneller Junge«, der im Kriege auf Patrouille etc. gut, aber im Frieden nie recht zu brauchen gewesen war.

Nach dem Zusammenbruch des dritten Reiches saß Puttkamer wieder wegen einer krummen Tour bei den Amis. Von dort schickte er Braunschweig, der ja durch seine Fürsorge mit dem Leben davongekommen war, einen Hilferuf:

er solle doch bei den Amis für ihn eintreten und nun »ihn rausholen« Braunschweig machte sich sofort auf, um seinem Wohltäter zu helfen, was ihmauch gelang.

Einige Zeit später erhielt Braunschweig eine Einladung nach Hanau. Er fuhr hin und wurde noch in der größten Hungerszeit mit Sekt und allen möglichen Lampreten aufgenommen. Bei dieser »Friedensfeier« fragte Braunschweig seinen Lebensretter: *»Sag mal, wie hast du das eigentlich damals im KZ gemacht? Die Anzahl der Zelleninsassen mußte doch stimmen.« - »Ganz einfach«,* lautete die Antwort, *»habe irgendeinen anderen hineingesteckt, der dann für dich den Transport in das Vernichtungslager antrat.«*

Die Kameradschaft zwischen dem Ulan Jesko v. Puttkamer und seinem Oberleutnant hatte sich besser bewährt als der Terror des dritten Reiches!

Die Intrige des Oberstjägermeisters

Die Tragödie des Oscar Caminneci - Jägersmann, Jagdschriftsteller und international bekannter Springreiter

verfaßt von seinem Bruder Dr. Andrea Caminneci und Manfred Caminneci, der letzte lebende Neffe - 2002

Viele Waidgenossen werden sich schon die Frage nach dem Schicksal des Jagdschriftstellers Oscar Caminneci (u. a. erwähnt in einigen Geschichten von H. v. Knebel Doeberitz) gestellt haben, da der Name dieses Mannes sich wegen seines beliebten Buches »Diana, Hubertus und Ich« (Paul Parey, 1932) zur damaliger Zeit einen Platz in den Herzen vieler Jäger erobert hat. Es wird inzwischen in den Kreisen der deutschen Jägerschaft auch bekannt geworden sein, daß Oscar Caminneci in irgendeinem Zusammenhang mit dem 20. Juli 1944, dem Attentat auf Adolf Hitler in der Wolfsschanze, durch die Agenten des Tausendjährigen Reiches zur ewigen Jagdgemeinde promoviert wurde. Das Instrument der Promotion steht fest: Es waren die berüchtigten Steinbrüche von Mauthausen, bzw. der Knüppel oder die Kugel eines heutigen »Opfers« der Entnazifizierung. Es steht auch fest, daß Oscar Caminneci am 21. Juli 1944 verhaftet wurde, wodurch die Annahme Verbreitung fand, daß dies im Zusammenhang mit dem 20. Juli geschehen sei. In gewissem Sinne ist es auch so geschehen, da man den Trubel dieser Ereignisse zum Anlaß nahm, um auch den Jäger Caminneci ohne Gefahr lästiger Rückfragen unter dem Mantel des Staatsgeheimnisses verschwinden lassen zu können.

Wer ist aber nun der Initiator dieser unwaidmännischen Jagd auf Oscar gewesen?

Durch einen sensationellen Aktenfund in dem ehemaligen Gaujagdamt Berlin sind wir nunmehr in der Lage, nachzuweisen, daß Oscar sein Leben nicht auf dem Felde der Politik verloren hat, sondern ausschließlich auf dem Felde der Jagd, und zwar infolge der kriminellen Rachsucht und pathologischen Eitelkeit des damaligen Oberstjägermeisters und SS-Brigadeführers Ulrich Scherping. Aus den uns vorliegenden Akten ergab sich der folgende Tatbestand:

Scherping verlangte ein Ehrengerichtsverfahren gegen Caminneci mit dem Ziel einer langjährigen Jagdscheinentziehung aus rein persönlichen Gründen. Nachdem sich das Ehrengericht der Auffassung von Scherping nicht angeschlossen hatte, bestand jener auf einer Revision mit dem gleichen Ziel und veranlaßte diese unter Beugung des Rechtes, obwohl er durch den Gaujägermeister von Berlin Paßmann darauf hingewiesen wurde, daß die Revisionsfrist längst abgelaufen sei. Da Scherping sich der schlechten Chancen seines Antrages bewußt war und das Strafmaß ihn nicht befriedigte, verlangte er gleichzeitig gegen O. Caminneci ein Verfahren wegen Kriegswirtschaftsverbrechen. Als direkte Folge dieser Anklage fand Oscar Caminneci seinen Tod im KZ Mauthausen. Der Beweis hierfür ergibt sich aus aufgetauchten Originalakten.

(Andrea Caminneci, jüngerer Bruder des Oscar Caminneci und Verfasser des Buches »Vom Achtzehnender zum Slatorog« informierte 1953 über die wahren Ereignisse).

Wer war Oscar Caminneci (geboren am 17. April 1885 in Palermo, ermordet am 9. März 1945 im KZ Mauthausen)?

Der aus dem polnisch-italienischen Geschlecht stammende Andrea Caminneci sen. aus Palermo/Silzilien hatte die deutsche Arnoldine Danzier, Tochter des königlichen Landrats Oscar Danzier, 1882 geheiratet. Aus dieser Ehe gingen fünf Söhne hervor: Seit 1850 saß die Familie Danzier auf Burg Windeck, und Oscar Danzier war Landrat in Mühlheim am

Rhein. Da Arnoldine sich in Sizilien auf Dauer nicht wohlfühlte, siedelte die Familie auf ihre väterlichen Besitzungen in Mühlheim am Rhein, Bonn und Windeck zurück.

1921 kaufte Andrea Caminneci sen. den Besitz des Freiherrn von Leonhard auf Burg Dattenfeld an der Sieg zum schwiegerelterlichen Besitz Schloß Windeck komplett hinzu, und sie lebten ab dann überwiegend in Windeck.

Waldemar Caminneci, von seinem Bruder Andrea das »Universalgenie« genannt, der als gelernter Landwirt ab 1921 in der Burg Dattenfeld lebte, bewirtschaftete und verwaltete bis zu seinem frühen Tod im Januar 1946 den Familienbesitz Windeck.

Oscar war genau wie seine Brüder Andrea und Waldemar seit frühester Jugend passionierter Jäger. Sein Buch »Diana, Hubertus und Ich« beginnt er mit der Schilderung der Erlegung seines ersten Stückes Schalenwilds 1901. Die Familie pachtete ein kleines Revier, und mit dem Kauf des Besitzes von Baron Leonhard bejagte er nun mit seinen Geschwistern ein großes Revier in Windeck.

Außer der Jagd hatte Oscar eine weitere Passion: Pferde und den Springsport. Bald gehörte er zu den ganz großen Turnierreitern. Oscar, gebürtiger Italiener, der erst später die deutsche Staatsangehörigkeit annahm, leistete seine Militärdienstzeit bei einem Kavallerieregiment in Rom ab und erhielt anschließend eine Springausbildung in den berühmten Militärreitschulen von Pinerolo und Tor di Quinto.

Als Oscar 1910 zum ersten Mal auf deutschen Turnieren auftrat, war er der erste Reiter, der hier den italienischen Springsitz in Reinkultur demonstrierte. Besonderen Erfolg hatte Caminneci mit seinem Hengst »Email Boy«, der die Eigenart hatte, im Parcours zwischen den Hindernissen mit eiligen Tritten zu traben und erst kurz vor dem Hindernis mit einem oder zwei Galoppsprüngen sich Schwung zu holen, um mit gewaltigem Satz das Hindernis zu überwinden, was nur ein so geschmeidiger Reiter wie O. Caminneci auszusitzen vermochte, dem Publikum stets besondere Freude bereitete und Email Boy sehr populär machte. In einem Artikel aus einer Fachzeitschrift war u. a. zu lesen: *»Von großer, schlanker Statur, hatte Caminneci bei vorbildlicher Schenkellage einen außerordentlich geschmeidigen Sitz, der sich der Bewegung des Pferdes stets in vollendeter Weise anpaßte.«*

Zunächst brachte man seiner Reitweise wenig Verständnis entgegen, doch auf Grund seiner Erfolge fand sie immer mehr Beachtung und Anerkennung. Bald entbrannte ein regelrechter Kampf um die neuartige Reitweise, der vor allem auch in der Reiterzeitschrift »Sankt Georg«, deren Schriftleiter Oscar Caminneci wurde, seine scharfe Austragung fand. Vor allem standen die für die Reitausbildung maßgeblichen höchsten militärischen Dienststellen der neuen Reitweise völlig ablehnend gegenüber, da sie in dem leichten italienischen Sitz mit aus dem Sattel genommenem Gesäß und dem vorgebeugten Oberkörper eine Gefahr für die in der Militärvorschrift festgelegten Grundsätze und eine Gefährdung militärischer Belange erblickten, weil zum Kampf mit Lanze und Degen ein aufrechter, mit dem Gesäß fest im Sattel verankerter Sitz unerläßlich war. Allen Widerständen zum Trotz hat Oscar durch sein Beispiel und seine Erfolge im Sattel sowie als Schriftleiter des »Sankt Georg« unbeirrt für die italienische Springweise gekämpft und das Verständnis für sie geweckt.

Durch seinen Bekanntheitsgrad als international erfolgreicher Springreiter lernte er bei einer Einladung von Wilhelm von Siemens, Sohn des Gründers der Siemenswerke, dessen bildschöne Tochter Mathilda kennen und lieben. Sie heirateten im Jahre 1914.

Schon bald war er Mitglied des Aufsichtsrates und durch diese Heirat in der Lage, sich einen Lebenstraum für seine Pferdepassion und auch für seine jagdlichen Passionen zu erfüllen, indem er im Januar 1918 das Gut Zetthun in Ostpommern kaufte und bis zu seinem Tode durch weitere Zukaufe vergrößerte. Sein Sohn Harras Ursus (geboren 1918, verschollen 1944 in Rußland), auch seit seiner Kindheit ein passionierter Jäger, und seine Tochter Eleonore (1915-1957), genannt Nora, verheiratete von Eichel, traten in die Fußstapfen des Vaters und wurden ebenfalls international bekannte Springreiter.

Im Jahre 1923 hat sich Oscar C. vom aktiven Turniersport zurückgezogen und widmete sich auf seinem Gut Zetthun (Ostpommern) der Vollblut- und Halbblutzucht, die in kürzester Zeit auf erfreuliche Erfolge zurückblicken konnte. Um die Einführung des italienischen Springstils in Deutschland hat Oscar C. sich hochverdient gemacht und bahnbrechend gewirkt.

Seine Hauptaufmerksamkeit galt jedoch nunmehr der Jagd. Als er das Gut Zetthun übernahm, hatte es genau 1.250 Hektar Areal, einschließlich des Waldes, der zu je fünfzig Prozent aus Nadel- und Laubholz bestand. Im Laufe der Jahre vergrößerte sich die Jagdfläche durch Zukauf auf 4.250 Hektar. Außerdem pachtete Oscar noch ein 1.400 Hektar großes Jagdrevier dazu. Mit großer Leidenschaft schuf er die Voraussetzungen für eine nachhaltige Wildbewirtschaftung, die vorher, durch die Zersplitterung der Flächen und deren Bejagung durch Jäger, denen nach Oscars Worten »nichts heilig war«, nicht möglich war. Der Privatforst war von großen Staatswaldflächen umgeben, so daß das Wild in den Sommermonaten in die an den Forst angrenzenden Feldkulturen zog. Es entstand natürlich Wildschaden, der aber vom Jagdherren bis zu einem bestimmten Maß geduldet wurde. So führte er nach eigenen Worten 1931 mit schwerem Herzen, seinen Feldern zuliebe, *»einen groß angelegten Krieg gegen das Rotwild und die Sauen«*, weil er es sich einfach nicht mehr leisten konnte *»ganze Schläge vom Wilde vernichten zu lassen«*.

Das Zetthuner Gebiet war ein besonders gutes Feisthirschrevier, so daß im Sommer bis zu 150 Feisthirsche in großen Rudeln auf den Feldern gezählt wurden. Das Kahlwild hielt sich statt dessen mehr im Inneren der Wälder auf. Zum Rotwild kamen noch eine Menge Sauen dazu. Oscar brachte es jedoch nicht fertig, mit Brachialgewalt in den Wildbestand einzugreifen. *»So mußten denn zwei Mann die ganze Nacht über die Felder wandern, um die so geliebten Schädlinge zu verscheuchen«*, schreibt er in seinem 1932 erschienenen Buch. Der Abschuß an Sauen beschränkte sich in den Sommermonaten auf den Eigenbedarf und gelegentlich auf eine »Gästesau«. Vielmehr sollte das Schwarzwild im Winter auf der Treibjagd gestreckt werden.

Oscar trug durch seine beispielgebende Rotwildhege in Zetthun wesentlich zur Grundsteinlegung der artgerechte Rotwildbewirtschaftung in Pommern bei. Sein Revier gehörte zu den besten Hochwildrevieren Deutschlands. In seinem gastlichen Haus weilten Gäste wie Faber-Castell, v. Papen, v. Zitzewitz-Püstow, von Wedekind, Graf Schaesberg, der Herzog v. Mecklenburg, Generaloberst Fromm und auch der Oberstjägermeister des dritten Reiches Ulrich Scherping, dessen Bekanntschaft dem Jagdherrn allerdings noch zum bitteren Verhängnis werden sollte. Sogar Reichsjägermeister Hermann Göring wünschte sich die Teilnahme an einer der so berühmten Drückjagden in Zetthun.

Prof. Lutz Heck, der Direktor des Berliner Zoologischen Gartens - durch verwandschaftliche Beziehungen mit den Caminnecis verbunden (ebenfalls mit einer geborenen von Siemens verheiratet) - schrieb in seinem Buch »Weidwerk mit bunter Strecke«:

»Eine stets erfolgreiche Jagd machte ich jedes Jahr bei dem bekannten Waidmann Oskar Caminneci in Zetthun in Pommern an zwei Dezembertagen mit. Die Gesamtstrecke des Jahres 1930 habe ich mir genau notiert: Es waren 20 Sauen, 48 Stück Rotwild und 6 Füchse. Die Ansicht dieses

erfahrenen Jagdherrn war: >Ich rühre mein Revier an zwei Tagen vollständig durch und durch, erfülle meinen Abschuß, und dann herrscht wieder ein ganzes Jahr vollständige Ruhe!< Derartige Jagden waren jedesmal ein großes gesellschaftliches Ereignis. Der Abend wurde mit Damen gefeiert, die Herren erschienen dazu im Frack. Es versammelte sich stets eine große Gesellschaft, denn von den umliegenden Gütern und auch aus mehr oder weniger weit gelegenen Städten erschienen Jagdfreunde mit ihren Frauen, und so ging es bei dem Jagddiner und hinterher stets sehr lustig und übermütig zu. Es war hier nicht üblich, einen Jagdkönig zu erklären, aber einer der Gäste hielt dann die Dankrede auf den Jagdherrn. Feierlich wurde jedes mal die Strecke gelegt und bei Fackelschein verblasen, wie es ja altes Brauchtum ist.

Derartige Wildjagden fanden auf vielen Gütern alljährlich in Norddeutschland statt. Die berühmteste von allen war die in Püstow, bei der jedes Jahr in zwei Tagen über hundert Sauen zur Strecke kamen. Der pommersche Jagdherr v. Zitzewitz und sein Schwiegersohn und Nachfolger v. Borcke hegten das Schwarzwild in freier Wildbahn, und es war eine große Ehre, zu diesen Jagden eingeladen zu werden. Es kamen immer dieselben Schützen, und man sagte, daß sich ein Stand vom Vater auf den Sohn vererbte, aber sonst niemals ein Wechsel eintrat.«

Auch Oscar Caminneci nahm regelmäßig an den Wildjagden seines Jagdfreundes v. Zitzewitz teil und erlegte außerdem seinen hundersten Rehbock in den wildreichen deutschlandweit berühmten Jagdgründen von Püstow.

Jedes Jahr fand einmal *»im unvergleichlichen Revier«* die große Wildjagd statt, *»... an der teilzunehmen, der Traum eines jeden Jägers ist, der sie kennt ...«* schwärmte Oscar. So steht in einem Bericht von einer solchen Jagd in dem 1750 Hektar großen Privatwald: *»... Das Gelände ist wellig, z. T. mit großen Dickungen von Fichten und Mischwald bedeckt,* *ein Revier, wo sich die Sauen ganz besonders wohlfühlen müssen, denn trotz der riesigen Strecken wird seit Jahren das Ergebnis immer besser. Wie üblich trifft der größte Teil der Schützen schon am Abend vor der Jagd ein ... Und zwar kommen sie stets pünktlich, denn alle sind vor freudiger Erwartung erfüllt; jeder weiß, daß es keine schönere und bessere Wildjagd gibt, daß jeder die Aussicht hat, einen ganz kapitalen Bassen zu strecken, zumindest aber während der beiden Tage zu Schuß zu kommen. Die Anzahl der Schützen ist leider sehr groß, meist 16 und mehr Herren, denn die Treiben sind umfangreich, und es soll und muß viel geschossen werden, da eine Mehrung des Wildstandes aus landwirtschaftlichen Gründen nicht zu rechtfertigen wäre ... Alle, die einmal die Tage mitgemacht haben, sind darin einig, daß Püstow auch in der Abwicklung der Jagd nicht seinesgleichen findet. Eine Meute von fünf bis sechs Airedaleterriern, geführt vom Rüdemeister, der mit der Saufeder, dem Südwester und dem langen Lederrock wie ins Mittelalter gehörend aussieht, geben dem ganzen eine besondere Note.*

Kurz nach einer Ansprache des Jagdherren ertönt das Signal zum Aufbruch, und die lange Wagenreihe wird bestiegen.

Am Waldrand erwarten uns die Treiber und die beiden Förster, die ins Horn blasen; dann geht es auf die Stände, die erfreulicherweise nur ganz wenig zurechtgemacht sind. Gleich der erste Trieb in Püstow ist immer besonders gut, wodurch von Anfang an eine gehobene Stimmung erzeugt wird ... Hörte man die Stimme der hetzenden Hunde auf sich zukommen, so wuchs die Erregung, und fester umspannte die Faust den Kolben der Büchse ...

Mein Stand war auf einem ganz breiten Weg; die Schonung hinter mir war am Rand noch so niedrig, daß mindestens 30 bis 40 Meter Schußfeld war. Es knallte fast wie auf einer Hasenjagd, und die Spannung stieg auf das höchste ... Dann plötzlich ein Poltern, und aus der Dickung läuft ein Schwein, ein Schwein wie ein Geschöpf aus der Vorwelt. Ein Scheu-

nentor, eine Kommode, ein Klavier - die üblichen Kosenamen sind alle viel zu harmlos, um dieses gewaltige Urtier zu charakterisieren. Fünfzig Meter höchstens beträgt die Entfernung. Jetzt habe ich die >treue< Büchse am Kopf, jetzt kracht der Schuß, jetzt der zweite, dann der dritte, und dann - ja, dann war das Schwein verschwunden und blieb verschwunden, denn es ist unglaublich, aber wahr - Diana, verhülle dein Haupt! - ich hatte das Hauptschwein dreimal glatt vorbeigeschossen ...

Als die Strecke der beiden Tage gelegt war, 50 Sauen und 25 Stück Rotwild, war auch manch guter Keiler darunter, nur meiner fehlte, und es bedurfte vieler Trostworte und noch mehr guter Tropfen, um mich meinen Kummer wenigstens zeitweise vergessen zu machen.«

Oscar jagte aber nicht nur in heimischen Revieren, sondern er war gern gesehener Gast in aller Herren Länder. 1932 veröffentlichte er sein weit bekanntes Buch »Diana, Hubertus und ich«, in dem er packend seine jagdlichen Erlebnisse schilderte, von der Erlegung seines ersten Gamsbockes 1901 an, über die damals noch bescheidenen Möglichkeiten in den Revieren um Windeck bis hin zu seinem eigenen Revier in Pommern und letztendlich seine Erlebnisse in Österreich, Afrika, Persien usw.

Eine kleine Anekdote aus seinem Buch ist z. B. die Geschichte der Namensgebung seines Sohnes Harras Ursus. Als Oscar von seiner jungen Frau erfuhr, daß diese in Umständen ist, rechnete er sofort aus, daß die Geburt mitten in die Hirschbrunft fallen würde und er anstatt in seinem Revier dann in Berlin weilen müßte und so erwartete er ungeduldig das freudige Ereignis. Als sein Sohn am 3. Oktober »endlich« zur Welt kam, reiste er sofort ab. Aber die Hirsche schrieen nicht mehr, und diesmal ging er »leer aus«.

Oscars Traum aber war die Erlegung eines Bären, eines Ursus, als dann beschloß er, »den Göttern ein Opfer zu bringen« und seinem Sohn den Namen Harras (der Springer) Ursus (der Bär) zu geben. Gegen den Willen seiner entsetzten Frau blieb er eisern und setzte diese Namensgebung beim Standesamt durch. Bald darauf hatte er tatsächlich die Möglichkeit, seinen ersten Bären zu erlegen. Hatten die Götter ein Einsehen? - *»Wenn noch ein Sohn kommen sollte, nenne ich ihn >Okapi<!«*

Im zweiten Weltkrieg meldete sich Oscar freiwillig als Reserveoffizier in den Stab von Generalfeldmarschall Rommel in Nordafrika (lästernde Zungen behaupten nur der Jagd wegen) und wurde auf Grund seiner außerordentlichen Beziehungen und Sprachkenntnisse Verbindungsoffizier zur italienischen Armee. Dort gelangte er nach und nach zu der Erkenntnis, daß Hitler Deutschland nur Unglück bringen würde. Da er seine Meinung diesbezüglich des öfteren äußerte, bat ihn sein Vorgesetzer Generalfeldmarschall Rommel, offensichtlich aus Sorge, mit seiner Meinungsäußerungen zu diesem Thema etwas zurückhaltender umzugehen. Mag sein, daß Oscar Caminneci bereits in jener Zeit in die Schußlinie der Geheimdienste geraten ist und als »Querdenker« registriert wurde.

Im Jahre 1943 kehrte er aus gesundheitlichen Gründen wieder nach Zetthun zurück. Dort nahm sein unglückliches Schicksal seinen Lauf.

Wie sich später herausstellte wurde Oscar nach seinem Eintreffen in Zetthun vom Ortsgruppenleiter Jennig überwacht, der von höherer Stelle auf Oscar angesetzt worden war. Jennig hatte mit den Caminnecis ohnehin eine alte Rechnung zu begleichen und dazu bot sich nunmehr Gelegenheit.

Der Großvater des Nazis wurde, ich glaube, es war 1918, von Oscar und Andrea Caminneci beim Wildern gestellt. Der Frevler hatte die Eigenart, barfuß und daher nahezu geräuschlos durch den pommerschen Sand zu pirschen. Als er nun unverhofft von den Caminnecis angesprochen wurde, reagierte er umgehend mit einem Schuß, und wurde daraufhin, quasi aus Notwehr, angeschossen. Der Vater mehrerer Kinder erlag auf dem Transport ins Krankenhaus Polnow seinen Verletzungen.

Oscar Caminneci war ein unerschrockener und mutiger Mann, bei dem aber leider oft das italienische Temperament durchging. Er war kein politisch engagierter Mensch, betrachtete jedoch die Naziherrschaft mit großer Sorge. Anscheinend unterschätzte er aber ihre gefährliche Machtstellung und äußerte zu offen und laut seine Meinung. Daher war es nur eine Frage der Zeit, bis er endgültig in die Mühlen des Regimes geriet.

In der Jagdzeitschrift »Wild und Hund«, Jahrgang 1943, erscheint ein an und für sich harmloser und unpolitischer Artikel O. Caminnecis mit dem Titel »Undankbar«, der keinen anderen als den Oberstjägermeister des Reiches Ulrich Scherping ins Spiel bringt. Jener reagiert mit einem propagandistisch ausgelegten Gegenartikel mit der Überschrift »Dankbar«. Es scheint, als ob Scherping darauf gelauert hat, dem prominenten Jäger eins auswischen zu können.

In seinem Gegenartikel stellt sich der Oberstjägermeister als bescheidenen, edlen Charakter, kurzum als einen wahren deutschen Jäger dar, während er Caminneci unter Angabe von Halbwahrheiten genau das Gegenteil bescheinigt.

Oscar ist geschockt, nahm doch Scherping mehrere Male an seinen hochgepriesenen Wildjagden in Zetthun teil, genoß seine Gastfreundschaft und hatte wahrhaftig keinen Grund, gegen den Gastgeber seinen Haß auszuleben. Mag ihm die direkte Mundart des Jagdherren nicht gepaßt haben oder auch die Tatsache, daß er nicht seinen Ansprüchen gemäß hofiert wurde. Vielleicht war es der Neid auf die Besitztümer, den Reichtum und die Jagdgefilde von O. Caminneci, dessen Ruhm oder die bildhübsche Frau, die Oscar durchs Leben begleitete?

Daß der Oberstjägermeister nicht der bescheidene, anspruchslose und wohlgesinnte Mensch war, den er vorgab zu sein, beweist allein wie leicht er sich beleidigt fühlte, wie hinterlistig er im Fall Caminneci reagiert und gehandelt hat.

In dem von Oscar geschriebenen Artikel bezeichnet sich der Autor *»... in klarer Selbsterkenntnis ...«* als undankbar und formuliert: *»Ich weiß, daß ich meinen Göttern undankbar bin, und meine Leser werden zum Schluß dieses Artikels wohl dasselbe denken. Aber ich kann nichts gegen meine Gefühle, und die sind nun mal so, daß ich unzufrieden bin und mit dem Schicksal hardere, denn bis heute habe ich noch nicht den ersehnten Kapitalhirsch geschossen, um den ich mich nun bald 40 Jahre bemühe.«*

Unverblümt bedauert Caminneci, daß es ihm trotz jahrelanger Hege und Jagdausübung noch nicht gelungen ist, einen »17 Pfünder« zu erlegen. Seine etwas provozierende Ausdrucksweise richtet sich jedoch ganz allein gegen sich selbst.

Scherping reagiert daraufhin mit einer gepfefferten Kritik. So appelliert er an die Jägerschaft, Bescheidenheit zu üben, und gibt vor, selbst in diesem Sinne erzogen worden zu sein. Anschließend läßt er wissen, daß sich ihm geradezu ungeahnte Möglichkeiten der Jagd bieten würden und stellt fest: *»Ein Hirsch von 17 Pfund Geweihgewicht wäre für mich heute gar kein Problem mehr, ich könnte ihn, die notwendige Zeit vorausgesetzt, alljährlich mindestens in ein bis zwei Stücken erlegen und mit dem Stolz eines Indianerhäuptlings seinen Skalp an die Wand meines Wigwams schlagen. Ich tue es nicht, weil ich gefunden habe, daß die kleinen jagdlichen Freuden viel schöner und reiner sind als die sogenannten >großen<, gemessen am Gewicht der Trophäe.«*

Dabei verschweigt der Oberstjägermeister seine kapitalen Trophäen, die er u. a. 1938 und 1942 in Staatsjagdgebiet Rominten erlegt hatte. Anschließend stuft er O. Caminneci in die Schar der von *»... hochgradigen Trophäenfimmel, ruhe-*

losen Jagdgänger ...« (Göring klammerte er dabei natürlich aus!) ein, um deren *»Schädelstätten«* er sie nicht beneiden möchte. In wohlklingender Selbstdarstellung fügt Scherping hinzu, daß ihm das wertvollste an der Jagd das Naturerlebnis sowie das Zusammensein mit seinem Berufsjäger wäre und schreibt: *»... und genieße mit ihm von Kamerad zu Kamerad die schönen Stunden fern der Stadt ...«* Scherpings Worte müssen den Unwissenden überzeugen. *»Standesrücksichten gibt es nicht im deutschen Waidwerk«* frohlockt er weiter. Dann nimmt er Bezug auf das Verhältnis zwischen Jagdbeamten und Jagdherren. *»Wo zwischen Jagdherren und Jagdbeamten nicht eine unzertrennliche, auf gegenseitigem Vertrauen aufgebaute Kameradschaft besteht, gibt es keine anständige Jagdausführung.«* läßt er verlauten und reicht seinem Opfer unter Verkennung eines bekannten Sachverhaltes eine schallende »Ohrfeige«.

Jener Sachverhalt besteht in der Tatsache, daß der von Oscar im Zusammenhang mit dem fälschlichen Abschuß eines Zukunftshirsches kritisierte Förster, in Rachsucht den Oberförster und dessen Frau meuchlings ermordete, das Haus, in dem sich die zwei Kinder noch befanden, verbarikadierte und anzündete (siehe Brief Caminnecis an Scherping).

Der Anfang vom Ende des Oscar Caminneci begann dann mit einem Brief, den dieser an den Gaujägermeister in Köslin am 20.06.1943 schrieb.

Oscar hatte beim Reichsjagdamt *»um die Zuteilung von einigen Litern Benzin zu Jagdzwecken«* gebeten, damit er *»Wildschäden durch Sauen verhüten könne«.* Aber das Reichsjagdamt, anstatt ihm die Zuteilung von Benzin zu genehmigen, wollte ihm einen Gastjäger zur Wildschadenverhütung senden. Über dieses Ansinnen empört, anwortet er in erster Erregung - Zitat: *»Wenn aber das Reichsjagdamt glaubt, Herrn Meyer auf diese Art bequem, billig und sicher auf einen starken Keiler zu Schuß zu bringen, so befindet es* *sich im Irrtum, denn dort wo die Sauen auf den Wiesen der Bauern Ridder und Genossen Schaden getan haben, kommen nur führende Bachen vor ...«*

Diese Bemerkung und ein persönlicher Brief von O. Caminneci an Scherping vom 24.07.1943 veranlassen diesen, ein Ehrengerichtsverfahren mit dem Ziel der Einziehung des Jagdscheines Caminnecis auf Lebenszeit einzuleiten.

Das Ehrengericht sprach sein Urteil am 15.06.1944 lediglich mit einer Geldstrafe von 1.000 Reichsmark aus. Oberstjägermeister Scherping, durch Unstimmigkeiten mit Generalforstmeister Alpers vorübergehend vom Dienst durch Göring suspendiert, erfuhr davon erst am 30.06.1944 und veranlaßte trotz Fristverstreichung die Revision durch den Gaujägermeister Paßmann: *»... Ich muß nun aber bitten, daß Sie als Gaujägermeister gegen das Urteil, das mir allerdings außerordentlich milde erscheint, Revision einlegen, damit die Möglichkeit besteht, C. wenigstens so zu bestrafen, daß er ein Gefühl dafür bekommt, daß sein Verhalten absolut abwegig und für das Ansehen der Jagdbehörde unerträglich war. Ich bitte Sie, das Notwendige zu veranlassen ...«*

Am 21.07.1944, einen Tag nach dem Hitlerattentat, nutzt man die Gelegenheit den »unbeqeumen« Oscar C. wegen ***Kriegswirtschaftsverbrechen (Aktennotiz v. II.12.44)*** mit der lapidaren Begründung: ***»Unbefugte Benutzung eines Holzgaswagens zu Jagdzwecken und Einreißen von Wildzäunen«*** zu verhaften und ins Polizeigefängnis von Stettin einzuliefern. Dort schmachtet er einige Tage gemeinsam mit Malte von Putbus, der ebenfalls bei den Nazis in Ungnade gefallen und am gleichen Tage verhaftet worden war.

Putbus erlitt nachfolgend ein grausames Schicksal. Ins KZ Sachsenhausen überstellt, verließen ihn beim Apell in eisiger Kälte die Kräfte. Nachdem er umfiel, ließen ihn die Schergen liegen bis er erfror.

Oscar C. erhielt den Revisionsantrag vom 22.09.1944 im Gefängnis und verlangte in einer Rückäußerung an Ministerialrat Dr. Mitzschke Abweisung, entschied sich aber später, nach dem seine Frau mit Herrn Mitzschke gesprochen hatte, und dort erfuhr, daß Widerspruch nur noch gefährlicher sei, sich dem Antrag des Reichsjägermeisters zu beugen.

Als die russische Front Stettin näher rückte, wurde Caminneci am 28.02.1945 als Schutzhäftling in das KZ Sachsenhausen überführt, und am 3. Februar kam er nach grausamem Fußmarsch im KZ Mauthausen an.

Zwischenzeitlich versuchte seine tief besorgte Ehefrau alles Mögliche und Unmögliche zu unternehmen, um ihren Mann freizubekommen. Selbst das Regierungsmitglied von Papen sah sich nicht in der Lage, Oscar mit Erfolg zu helfen. Alle Bemühungen erwiesen sich letztendlich als vergeblich. Innenminister Himmler, soll in dieser Angelegenheit ebenfalls keinen Handlungsbedarf gesehen haben.

Das Leben des Oscar Caminneci erlosch am 09.03.1945 im KZ Mauthausen auf tragische Weise.

Das Revisionsurteil der »Scheinanklage«, welches lediglich mit einer höheren Geldstrafe von 3.000 Reichsmark ausgesprochen wurde, ist vom 06.02.1945 und hat den Häftling Oscar Caminneci trotz mehrmaligen Versuchen der Zustellung nie mehr erreicht - *sollte es wohl auch nicht!*

Ich, Manfred Caminneci, Sohn von Oscars Bruder Waldemar, geb. 1927, der letzte auf dem Familienbesitz Windeck lebende Neffe, der sowohl mit Oscar als auch mit Andrea zusammen jahrelang jagen durfte, habe diese Biographie verfaßt, um der Nachwelt die Geschichte des damals bekannten großen Jägers und Reiters zu erhalten. Die fürchterlichen Umstände, die zu Oscars Tod führten, würden sonst mit meinem Ableben gänzlich in Vergessenheit geraten, da die Zeitzeugen immer weniger werden und auch die Verantwortlichen heute nicht mehr zur Rechenschaft gezogen werden können und dieser Tatbestand nie veröffentlicht wurde. Die Originalakten, von denen einige in diesem Buch veröffentlicht sind und die durch Zufall dem Sohn von Andrea C. im Gaujagdamt Berlin bei Kriegsende in die Hände fielen, sind in meinem Besitz.

Damalige Versuche von seinem Bruder Andrea und anderer Gegner von Scherping, überlebende Mitwisser zu Zeugenaussagen zu gewinnen, scheiterten an deren fehlender Zivilcourage, da sich der ehemalige Oberstjägermeister Scherping auch im Nachkriegsdeutschland in gehobener Stellung des entstehenden DJV (Deutscher Jagdverband) schnell etablierte! Er verstand es sogar, seine Partei- und SS-Zugehörigkeit in höchsten Rängen zu verleugnen!

Oscar, der mich immer als seinen Lieblingsneffen bezeichnet hat, war für mich das große Vorbild. In Dankbarkeit denke ich an seine jagdliche, waidgerechte Erziehung und auch Strenge, die mich von frühester Jugend an prägte und mein jagdliches Grundfundament legte, dem ich bis heute treu geblieben bin.

Ich selber bin am 11.06.1927 auf Burg Dattenfeld an der Sieg im Rheinland geboren. Mein Vater verwaltete und besaß dort als Teilhaber der Familie Caminneci einen sehr schönen Wald- und Höfebesitz. Auf dem höchsten Berg thronte das Schloß meiner Urgroßeltern, ummittelbar daneben die Burg Windeck.

Ich hatte das große Glück, daß mein von Anfang an heißgeliebter Onkel Oscar Caminneci, unsere Familie in den großen Sommerferien auf sein Rittergut Zetthun nach Pommern einlud, um dort die Ferien zu verbringen. Es ging erst mal gar nicht so sehr um die Jagd, sondern um die vielen Möglichkeiten, sich mit Pferden zu beschäftigen. Oscar Caminneci war der berühmte italienische Springreiter, dem sich Pferdeliebhaber, so wie ich, gerne anvertrauten. In Zetthun hielt er

Luftaufnahme - Schloß Zetthun mit Wirtschaftshof

Oscar Caminneci und Tilda von Siemens an ihrem Hochzeitstag, 01.08.1914

Oscar Caminneci leistete seinen Militärdienst als gebürtiger Italiener bei einem Kavalleriregiment in Rom ab

Er besuchte anschließend die Militärreitschulen von Pinerolo und *Tor di Quinto*

Oscar mit Tochter Nora, später wurde sie ebenfalls eine große Reiterin

Drei Generationen Caminneci (von links): Oscar, Vater Andrea, O. Sohn Harras Ursus, O. Bruder Dr. Andrea, Bruder Waldemar (Vater von Manfred Caminneci)

Oskar Caminneci (links) mit Jagdfreund nach erfolgreicher Auerhahnjagd

Oscars Sohn Harras Ursus mit seinem ersten Rehbock auf der Freitreppe von Zetthun, August 1939

Oscars »Seestern«, mit 570 Gramm der stärkste Bock, den er je geschossen hat, 1941

Oscar mit seinem zahmen Hirsch »Hansi«, den er später Lutz Heck (Direktor des Berliner Zoos) im Tausch gegen einen Puma überlassen hatte

Von Oscar erlegter 305-Pfund-Keiler, Oktober 1942

Hirsch vor dem Schloß Zetthun

Oscar Caminneci als Rittmeister beim Afrikacorps (1941); er war Verbindungsoffizier unter Generalfeldmarschall Rommel zu den italienischen Verbündeten

unten:

Jagdgesellschaft in dem Staatsjagdrevier Pohrlitz - vorne rechts: Oberstjägermeister Scherping

Brief von Oscar Caminneci an den Gaujägermeister Köslin

A b s c h r i f t .

Dom. Z e t t h u n
Post Pollnow Pom.
Krs.Köslin
Tel.: Pollnow 253

20.6.1943.

An den
Herrn Gaujägermeister
Köslin.

Ich bestätige den Empfang Ihres Briefes. An das Reichsjagdamt habe ich mich seinerzeit gewandt, weil Sie mir mitgeteilt hatten, daß von dort mir ein Abschußjäger zugeschickt würde. Daß meine Ausführungen derart ausgelegt würden, konnte ich nicht erwarten, es hat wohl auch jetzt keinen Zweck darzulegen, daß die Entsendung eines Abschußjägers völlig unberechtigt ist, da es nicht für nötig befunden wird nachzuprüfen, ob tatsächlich ein übernormaler Wildschaden vorhanden ist. Auf meine Bitte, mir einige Liter Benzin zu Jagdzwecken zuzuteilen, ist mit keinem Wort reagiert worden. Meine Mitteilung, daß inzwischen fast 40 Sauen abgeschossen wurden, ist scheinbar ebensowenig beachtet worden. Wenn aber das Reichsjagdamt glaubt, Herrn Meyer auf diese Art bequem, billig und sicher auf einen starken Keiler zu Schuß zu bringen, so befindet es sich in einem Irrtum, denn dort wo die Sauen auf den Wiesen der Bauern Ridder und Genossen Schaden getan haben, kommen nur führende Bachen vor; wenn diese von Herrn Meyer geschossen werden sollen, hat das Reichsjagdamt dies zu verantworten. Auf weiteren Grundstücken der Bauern hat kein Wildschaden stattgefunden. Für meine eigenen Felder sorgen meine Beamten und ich selbst. Ich kann daher mich nicht bereiterklären, Herrn Meyer bei mir aufzunehmen und ihn in meinem Eigenjagdbezirk schießen zu lassen. Wenn Sie ihn trotzdem schicken wollen, so habe ich schon in meinem ersten Brief anheimgestellt, daß er sich Unterkunft bei den geschädigten Bauern sucht und deren Felder vor Wildschaden bewacht. Ich kann aber schon jetzt voraussagen, daß der Herr sehr bald unverrichteter Sache wieder abfahren wird, besonders da die Felder der Bauern mit dichtem Drahtzaun umgeben sind.

Heil Hitler!
gez. Caminneci.

Die Richtigkeit der Abschrift wird beglaubigt:
Berlin, den 24.2.44.
Im Auftrage:
Oberförster.

Oberstjägermeister Ulrich Scherping, einst selber Gast bei den beeindruckenden Wildjagden in Zetthun

Der »geschonte« 16-Ender - gestreckt durch O. Caminneci auf Grund eines Irrtums des angestellten Revierförsters; der Vorfall wird in den Artikeln »Undankbar« und »Dankbar« bewertet (Wild und Hund; Sammelausgabe 1942-44).

Scherpings Aufforderung an den Gaujägermeister Paßmann, Revision gegen das Urteil des Ehrengerichts der Deutschen Jägerschaft gegen O. Caminneci einzulegen

42 22

Der Reichsjägermeister
Stabsleiter

Zeichen: ....
(Bei der Antwort gefl. angeben)

Wannsee
Berlin ~~W 8~~, den 30. Juni 1944.
~~Leipziger Platz 11~~ Stahnsdorfer Damm 9
Fernruf: Orts- und Vorortverkehr
Sammelnummer ~~12 00 40~~ 80 4725
Fernverkehr ~~12 67 11~~

8.8.44
984

Herrn
Gaujägermeister Paßmann,
Berlin-Charlottenburg 9,
Mecklenburgallee 12.

Durch Herrn Oberlandforstmeister Vorreyer erfuhr ich, daß das Ehrengerichtsverfahren gegen C a m i n n e c i nunmehr zum Abschluß gekommen ist. und C. 1000.- RM Geldstrafe erhalten hat.

Ich halte diese Bestarfung für zu gering. Ich könnte mich mit dieser Bestrafung einverstanden erklären, wenn nicht gegen meinen Willen der von C. an mich geschriebene Brief, der zwar keine Beleidigung enthielt, in seiner ganzen Form aber außerordentlich ungehörig war, zu der ehrengerichtlichen Verhandlung herbeigezogen worden war. Nachdem dies aber geschehen ist, bin ich selbstverständlich in die Verhandlungen gegen C. eingeschaltet. Die Bestrafung mit RM 1000.- Geldstrafe für einen Mann wie Caminneci ist an sich eine Lappalie, er mußte m.E. für den Brief an das Reichsjagdamt mindestens mit einem Jahr Jagdscheinentzug bestraft werden. Wenn die Gesamtstrafe gegen C., d.h. die Bestrafung für den Brief an das Reichsjagdamt und das ungehörige Schreiben an mich RM 1000.- beträgt, dann kann sich das Gericht nur auf den Standpunkt gestellt haben, daß eine Bestrafung Caminnecis für den an mich gerichteten Brief überhaupt nicht in Frage kommt. Es wäre dann also wesentlich besser gewesen, wie ich es von vornherein beabsichtigte, diesen Brief nicht zu der Verhandlung mit C. heranzuziehen. Durch die jetzige Erledigung der Angelegenheit ist Caminneci eigentlich schwarz auf weiß durch das Ehrengericht bestätigt worden, daß der persönliche Brief an mich ihn überhaupt nicht belastet und daß nur wegen des Schreibens an das Reichsjagdamt ihm eine Geldstrafe von RM 1000.-- zuerkannt worden ist. Ich halte eine derartige Lösung auch im Hinblick auf mein persönliches Ansehen nicht gut für tragbar, jedenfalls steht fest, daß es meinem persönlichen Ansehen viel mehr gedient hätte, wenn meine Abwesenheit nicht dazu ausgenutzt worden wäre, ohne meinen Willen und ohne mein Wissen den Brief Caminnecis an mich zum Gegenstand der ehrengerichtlichen Verhandlung zu machen, was m.E. von vornherein aussichtslos war.

Ich muß nun aber bitten, daß Sie als Gaujägermeister gegen das Urteil, das mir allerdings außerordentlich milde erscheint, Revision einlegen, damit die Möglichkeit besteht, C. wenigstens so zu bestrafen, daß er ein Gefühl dafür bekommt, daß sein Verhalten absolut abwegig und für das Ansehen der Jagdbehörde unerträglich war. Ich bitte Sie, das Notwendige zu veranlassen.

Hr
Scherping

Akten Caminneci

11 15

Abschrift.

Dom. Zetthun 24.7.43.

Sehr geehrter Herr Scherping.

In Köslin erfuhr ich durch den Herrn GJM., daß Sie gegen mich ein Ehrengerichtsverfahren in Berlin eingeleitet hätten. Meine offizielle Stellungnahme dazu werden Sie inzwischen aus dem Protokoll ersehen haben, welches ich in Köslin unterzeichnet habe.
Heute möchte ich Ihnen meine rein private Auffassung von der von Ihn gegen mich erhobenen Anklage, mit dem Verlangen mir auf viele Jahre die Möglichkeit der Jagdausübung zu nehmen, mitteilen.
Daß ich nicht das gesamte RJA. mit meinen Worten treffen konnte oder wollte, bedarf wohl keiner weiteren Ausführung. Daß Sie derjenige waren der mir den Abschußjäger schicken wollte, habe ich erst in Köslin erfahren, ich mußte daher in meinem Schreiben an den GJM. meine Worte unpersönlich halten. Sie müssen sich also als denjenigen betrachten, der sich so beleidigt fühlen kann, daß die Folge davon sei könnte, daß ein Urteil gefällt wird wie Sie es oben verlangt haben. Was Sie bei einem Ausspruch dieses Urteils anrichten würden, haben S sich wohl doch nicht richtig überlegt Herr Scherping? Haben Sie sich klargemacht, daß dieses Urteil einer Verurteilung eines gemeinen Schwerverbrechers zu lebenslänglichem Zuchthaus entspricht? Und das nur deswegen, weil eine Äußerung in der ersten Erregung geschrieben wurde und Sie sich dadurch in Ihrer Ehre gekränkt fühlen. Haben Sie einmal darüber nachgedacht ob die Forderung nach einem solchen unmenschlichen Urteil gerecht ist einem Manne gegenüber, der sein ganz Leben dem deutschen Wild und seinem Wohl gewidmet hat? Und dies Urteil verlangt ausgerechnet vom Oberstjägermeister der deutschen Jäge schaft! Der Gedanke ist geradezu grotesk. Der sogar mit Ihnen zusamm vor vielen Jahren, als noch kein Verständnis bei unsern hohen Behörden dafür vorhanden war, mit Begeisterung für dieses Wohl gekämpft hat. Und bei dem Sie des öfteren ein gern gesehener Gast waren. Wenn Sie sich das überlegt haben und dann doch so gehandelt haben, dann dürfte wohl jedes weitere Wort verschwendet sein. Ich glaube aber nicht daß ein solches Urteil die vielen Tausende denen ich durch mei Buch frohe Stunden bereitet habe und auch nicht seinen Urheber verstehen würden. Ich glaube auch nicht, daß es die verstehen würden, d mich 1941 kennen lernten als ich freiwillig mit Ende der 50er noch nach Afrika ging, um dort mein bestes auch dafür zu geben, daß eins der schönsten Güter Deutschlands, das Wild, frei bleibe. Wenn Sie n heres über meine Tätigkeit dort wissen wollen, gibt es genug, die Ihnen darüber Auskunft geben können.
Halten Sie wirklich die Ehre des RJA. durch die Äußerung eines Jägers der sich in seiner Jägerehre und durch völlige Ignorierung seiner Worte auf schwerste gekränkt fühlte, für derart befleckt, daß sie nur dadurch rein zu waschen ist, wenn dieser Mann dort ausgeschlossen wird wo er von Jugend auf durch Tat und Schrift sich bemüht hat vorbildlich zu wirken ?
Haben Sie sich überhaupt überlegt wie die Wirkung auf mich sein mußte wenn trotzdem der hesige GJM. mir mitgeteilt hatte, daß auf meine Erklärung hin ein Abschußjäger nun nicht mehr gesandt würde, mir kurz später geschrieben wurde, daß vom RJA. doch Herr Meier geschickt werden sollte? Können Sie da nicht verstehen, daß trotz aller Achtung vor der Behörde des RJA. von mir dieser ominöse Passus geschrieben?

wurde? Eine Unterstellung die wenn sie auch noch so unberechtigt sein mag doch immer im Bereich menschlicher Schwächen liegt und die nicht einmal so schrecklich aufgefasst zu werden braucht, daß sie nun gleich mit der Entziehung des Jagdscheins auf Lebenszeiten, wie Sie es zu fordern belieben Herr Scherping, bestraft werden soll. Ich meine das deutsche Reichsjagdamt, das der Sachwalter des besten Jagdgesetzes der Welt ist, könnte sich einem der getreusten und selbstlosesten Mitglied der deutschen Jägerschaft gegenüber etwas mehr Großzügigkeit erlauben und sollte sich zu hochstehend betrachten um sich für eine Kränkung die gar keine Kränkung sein sollte in einer derartigen Form zu revanchieren.

Auch erfuhr ich, daß mein Artikel = Undankbar = Mißfallen im RJA. erregte. Ich gehe wohl nicht fehl, daß es die Ausdrücke sind, die ich einen Förster betreffend, brauchte, die diese Erregung hervorriefen. Ich verfehlte in diesem Artikel zu erwähnen, daß dieser Förster seit acht Jahren bei mir im Dienst dauernd die gröbsten Unterschlagungen tätigte und als mein hiesiger Oberförster dies entdeckte, der Förster außerdem zum Militär eingezogen werden sollte, ermordete er den Oberförster mit dessen Frau, verrammelte und zündete das Haus an, so die beiden kleinen Kinder einem grausigen Tode überantworten wollend. Nach seiner Verhaftung tötete er sich selbst. Ich weiß nicht, was in der Öffentlichkeit mehr dem Försterberuf geschadet hätte, die Erwähnung dieser Tat eines Revierförsters oder die etwas kräftigen aber völlig harmlosen Worte die ich über diesen Mann gebraucht habe.

Nun tun Sie was Sie nicht lassen können Herr Scherping.

Heil Hitler !

gez. Oscar C a m i n n e c i.

Die Richtigkeit vorstehender Abschrift beglaubigt:

I.A.

Oberlandforstmeister.

ief Oscar Caminnecis an Scherping, der vom Oberstjägermeister als schwerwiegende Beleidigung aufgefaßt wurde

Oscar Caminneci während einer Wildjagd mit einem soeben erlegten Keiler

Püstower Wildjagdstrecke 1936: 120 Sauen, 11 Rothirsche

62

Bei allen Eingaben ist die nachstehende Geschäftsnummer anzugeben.

Beglaubigte Abschrift !

63

Geschäftsnummer: Es.387 (IX.44)

Im Namen der Deutschen Jägerschaft!

In der Ehrengerichtssache

gegen den Landwirt Oscar C a m i n n e c i , geb. am 17. Apri 1885 in Palermo (Italien), wohnhaft in Zetthun, Post Pollnow, Kreis Köslin, hat der Ehrensenat der Deutschen Jägerschaft in der Sitzung vom 18. Januar 1945 durch den Präsidenten

Ministerialrat Dr. M i t z s c h k e
im Reichsjustizministerium

als Einzelrichter gemäss Erlass des Reichsjägermeisters - J 717.01-1 vom 16. Oktober 1941 (Amtl.VerkBl.Nr.29/30) auf die Revision des Gau jägermeisters gegen den Spruch des Ehrengerichts für den Jagdgau Gro Berlin - EG. 1/44 - vom 15. Juni 1944 für Recht erkannt:

I. Der angefochtene Spruch wird dahin abgeändert:

1. Dem Beschuldigten wird eine Geldstrafe von 3.000,--RM - dr tausend RM - auferlegt, weil er die oberste Jagdbehörde in einem an den Gaujägermeister in Köslin gerichteten Schreib vom 20. Juni 1943 beleidigt hat. Im übrigen wird der Besch digte freigesprochen.
2. Der Beschuldigte hat die Kosten des Verfahrens zu tragen.

II. Die vom Beschuldigten für die Revisionsinstanz zu entrichtend Pauschgebühr wird auf 30,--RM - dreissig RM - festgesetzt.

G r ü n d e :

Der Beschuldigte ist durch Spruch vom 15. Juni 1944 wegen Beleidigung der obersten Jagdbehörde zu einer Geldstrafe von 1.000,--R verurteilt worden. Gegen diesen am 3. August zugestellten Spruch hat der Gaujägermeister am 22. September Revision mit dem Ziel auf Straf schärfung unter gleichzeitiger Beantragung der Wiedereinsetzung in d vorigen Stand gegen den Ablauf der Revisionsfrist eingelegt. Der Reichsjägermeister hat beantragt, auf die höchstzulässige Geldstrafe

./.

zu erkennen. Der Beschuldigte hat sich zur Revison mit Schriftsatz vom 22. und 25. November 1944 geäussert.

Die nachgesuchte Wiedereinsetzung war gemäss § 18 Abs.1 EhrGO in Verb.mit § 44 RStPO zu bewilligen, weil die Fristversäumung auf kriegsbedingten Ursachen beruht, die der Gaujägermeister nicht zu vertreten hat. Die Revision ist begründet.

Gegen die Schuldfeststellung des Erstrichters bestehen keine Bedenken. Der teilweise Freispruch ist gerechtfertigt. Auch das Vorliegen eines besonders schweren Falles ist mit Recht verneint worden. Die gegen den Beschuldigten im Strafverfahren la I S KLs 19/44 des Sondergerichts Stettin erhobenen Vorwürfe müssen hier ausser Betracht bleiben, da einerseits das Sondergericht darüber noch nicht entschieden hat und andererseits deswegen hier keine Anklage erhoben ist. Die vom Ehrengericht erkannte Geldstrafe war jedoch auf das gesetzliche Höchstmass, nämlich auf 3.000,--RM (§ 58 Abs.2 S.2 RJagdG) zu verschärfen, weil dies sowohl die Besonderheit der Tat verlangt als auch die gute wirtschaftliche Lage des Beschuldigten zulässt. Darüber hinaus war der Spruchtenor - auch hinsichtlich des teilweisen Freispruchs - neu zu fassen. Die Kostenentscheidung beruht auf §§ 16, 18 EhrGO in Verb.mit § 464 RStPO. -

gez. Dr. Mitzschke

- - - - - - - - - - - - - - - - - - - -

B e g l a u b i g t
Berlin, den 6.2.1945
Der Urkundsbeamte des Ehrensenats
der Deutschen Jägerschaft

[Unterschrift]
Amtsrat

m von Scherping angeregten Revisionsantrag wurde entsprochen. Jedoch nicht so, wie von dem erstjägermeister erhofft. Also mußte eine Anklage wegen Kriegwirtschaftsverbrechen den genschten Effekt bringen.

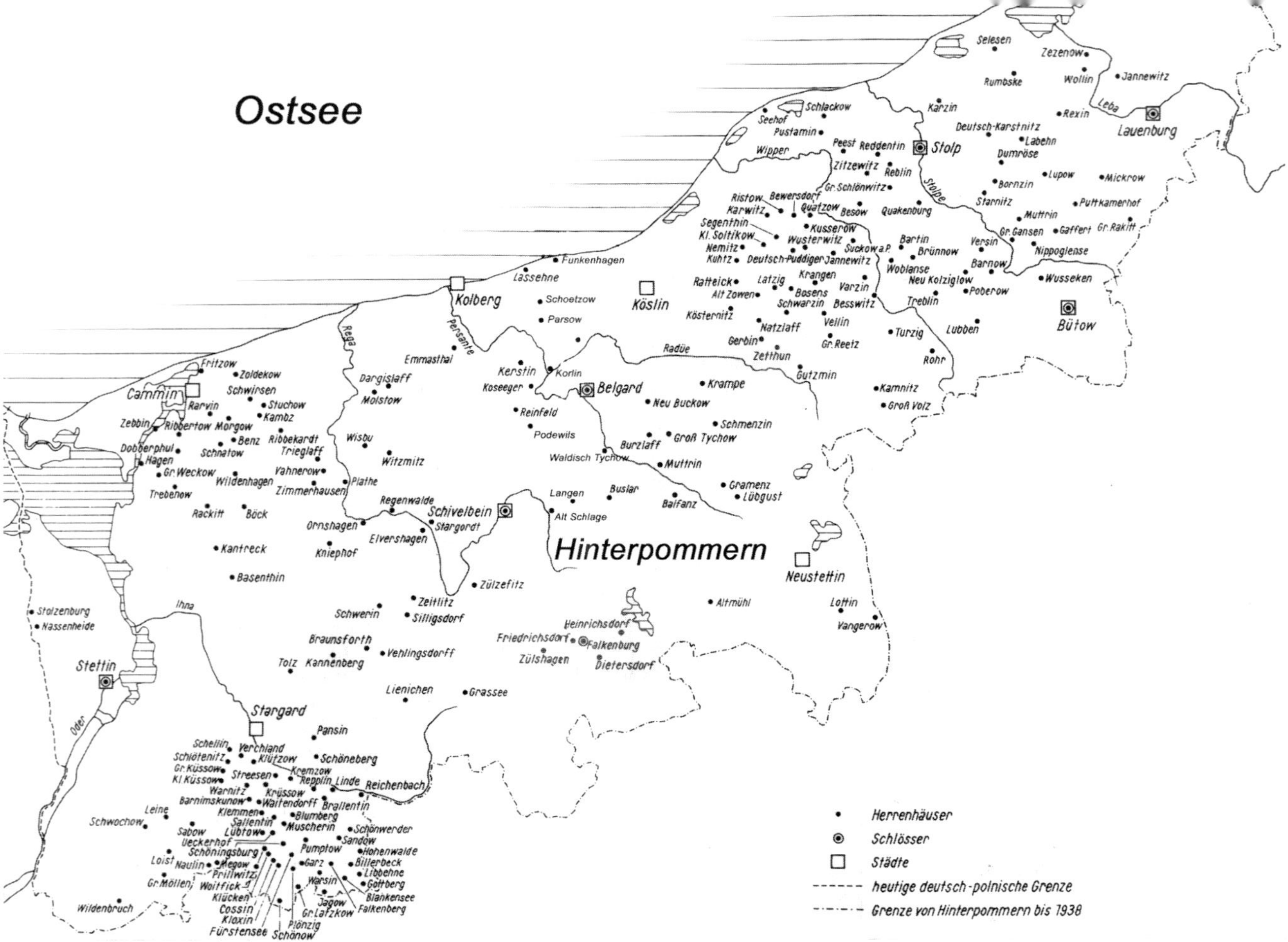
Ostsee
Hinterpommern
Stettin
Stargard
Cammin
Kolberg
Köslin
Belgard
Schivelbein
Neustettin
Stolp
Lauenburg
Bütow
Oder
Ihna
Rega
Persante
Radüe
Wipper
Stolpe
Leba
Fritzow
Zoldekow
Schwirsen
Stuchow
Kambz
Rarvin
Zebbin
Ribbertow
Morgow
Benz
Ribbekardt
Trieglaff
Dobberphul
Hagen
Schnatow
Gr. Weckow
Wildenhagen
Vahnerow
Zimmerhausen
Plathe
Trebenow
Rackitt
Böck
Kantreck
Basenthin
Regenwalde
Ornshagen
Elvershagen
Kniephof
Stargordt
Dargislaff
Moistow
Wisbu
Witzmitz
Emmasthal
Funkenhagen
Lassehne
Schoetzow
Parsow
Kerstin
Korlin
Koseeger
Reinfeld
Podewils
Waldisch Tychow
Langen
Alt Schlage
Buslar
Balfanz
Muttrin
Burzlaff
Groß Tychow
Neu Buckow
Krampe
Schmenzin
Gramenz
Lübgust
Zülzefitz
Zeitlitz
Silligsdorf
Schwerin
Braunsforth
Vehlingsdorff
Tolz
Kannenberg
Lienichen
Grassee
Heinrichsdorf
Friedrichsdorf
Falkenburg
Zülshagen
Dietersdorf
Altmühl
Lottin
Vangerow
Stolzenburg
Nassenheide
Pansin
Schellin
Schlötenitz
Gr. Küssow
Kl. Küssow
Verchland
Klützow
Schöneberg
Streesen
Kremzow
Reppin
Linde
Reichenbach
Warnitz
Krüssow
Barnimskunow
Wartendorff
Brallentin
Klemmen
Blumberg
Sallentin
Muscherin
Schönwerder
Leine
Schwochow
Sabow
Lübtow
Sandow
Ueckerhof
Pumptow
Hohenwalde
Schöningsburg
Billerbeck
Loist
Naulin
Megow
Garz
Libbehne
Prillwitz
Warsin
Gottberg
Gr. Möllen
Wolfick
Blankensee
Klücken
Jagow
Cossin
Gr. Latzkow
Falkenberg
Kloxin
Plönzig
Fürstensee
Schönow
Wildenbruch
Ristow
Bewersdorf
Karwitz
Quatzow
Besow
Segenthin
Kusserow
Kl. Soltikow
Wusterwitz
Suckow a.P.
Nemitz
Kuhtz
Deutsch-Puddiger
Jannewitz
Ratteick
Latzig
Krangen
Alt Zowen
Bosens
Varzin
Schwarzin
Besswitz
Kösternitz
Natzlaff
Vellin
Gerbin
Zetthun
Gr. Reetz
Gutzmin
Kamnitz
Groß Volz
Turzig
Rohr
Lubben
Treblin
Woblanse
Neu Kolziglow
Poberow
Bartin
Brünnow
Barnow
Versin
Wusseken
Quakenburg
Gr. Schlönwitz
Zitzewitz
Reblin
Peest
Reddentin
Wipper
Pustamin
Seehof
Schlackow
Karzin
Deutsch-Karstnitz
Labehn
Dumröse
Bornzin
Lupow
Mickrow
Starnitz
Muttrin
Puttkamerhof
Gr. Gansen
Gaffert
Gr. Rakitt
Nippoglense
Selesen
Zezenow
Rumbske
Wollin
Jannewitz
Rexin
Herrenhäuser
Schlösser
Städte
heutige deutsch-polnische Grenze
Grenze von Hinterpommern bis 1938

eine Menge Pferde und widmete sich auch der Vollblutzucht, obwohl er selber kaum noch aktiv ritt. Seine beiden Kinder Nora und Harras Ursus traten im internationalen Springsport in die Fußstapfen ihres Vaters. So gehörte zum täglichen Tagesablauf, daß wir Kinder ihm in der eigenen Reitbahn vorreiten mußten. Sein fabelhafter Stallmeister und Kutscher hatte die Sorge dafür zu tragen, daß nichts schief ging. Am Tag ritten wir mehrere Stunden voller Passion und wechselten dabei die Pferde.

Abends durften wir mit ins Revier, daß über einen artenreichen Wildbestand verfügte. Man sah Rudel bis zu 40 Sück Rotwild zu Holze ziehen. Im Jagdgebiet wechselten Sauen, kapitale Keiler bis zum Frischling selbst am hellichten Tage. Die Suhlen waren stets wund und gut besucht. Darüber hinaus kam sehr viel Rehwild vor, mit mehr oder weniger guter Veranlagung. Ich beobachtete bessere und schlechtere Rehböcke. Es war eigentlich alles an Schalenwild da, was ein Jägerherz begehrt.

Obwohl das Revier auch forstwirtschaftlich intensiv bewirtschaftet wurde, räumte man der Jagd die größere Priorität ein. Um den zusammenhängenden privaten Forst kümmerten sich ein Oberförster und zwei Revierförster, die von meinem Onkel beschäftigt wurden. Die im Walde liegenden Höfe wurden nicht verpachtet, sondern selbst in Bewirtschaftung genommen.

Es gab einen großen und fischreichen See, der sich märchenhaft in die Landschaft einfügte. Wir angelten dort mit dem Diener Eduard vom Boot aus und freuten uns riesig über das viele »Petri Heil«. Eduard war perfekt und gab sich die größte Mühe, uns Kindern das Einmaleins des Angelns beizubringen. So nahm die Ausbeute an Fisch stetig zu.

Kurz um, es war eigentlich alles vorhanden, was ein Kinderherz höher schlagen läßt. Wir fuhren nirgendwo anders in den Ferien hin, einerseits wegen der »aufregenden« Erlebnisse und andererseits auf Grund der Tatsache, daß meinen

Eltern das Geld fehlte, um uns woanders hinschicken zu können. An nur einem Tag, dem schwarzen Freitag im Jahre 1929, war das gesamte Familienvermögen der Caminnecis verloren gegangen. Dieser Aderlaß sorgte dafür, daß unsere Familie ein bescheidenes Dasein, wenn auch auf dem schönen Familienbesitz in Dattenfeld, fristen mußte. Deshalb war Zetthun für uns natürlich eine riesen Verwöhnung.

Onkel Oscar war im Gegensatz zu uns ein sehr vermögender Mann, weil er damals das reichste Mädchen Deutschlands, die Tochter von Wilhelm von Siemens, geheiratet hatte. Für mich war sie eine der schönsten Frauen, die ich je gesehen habe, noch dazu mit einer sehr freundlichen Seele. Stets zuvorkommend, erwies sich das glückliche Ehepaar als großzügiger Gastgeber und verwöhnte uns, den Dattenfelder Familienteil, mit großer Hingabe.

Mein Onkel Oskar war ein außergewöhnlich sozial denkender Mensch, dessen Untergebene ihn verehrten und schätzten. Er ließ für jede Arbeiterfamilie in Zetthun ein Haus errichten, umgeben von einem großen Grundstück, wo sich jeder seinen eigenen kleinen Viehbestand und Garten halten konnte. Als die Russen im Januar 1945 Zetthun besetzten, zeigten sie sich überrascht. In ihrem Klischee galt ein Gutsherr als brutaler Ausbeuter. Plötzlich stellten sie fest, daß dieses Vorurteil sehr differenziert betrachtet werden mußte und keinesfalls verallgemeinert werden kann.

Nachdem ich meinen ersten Rehbock 1941 im heimischen Revier geschossen hatte, wurde ich daraufhin nach Zetthun eingeladen, um dort dann »richtig« der Jagd frönen zu können. Es gelang mir während meines Aufenthaltes, zwei Böcke und meine erste Sau zu erlegen. Oscar war sichtlich stolz, daß sein geliebter Neffe mehrfach zu Schuß gekommen war. Eigentlich sollte ich laut Anweisung meines Onkels einen Überläufer erlegen, doch geschah alles ganz anders.

Von einer reizenden jungen Dame geführt, die im Ansprechen angeblich Bescheid wissen sollte, saßen wir zu zweit auf einer Kanzel. Es dauerte nicht lange bis ein riesiges feistes Wildschwein über eine der vor uns liegenden Schneisen gezogen kam. Meine Begleiterin gewahrte die Sau und fragte mich: »Manfred, was meinst du, ist das ein Überläufer?« »Ein stärkerer Überläufer würde ich sagen!« fuhr es unsicher über meine Lippen. »Na gut, dann schieß!« forderte sie mich auf. Also fackelte ich nicht lange und ließ fliegen. Das beschossene Stück lag im Knall, und als wir den Anschuß erreichten, lag da ein zweijähriger Keiler mit einer wuchtigen Körpermasse von mindestens einhundert Kilogramm. »Oh je!« Wir fuhren nun mit einem kleinen Motorrad, ich besaß damals noch keinen Führerschein, zum Schloß zurück. Meine Freundin Liesel saß hinten drauf, so daß das Motorrad mehrmals bedenklich vorne hoch ging.

Als erstes erfuhr der Kutscher von unserem Waidmannsheil. Er begab sich sogleich in den Tann und holte die Beute mit Pferd und Wagen ab, um sie schließlich vor dem Schloß auf die Strecke zu legen. Oscar trat an die Sau heran und sprach: »Donnerwetter noch mal, das ist aber nun wirklich kein Überläufer! Da habt ihr wohl ein bischen viel Maß genommen.« Während ich verlegen zu Boden schaute, antwortete die schlagfertige Liesel: »Ja, lieber Oscar, es tut mir wahnsinnig leid, aber wir wußten beide nicht so genau, ist es ein starker Überläufer oder nicht. Aber jung oder alt, jetzt ist er kalt.« Dieser Spruch blieb mir mein ganzes Leben in Erinnerung und auch Onkel Oscar war für einen Moment sprachlos und meinte schließlich nur noch: »Ich bin es ja selber schuld, wenn ich Weiber und Kinder gemeinsam auf die Jagd schicke!«

Nach den Sommerferien nahm uns das normale Leben in Anspruch. Ich besuchte die höhere Schule in Eitorf und war in einem Internat in Bad Godesberg untergebracht. 1943 wurde ich Luftwaffenhelfer, anschließend kam der Arbeitsdienst usw. Trotz der miesen Zeit bot sich noch einmal die Gelegenheit nach Hinterpommern zu fahren. Es war im Juli/August 1943. Vierzehn wunderschöne Tage verbrachte ich in Zetthun, damals noch nicht wissend, daß es meine letzten Ferien dort sein würden.

Wie schon zuvor ging ich auf die Jagd, nur mit dem Unterschied, daß es Diana dieses Mal besonders gut mit mir meinte. In der Blattzeit fuhr ich mit Onkel Oscar mit einem kleinen Kadett durchs Revier. In einem Stangenholz gewahrten wir einen Bock, der gerade eine Ricke trieb. Oscar flüsterte: »Ausnahmsweise erlaube ich dir, diesen Bock aus dem Auto zu schießen, sonst kommen wir nicht ran.« Er lehnte sich zurück in den Sitz, damit ich die Büchse durchs Fenster in Anschlag bringen konnte. Als ich bereit war, pfiff er den Bock an, der sofort verhoffte. Im selben Moment drückte ich ab. Der Brave zeichnete und brach getroffen zusammen. Mein Onkel schien zufrieden über die Schußleistung. Wir gingen hin, und er stellte lakonisch fest: »Donnerwetter, das habe ich nicht vermutet, das wäre auch einer für mich gewesen. Aber weil du es bist, freue ich mich besonders, daß er so kapital ist.«

Der Abtransport des Bockes erfolgte mit dem kleinen Opel, der meinen Onkel damals noch verblieben war. Die anderen Autos, die Horchs und der schöne Maybach, Geschenke von seinem Schwiegervater Wilhelm v. Siemens, waren alle von der Wehrmacht bereits beschlagnahmt worden. Geschickt band mein Onkel die Jagdbeute mit seinem Leibriemen an der Stoßstange des kleinen Wagens an, den er sich zuvor von seiner Hose abgeschnallt hatte. Stolz wie ein König und seelig über die kapitale Jagdtrophäe nahm ich im Wagen Platz, und wir fuhren zum Schloß zurück.

Wenig später hatte ich das unglaubliche Glück, meinen ersten Rotwildspießer zu erlegen. Nach den Worten des Onkels sollte es ein Schmaltier oder geringer Spießer, maximal mit lauscherhohen Geweih, sein. Ich fühlte mich sehr glücklich, daß ich dieses Mal alleine auf Jagd gehen durfte. Zu diesem Zweck scheute ich keine Mühe und fuhr mit dem Fahrrad etliche Kilometer auf den dort typischen Sandwegen zu einer Wildwiese an der Radü, einem kleinen Flüßchen. Als ich mich vorsichtig der Wiese näherte, gewahrte ich dort ein eng aneinander gedrängtes Rotwildrudel, 25 bis 30 Stücken. Ich versuchte, ein Schmaltier auszuwählen, glaubte, es sicher angesprochen zu haben und visierte es zitternd, von Jagdfieber gepackt, auf ca. 80 Meter an. Dann löste ich den Schuß, das Stück brach zusammen. Hochflüchtig ging das Rudel ab und verschwandt in der Kulisse des Waldes. Plötzlich richtete sich das beschossene Tier wieder auf, und ich versuchte, einen zweiten Schuß anzubringen. Scheinbar ohne Effekt, schoß ich mehrere Male - viermal, bis es endlich verendete!

Als ich dann zum Anschuß pirschen konnte, fiel mir mein Herz fast in die Hose. Vor mir lag ein Hirsch mit 40 Zentimeter langen Spießen, um Gottes Willen! Ich hatte wahrscheinlich das Schmaltier verfehlt und den dahinter stehenden Spießer getroffen. Vor Schreck, Scham und schlechtem Gewissen dem so großzügigen Onkel gegenüber, kreisten ein Haufen wirrer Gedanken der Verzweiflung in meinem armen Jugendgehirn! Was nun?

Ich überlegte ernsthaft vor Feigheit mit dem Fahrrad zur Bahnstation nach Polnow zu radeln, um mit der Bahn heimlich zurück in die Heimat zu fahren, von dort aus telefonisch meine »Tat« zu gestehen. Gott sei Dank fehlte mir das Fahrgeld für dieses Ansinnen. Dann gedachte ich einen Trick anzuwenden. Er beruhte auf der Hoffnung, daß der gute Kutscher Franz Beckmann am anderen Morgen den Hirsch mit mir bergen und zur Kühlkammer bringen würde. Auf diese Weise würde mein Onkel den Hirsch vielleicht erst gar nicht zu Gesicht bekommen - eine wage Hoffnung! Ich fuhr also mit schlechtem Gewissen zurück zum Schloß Zetthun, wo mein Onkel Oscar nach seiner Abendpirsch auf mich wartete. Er begrüßte mich direkt mit den Worten: »Worauf hast du denn geschossen?« Er hatte natürlich die Schüsse gehört. Ich erklärte ihm, daß ich einen knapp lauscherhohen Spießer gestreckt hätte. Er gratulierte mir daraufhin sehr herzlich mit »Waidmanns Heil« zu meinem ersten Stück Rotwild und öffnete eine seiner letzten »guten Pullen Rotspon«, um mit mir würdig an zu stoßen. Ich erklärte ihm, daß ich am anderen Morgen mit Kutscher Franz den Hirsch abholen wollte.

Plötzlich fragte er mich: »Hast du den Hirsch auch aufgebrochen?« Ich antwortete: »Nein, daß habe ich noch nie gemacht, ich habe ihn nur wie vorher besprochen gelüftet!« Dann folgte die Frage, wie weit ich denn gelüftet hätte. Ich erklärte ihm: »Och, so fünf Zentimeter vielleicht!« »Um Gottes Willen, das ist viel zu wenig, das Stück verludert!« erwiderte der Onkel. Ich erschrak fürchterlich: »Es könnte aber auch mehr gewesen sein, ich weiß es nicht mehr so genau, bestimmt habe ich einen viel längeren Schnitt gemacht, kannste mir glauben, wirklich Onkel Oscar!!!« Ich versuchte mich herauszureden, vergeblich. Oscar ließ nicht locker, war mißtrauisch geworden und sagte: »Wir fahren sofort hin und brechen es auf, deine Aussagen sind mir zu unsicher!« Notgedrungen mußte ich den »schweren« Weg antreten und zur Radüwiese mitfahren.

Der Mond schien bereits als wir am Ort der Sünde eintrafen. Oscar ging voraus, fragte aber plötzlich: »Warum gehst du eigentlich nicht voran, du weißt doch, wo das Stück liegt!« Nach ca. 80 Meter standen wir vor der Strecke, ich sah verlegen zu Boden und ehe ich mich versah, bekam ich eine solch saftige Ohrfeige, daß ich fast zu Boden fiel! »Jagdliche Lügen haben bei mir ganz kurze Beine! Ich rate dir, mich nie wieder zu belügen, auch nicht aus Not! Die Backpfeife ist dafür, daß du es nie mehr vergißt, klar?«

Alsdann erwartete er von mir, daß ich mein erstes Stück Rotwild auch selber aufbrach. Vor Dankbarkeit und Erlösung kroch ich bei der roten Arbeit fast in die Bauchhöhle des Hirsches hinein. Nach dem Aufbrechen deckte mein Onkel den Wildkörper mit einer mitgebrachten Zeitung ab, um zu verhindern, daß sich Sauen, Füchse oder Krähen am Wildbret zuschaffen machten. Dann stellte mein Lehrherr fest, daß es um den Spießer, auch wenn er noch so lange Spieße hätte, eigentlich nicht schade wäre, denn wer weiß, ob er ihn jemals als reifen Hirsch erlegen könnte. Mit dieser widersprüchlichen Aussage konnte ich damals nichts anfangen. Heute ist mir klar, daß Oscar Camenneci schon ahnte, was sich über ihn zusammenbraute!

Dieses gemeinsame Jagderlebnis war eine Lehre für mich, so daß ich heute, 75jährig, in meinem weiteren wundervollen jagdlichen Leben behaupten kann, niemanden mehr einen derartigen »Bären« aufgebunden zu haben.

Auf weiteren Pirschgängen gelang es mir, noch drei Sauen zu strecken. Es war das letzte Mal, daß ich in Zetthun jagen durfte.

Schreckliche Nachrichten trafen ein. Zuerst wurde der Sohn meines Onkels, Harras Ursus, im östlichen Polen im Krieg von den Russen getötet (dort stammte unsere Familie ja ursprünglich her, sie hieß Kaminieki, und wurde schon im 13. Jahrhundert geadelt, dann ging im 16. Jahrhundert ein Sproß nach Italien, der Name wurde dann lateinisiert zu »de Caminnecius« und später italienisiert zu Caminneci. So baute sich dort die italienische Familie auf), dann verließ seine Schwiegertochter mit seinem einzigen Enkel Zetthun. In der Nacht vom 20. Juli auf den 21. Juli wurde Oscar Caminneci, wie bereits erwähnt, von der Gestapo aus dem Bett heraus verhaftet, ohne irgendeine Begründung. Wir alle wußten, daß er zwar ein Hitlergegner, aber kein aktiver Widerständler war! Geblieben ist nur die Erinnerung an einen aufrechten Mann.

Manfred Caminneci

Jagdgast in Hinterpommern

»Hügel«, Friedrich Karl v. Berg, war ein passionierter Jäger und stets - schon wegen seines Humors - gern gesehener Gast. Er fuhr von einer Jagd zur andern und erschien - noch ohne Auto - oft mit entsprechender Verspätung.

So wurde er auch einmal bei Leo v. Oppenfeld in N. am Abend vor der Jagd erwartet - jedoch Fehlanzeige.

Morgens in aller Frühe ein Telefonanruf aus Pasewalk: Er bäte um Abholung in Grambow.

Als wir noch beim Jagdfrühstück saßen und auf ihn warteten, ging plötzlich die Tür auf, und Berg begrüßte den Jagdherrn in strammer Haltung: *»In Grambow nichts Neues!«*

Bei unserem guten Georg v. Rohr in Lübgust hatte die Jagd ganz besonders gut geklappt, und es lagen über 40 Stück Hochwild auf der Strecke. Es war an sich nur Kahlwild freigegeben. Einige passionierte Jäger - zu denen auch ich gehörte - hatten sich jedoch in der Hitze des Gefechtes einige Spießer und Sechser erlaubt, die anklagend am rechten Flügel der Strecke lagen. Diese wurde nach dem Essen besichtigt, und »Hügel« meinte nur lakonisch: *»Ja, wir haben viel geschossen, aber verhältnismäßig wenig Kahlwild!«*

Morgens bei der Ausfahrt zur Jagd kamen wir an einer neuen, schön angelegten Jungviehkoppel vorbei, die durch die Sauen fast völlig umgebrochen war. Unter Bezugnahme auf das von zwei Vettern R. geschriebene, gerade herausgekommene Buch sagte »Hügel«, auf die Koppel deutend: *»Seht mal ... >Der Großgrundbesitz im Umbruch der Zeiten<!«*

Der falsche Vordermann

Graf Platen weilte einmal bei seinem Fasanenfreund v. Gaudecker-Kerstin zur Hasenjagd. Für den letzten Kessel war es schon reichlich spät geworden, zudem einer der plötzlichen Seenebel aufgekommen. Kurz und gut, als sich nach Beendigung dieses Kessels alles auf dem Schützenwagen zur Heimfahrt einfand, fehlte der alte Graf. Da er bereits im vorgerückten Alter war, sorgte man sich um ihn. Es half aber kein Blasen und Suchen - er blieb verschwunden. Schließlich fuhr man nach Kerstin, zog sich um und setzte sich zu Tisch.

Da plötzlich rumpelte ein Wagen vors Haus, und ihm entstieg in voller »Kriegsbemalung« der alte Graf.

Was war ihm für ein Mißgeschick passiert?

Bei der zunehmenden Dunkelheit und Diesigkeit war der alte, nicht mehr gut sehende Herr beim Auslaufen des Kessels einem Treiber gefolgt, der sich diesen letzten Kesselgang sparen wollte und sich in sein Heimatdorf verdrückte.

Der witzbereite Kreis der Jagdteilnehmer weitete dies Mißgeschick dahin aus, daß der alte Herr durch einen Zufall hinter den Postboten geraten sei und erst am Postschalter des Nachbardorfes seinen Irrtum bemerkt hätte.

Es ist nichts so fein gesponnen

Der allgemein beliebte, immer humorvolle v. Gaudecker-Kerstin wurde erstmalig zu der für Pommern besonders guten Fasanenjagd bei Graf Platen in K. eingeladen. Er bekam einen der besten Posten auf einer Brücke, die über einen mittleren Bach führte. Und nun erzählt er selbst weiter:

»Bald lag ich in schwerem Feuer, aber die Hähne wollten kein Schrot annehmen. Mit Mühe und Not holte ich fünf Hähne herunter, während 25 rotleuchtende >Weidmannsheil<-Patronen um mich herumlagen. Der alte Platen war anspruchsvoll gegen seine Jagdgäste, und so fürchtete ich, nicht nur Ehre und Reputation, sondern auch die Anwartschaft auf ähnlich gute Posten zu verlieren, wenn mein Patronenverbrauch festgestellt würde. Kurz entschlossen sammelte ich den größten Teil der leeren Hülsen auf und warf sie über das Geländer in den Bach.

Der Jagdherr kam und fragte nach der Bewährung des Postens. Ich deutete auf die fünf liegengelassenen Hülsen und sagte: >*Glänzend! Fünf Patronen - fünf Hähne zur Strecke.*<

Als ich dann aber einen Blick in den Bach warf, sah ich zu meinem Schrecken, wie die zwanzig leeren Hülsen unweit der Brücke einen munteren Reigen in einem Strudel tanzten. Es war ein fürchterlicher Augenblick! Ob sie der Graf gesehen hat, weiß ich nicht, aber auf dieser Jagd bekam ich keinen so guten Posten wieder!«

Der Blitz

Vorerwähnter Graf Platen fuhr eines Tages, von Berlin kommend, in einem schweren Gewitter gen Osten. Ihm gegenüber im Abteil saß eine alte Dame, die bei jedem Blitz zusammenschreckte. Als die Blitze gar nicht aufhörten, fragte sie den zeitunglesenden Grafen: *»Ach, verzeihen Sie, mein Herr, ob so ein Blitz auch in den fahrenden Zug einschlagen kann?«* Antwort: *»Wenn das Aas ordentlich vorhält - warum nicht?«*

Das verunglückte Stück Schwarzwild

Auf einer Hasenjagd im Kreis Belgard sollten diejenigen Jäger, die entweder Drilling- oder Brenneckegeschoß hatten, etwa vorkommende Sauen schießen. Nachdem bereits mehrere Stücke auf der Strecke lagen, ordnete der Jagdherr an, nunmehr die Sauen zu schonen. Jäger v. Köller hatte dieses Verbot nicht gehört und beschoß einen Überläufer aus einer neu vorkommenden Rotte. Sein Nachbar v. Bassewitz rief ihm zu: *»Verboten! Haben Sie das nicht gehört?«*
Nach Beendigung des Treibens trafen sich beide an der Anschußstelle, die jedoch weder Schweiß noch Schnitthaare aufwies. Also vorbeigeschossen. *»Behalten wir also diese Episode für uns«,* war die Bitte des Schützen an seinen Nachbarn. Ihr wurde voll und ganz entsprochen.

Diana aber fügte es anders: Das nächste Treiben, in das die Rotte geflüchtet war, näherte sich seinem Ende, als man plötzlich aus der Treiberlinie den Ruf hörte: *»Kiek eis, Koarl, hier liejt ein schmälig oll Borj!«* - Köller zeichnete sichtbar.

Das Stück wurde herausgezogen, und die ganze Angelegenheit kam nun zum großen Verdruß des armen Schützen doch heraus, der viel Spott über sich ergehen lassen mußte.

Schließlich kam sein Schwiegervater noch auf ihn zu und fragte: *»Was war es denn nun, Keiler oder Bache?«* Der arg mitgenommene Schütze erwiderte grollend: *»Du hast es ja gehört, es war ein Borg!«*

Allgemeines Gelächter, das dem arg ramponierten Schützen sehr wohl tat.

»Hüt is Driewjagd«

(Heut ist Treibjagd)

Auf einer solchen »Rauhjagd« standen Schützen und Treiber auf einem breiten Gestell nach beendetem Treiben und unterhielten sich über im Treiben gewesene Hirsche.

Da plötzlich lautes Gepolter, das Hirschrudel kam zurück und überfiel in großen Fluchten mitten durch die aufgeregte Menschenansammlung hindurch das Gestell.

»Scheite's doch, scheite's doch« (schießen Sie doch, schießen Sie doch), rief der Obertreiber einem Schützen zu. Als das letzte Stück verschwunden war, sagte der angerufene Schütze zu dem aufgeregten Nimrod: *»Ich konnte doch nicht schießen, der ganze Weg stand ja voller Menschen!«* Darauf jener: *»Ach wat, hüt is Driewjagd, wat füllt, dat füllt!«* (Ach was, heute ist Treibjagd, was fällt, das fällt.)

Der unfreiwillige Reitersmann

Die 9. Ulanen (Reiterstaffel-Potsdam) in Demmin hielten auf ihrer Regimentsjagd eine Treibjagd auf Hochwild ab. Jedem Schützen war ein geringer Hirsch freigegeben. Dem Leutnant v. Caminneci kam ein älterer typischer Abschuß-Hirsch aus einer großen Dickung, das Gestell überfallend. Die schnell hingeworfene Kugel mußte seiner Ansicht nach sitzen.

Am Schluß des Treibens kam ein Ulan auf der im Schnee deutlich sichtbaren Fährte aus der Dickung heraus, und sie gingen beide zum Anschuß bzw. zu der Stelle, wo der Hirsch in der gegenüberliegenden schmalen Dickung verschwunden war. Es lagen Schnitthaare und Schweiß.

Der passionierte Ulan war nicht zu halten und ging sofort der Schweißfährte nach. Nach 50 bis 60 Gängen sah er den Hirsch mit erhobenem Kopf im Wundbett sitzen und stürzte sich mit gezogenem Messer auf ihn, wobei er rittlings auf dem Hirsch zu sitzen kam. Das verstand jener falsch, nahm die letzte Kraft zusammen, wurde hoch und stürmte mit dem sich am Geweih festhaltenden Ulanen in Richtung große Dickung zurück.

Unser Leutnant hatte den sich nähernden Krach genau verfolgt und stand mit angebackter Büchse auf dem Gestell. Da erschien auch der Hirsch, dem er eine zweite Kugel antragen wollte, aber - mit dem Ulanen als unfreiwilligen Reitersmann auf dem Rücken - nicht konnte. Der Schütze wagte natürlich nicht zu schießen und schrie, im Unterbewußtsein an die Reitstunde denkend, den Ulanen an: *»Willst du mal runter von dem Hirsch - runter von dem Hirsch!«*

»Pommerscher Bär«

In der Nachbarschaft wurde eines Jahres in dem in den Wald übergehenden Park des Grafen v. Bassewitz ein »Bär« gespürt. Aufgeregt kam der Förster zu ihm und meldete diesen erstaunlichen Vorfall. Der Graf konnte den Grünrock sehr schnell beruhigen und sagte: *»Nein, mein Lieber, das stimmt wohl nicht. Das ist meine Frau, die eine Kneippkur durchführt und morgens barfuß im Park spazierengeht.«*

Wenn man die Zeit verschläft

Um die Jahrhundertwende war v. Hardenberg aus Zettuhn, ein auf allen Jagden beliebter älterer Junggeselle, bei seiner Schwester, einer würdigen alten Dame und mehrfachen Großmutter, als Jagdgast in Zetthun zur Hasenjagd. Man war frühzeitig genug nach Hause gekommen, um schnell noch eine Tasse Tee zu trinken und dann noch etwas zu ruhen, ehe das Jagdessen, zu dem auch die Damen der Nachbarschaft geladen waren, begann.

Unten in den Gesellschaftsräumen war bereits alles versammelt, nur Onkel Hasso fehlte. Die Hausherrin schickte eine ihrer Enkelinnen nach oben, um den Onkel zu holen.

Dieser hatte sich ein Pfeife angesteckt und beim Schein einer Petroleumlampe in seinem Bett noch etwas gelesen. Irgendwann aber war er eingeschlafen, und die Lampe brannte nur noch mit einem kümmerlichen Flämmchen.

Kalter Pfeifenrauch und der Geruch der heruntergebrannten Lampe schlug der Kleinen entgegen, als sie vorsichtig die Zimmertür öffnete. Im matt erhellten Raum sah sie den Onkel nur undeutlich und regungslos im Bett liegen. Erschrocken machte sie die Tür wieder zu, rannte hinunter und platzte in die wartende Gesellschaft mit den Worten:

»Großmutter, Großmutter, geh' schnell nach oben, Onkel Hasso liegt im Bett und ist tot, er stinkt schon!«

Der grüne Demosthenes

Auf einem Besitz im Kreis Rummelsburg war lange Jahre ein alter Förster beschäftigt, der berühmt war für seine merkwürdigen Aussprüche, Wortverdrehungen und falsch angewandte Fremdwörter. Hier einige Kostproben:

In der Nachbarschaft lebte ein Pächter, ein alter Herr, dessen Frau kürzlich gestorben war. Nun hatte er eine ältere ostpreußische Wirtschafterin engagiert. Es war die Rede davon, ob der alte Herr von ihr auch genügend versorgt werden würde. Da sagte Förster König: *»Bei der Frau Aschmoneit wird der Herr es schon gut haben. Die hat ja schon mehrere alte Herren verspeist.«*

Derselbe »Typhus«

Wir sprachen mit Förster König in der Brunftzeit über einen Hirsch. Da meinte er: *»Ich glaube, das ist der Hirsch, der voriges Jahr im Schwedengrund schrie, jedenfalls ist es der nämliche Typhus von einem Hirsch.«*

Von einem Spazierstock bei der Jagd behauptete er:
»Der ist mir immer lästerlich.«

Waidmannssprache

Aus den Worten »mausetot« und »verendet« machte er das hübsche Wortspiel: *»Der Bock war schon mausetot verändert.«*

Von einer Dickung, die ein Lieblingseinstand des Rotwilds war, behauptete König, das sei für das Rotwild das reinste *»Doredo«*.

Von einem Bekannten behauptete er, er sei mit *»Polypen verhaftet«*!

In der Gemeinde soll für einige verwaiste Kinder ein Vormund bestellt werden. Es wird einer vorgeschlagen, der selbst vier kleine Kinder hat. Darauf Förster König.: *»Das geht wohl nicht, der hat ja selbst noch vier minderwertige Kinder.«*

Brehms Tierleben

Einmal erzählte mir Förster König, bei ihm sei ein Herr gewesen, der sich die Erlaubnis holen wollte, in der Stolpe Forellen zu angeln. Das sei ein Herr Brehm gewesen, ein Sohn von dem Brehm, der bekanntlich *»der Erfinder des Tierlebens«* sei.

Die Uhrzeit

Es wurde die mitteleuropäische Uhrzeit eingeführt, die eine gewisse Vorverlegung der bisherigen Zeiteinteilung bedingte.

Der Baron v. Pahlen sagte zu seinem Förster Vetter: *»Vetter, wir müssen jetzt zur Birkhahnbalz etwas früher aufstehen!«* Antwort: *»Aber, Herr Baron, von der neuen Uhrzeit wissen doch die Hahnen nichts!«*

Down - Vorwärts

Bei der Dressur eines Jagdhundes ist es eine sehr wirksame Strafe für den Hund, ihn »Down-Vorwärts« machen zu lassen. Schon als kleiner Bengel hatte der Sohn des Besitzers mit Passion zugesehen, wenn ein Jagdhund abgeführt wurde.

Einmal hatte jener irgendeine Dämlichkeit ausgefressen.

Sehr streng und energisch wurde er vom Vater zurechtgewiesen: *»Was soll ich nun bloß mit dir machen?«*

Mit scheinheiliger Miene antwortete er: *«Da wirst du wohl mal mit mir >Down-Vorwärts< machen müssen!«*

Das Tischgebet

Wir waren bei guten Freunden in Stolp zu Gast. Zur Feier unseres Besuches gab es Sonntagmittag ein besonders gutes Essen und als Nachspeise Baiser mit Schlagsahne.

Der älteste der beiden Söhne Karl und Bernd hat zu Beginn des Essens gebetet: Komm Herr Jesus, sei unser Gast ...

Das Schlußgebet sollte der jüngere sprechen. Mit gefalteten Händen überlegte er kurz und dann ertönte es voller Pathos aus seinem Munde: *»Lieber Gott! Wir danken dir, daß die heute bei uns zu Gast gewesen sind«*

»Hätt ich nicht, dann wär sie nicht«

Auf einer Wildjagd wurde von einem Treiben zum andern gefahren. Mit einmal ging einem alten Förster die Büchse los. Darauf sagte er nur ganz ruhig: *»Wenn ich nicht hätte gestochen gehabt, wäre sie gewiß nicht losgegangen!«*

Der Fiskus

Der alte Herr v. Puttkamer schickte seinen Förster zu einem Termin, an dem auch ein *staatlicher* Förster teilnahm. Danach ließ er sich berichten und fragte dabei: *»Na, was sagt denn der Fiskus?«* Antwort: *»Fiskus sejjt jarnichts, Fiskus was besupe!«* (Fiskus hat gar nichts gesagt, Fiskus war besoffen!)

Der schlechte Punsch

Zum Jagdessen wurde der Bürgermeister des Dorfes eingeladen, weil dessen Gemeindejagd gepachtet war und mit bejagd wurde. Auch einige Bauern hatten an der Jagd teilgenommen und feierten danach im »Kruge«. Das wußte der Bürgermeister und ging nach dem herrschaftlichen Jagdessen auch noch dorthin, um ein Glas Bier zu trinken und seinen Kollegen über die Speisenfolge etc. zu berichten.

Nach den Getränken gefragt, zählte er alles genau auf und meinte, die Weine und vor allem der Sekt hätten sehr gut geschmeckt. *»Bloß zum Schluß, da gab's einen Punsch, der schmeckte jarnich. Den haben auch alle wieder ausgespuckt.«*

Damit meinte er in Verkennung das Mundspülwasser, welches zum Schluß gereicht wurde.

»Walnüsse«

Ein andermal war unser Bürgermeister zusammen mit dem Revierförster der Nachbargemeinde, einem ruhigen alten Waldschrat, eingeladen. Sie ziehen sich zusammen um. Da fielen ihm die über Gebühr bräunlichen Hände des alten Grünrocks auf, und er gab ihm den Rat, doch nochmal energisch mit Wasser und Seife »nachzuhelfen«.

Darauf der Alte: *»Das hat keinen Zweck. Wir haben in letzter Zeit zu Hause immer grüne Walnüsse gepuhlt, die ich so gerne esse. Der braune Saft ist echt und geht nicht so leicht ab.«*

Als der Bürgermeister sich gerade mit dieser Antwort abgefunden hatte, wechselte sein Stubengenosse die Strümpfe, und es kam eine ähnlich bräunliche Färbung zum Vorschein, was die etwas entsetzte Frage auslöste: *»Sagen Sie mal, mein Lieber, haben Sie mit den Füßen auch Walnüsse gepuhlt?«*

Der Herrenwilderer

Das Gut Zitzewitz befand sich im ehemaligen Kreis Stolp, ca. 15 Kilometer südwestlich von Stolp (poln. Slupsk). Zitzewitz ist der Name eines alten pommerschen Geschlechts. Der Name im Zusammenhang mit dem Besitz wurde das erste Mal 1410 erwähnt. Aus der Linie Zitzewitz stammt die Linie Zezenow (Gut Zezenow 1.200 Hektar). Der letzte Besitzer des Gutes Zenzenow, Wilhelm Siegfried v. Zitzewitz, verließ seine Scholle 1945 nicht, wurde zwar geduldet, jedoch gewaltsam enteignet. Er verblieb bis 1946, wenn auch in größter Armut, in seiner Heimat.

Innige, lebenslängliche Freundschaft verband ihn auch mit dem Herrn v. Zitzewitz aus Pommern, der im engsten Kreis gern als »der größte Wilderer aller Zeiten« bezeichnet wurde - nicht etwa im absprechenden tadelnden Sinn, sondern voll heimlicher Bewunderung und Anerkennung.

Mit dem Handwerk des Wilderns war das nämlich nach früheren Begriffen eine sehr eigene Sache. Mit der Büchse waidgerecht einen Hirsch oder Bock zu erlegen, war in der Jugendzeit des Herrn v. Zitzewitz noch kein »Herrensport« wie später. Man überließ das damals noch der angestellten Jägerei. Anders war es mit jenem jagdberechtigten Herrenjäger späterer Zeit, der es gelegentlich mit den Grenzen nicht so genau nahm, der also, wie der alte Januschauer zu sagen pflegte, *»die Grenzsteine in seinem Jagdwagen spazieren* *fuhr«*, um voller Jagdpassion den Finger auch dann mal krumm zu machen, wenn der ersehnte Bock oder Hirsch durchaus nicht auf das eigene Revier übertreten wollte. Herr v. Zitzewitz riskierte solche Eskapaden aber immer nur dort, wo er eines mitfühlenden Verständnisses sicher sein konnte.

Es gibt für solche Herren auch noch andere Formen des »Wilderns«, Formen, die gesetzlich nicht strafbar sind und doch als ein »Wildern« empfunden werden können.

Ein Jäger wie Herr v. Zitzewitz der mit dem Rotwild so lebte und webte, daß man scherzhaft von ihm sagte, er dächte selbst wie ein Stück Rotwild, sagte schon das eine oder andere Mal als Gast bei einer Wildjagd im Nachbarrevier ab, weil er glaubte, daß beim Drücken der benachbarten Dickungen der ersehnte Jagdbare unbeschossen auf das eigene Revier überwechseln und ihm vor die Büchse kommen würde! Wenn dann so etwas das eine oder andere Mal glückte, dann sprach man wohl - zunächst sogar in ehrlicher Wut - von »dem größten Wilderer aller Zeiten«, auch wenn sich diese Wut später mit heimlicher Bewunderung und jägerischer Anerkennung mischte.

Oder aber dieser große Jäger mit seinem »sechsten Sinn« hat eine sehr genaue Witterung dafür, ob und wann der beim Nachbarn stehende Kapitale vorübergehend aufs eigene Revier hinüberwechselt. Dann schnaubt wohl der andere ebenfalls: *»Du Wilderer verdammter!«*

Auf jeden Fall konnte v. Zitzewitz dem kaiserlichen Jagdherrn in Pröckelwitz so einen Kapitalen vor der Nase wegschießen, was ihm dieser anscheinend nie vergessen hat. Denn als sich viele Jahre später sein Sohn in Potsdam beim Kaiser »als zum Leutnant befördert« zu melden hatte, lautete die kaiserliche Erwiderung nur knapp und kurz: *»Na, habt Ihr auch schon mal gewildert?«*

Und ehrlich gestanden, gibt es vielleicht noch eine Version: Solchem Jäger wie Herrn v. Zitzewitz genügte die heimische Jagd schließlich nicht mehr. Es zog ihn, so oft er es konnte, immer wieder auf Großwildjagd in andere Länder. *»Kinder, Ihr müßt schon verstehen, des deutschen Hirsches und Rehbocks bin ich mir zu sicher, wo bleibt denn da noch der Reiz?«*, pflegte er zu sagen.

Es ist daher verständlich, daß er daheim wenigstens noch den zusätzlichen Reiz genießen wollte, verbotene Früchte zu ernten. Eingestanden hat er das freilich niemals! Im Gegenteil, wer ihn auf die ihm nachgesagten Wilderererfolge ansprach, wurde schroff abgewiesen. Nur ein einziges Mal bei langen Erzählungen von Jagdgeschichten im Kreise begeistert zuhörender Neffen und nach vielen Gläsern seines Lieblingsgetränks - Sekt mit Rum - entfuhr es ihm: *»Ja, Kinder, jagen ist schön! Aber noch viel reizvoller ist es doch, dabei auch selbst gejagt zu werden!«*

Als dann der Tag kam, an welchem dem alten Januschauer der Heimgang seines alten Freundes Zitzewitz mit aller gebotenen Vorsicht beigebracht werden mußte, hat er lange ergriffen und nachdenklich geschwiegen, bis dann ein kleines Lächeln über sein Gesicht ging: *»Na ja, nun wird er eben im Himmel die Grenzsteine spazieren fahren!«*

Indische Perlhühner

Heinrich v. Brockhausen war ein passionierter Jäger, aber schoß den schlesischen Fasanenschützen nicht schnell genug. Wir unterhielten uns über dies und das Niederwild, da sagte er: *»Ich hab jetzt auch indische Perlhühner ausgesetzt.«* - *»So«*, fragte ich, *»fliegen sie denn schnell?«* - *»Ach«*, meinte er, *»ich hab sie bisher immer man erst laufen sehen!«*

Geschichte unseres hinterpommerschen Rotwildes

Von Revierförster Ernst König - Gramzow

Nach dem jagdlichen Niedergang vom Jahre 1848 hatten sich kümmerliche Reste von Rotwild in der Oberförsterei Linichen gehalten, auch bei Gollnow sollen noch wenige Stücke übriggeblieben sein. Sicher haben die damals wirtschaftenden Forstbeamten getan, was sie konnten, um dies Wild zu erhalten. Von diesen Zellen aus hat sich unser Rotwild dann wieder verbreitet.

Ein alter Bauernjäger sagte mir, im Revierförsterbezirk Klanzig sei 1875 zuerst wieder Rotwild aufgetreten. 1876 hat dann mein Vater in der Nähe der Försterei den ersten Hirsch geschossen.

Ich kann mich auch noch dunkel besinnen, daß eines Tages mit einem Ochsengespann ein Hirsch in Dranzig auf den Hof gefahren wurde. Es soll sich um den bekannten 16-Ender gehandelt haben (wahrscheinlich 1880).

Während meiner Lehrzeit in Linichen galt Pommern östlich Neustettin als frei von Rotwild, und zehn Jahre später gab es von Schlawe bis Lauenburg bereits starke Hirsche - hier sei der Kapitalhirsch von Forstmeister von Rosenstiel-Neukrakow, Kr. Schlawe, erwähnt. Allerdings erzählte mir mal ein Kriegskamerad, Bauer aus Schlawin, es ginge das Gerücht, man hätte in Neukrakow Rotwild ausgesetzt zur Blutauffrischung.

Schwarzwild gab es von Dietersdorf über Kalenzig, Staatsforst Linichen-Neuhof so lange ich denken kann. In Groß-Grünow stellte sich der erste Keiler 1893 ein.

Von Interesse mag noch sein: Mein Großvater, der über 50 Jahre Kutscher in Dietersdorf war, erzählte, vor 1850 wäre bei Neuschnee jeden Freitag in Linichen Wolfsjagd gewesen, an welcher der alte Herr möglichst regelmäßig teigenommen habe!

Der Mittelpunkt der Welt

In den 80er Jahren regierte in Klanzig ein Revierförster Dahnz, der ein ganz großer Spaßvogel gewesen sein muß. Man erzählte von ihm noch nach 50 Jahren.

Er behauptete u. a., Klanzig wäre der Mittelpunkt der Erde, denn es sei nach fünf Städten gleich nah: Schivelbein, Polzin, Falkenburg, Dramburg und Labes, nach jeder Seite hin nur drei Meilen.

Nun waren damals 20 Kilometer noch ein ganzes Ende weiter als heute, denn es gab noch keine festen Straßen, und man schaukelte auf Sandwegen so dahin. Am meisten hat Dahnz wohl die Kreisstadt Schivelbein aufgesucht.

Seine eigene Tochter erzählte mal, wenn ihr Vater in Schivelbein ausspannte, ging es wie ein Lauffeuer durch die ganze Stadt: *»Dahnz ist da!«* Und von allen Seiten kamen Leute herbei, um sich die Hucke voll lügen zu lassen.

Einige seiner Erzählungen hatten sich Jahrzehnte erhalten. So waren ihm mal Erlen gestohlen worden. Als er dastand und grübelte, wer es wohl gewesen sein könne, schrie eine Krähe *»gaz, gaz, gaz«*. *»Natürlich, Gatzke!«* Er ging auf das nahe am Wald liegende Gehöft und richtig - da lagen die gestohlenen Erlen!

»Der starke Toback«

Einer seiner größten Bären, die Dahnz seinen Zuhörern gerne aufband, war folgender:

Eines Nachts in der Geisterstunde begegnete ihm am Priwer Kreuzweg der leibhaftige Teufel. Der bestaunte seine Flinte und fragte: *»Was hast du da auf dem Buckel?«* Dahnz: *»Ja, das ist meine Pfeife.« - »Kann man die rauchen?«* fragte der Teufel und erhielt zur Antwort: *»Na, versuch doch mal!«* Kaum hatte der Teufel die Flinte am Mund, drückte Dahnz ab. *»Donnerwetter«*, sagte der mit dem Pferdefuß, *»du rauchst aber einen verdammt starken Toback!«*

Oft soll der spaßige Revierförster hinter der Fichtenhecke oder sonst einem Versteck gestanden haben, um im Dunkeln vorübergehenden Passanten das Gruseln beizubringen, indem er Eulengeschrei, Katzenmiauen und sonstige schaudernde Geräusche nachahmte.

Man sagte, so wie er gelebt hat, ist er auch gestorben:

Im Sommer, wahrscheinlich 1888, kam er vom Scheibenschießen aus der Försterei Fünfsee, wo damals schon, wie auch noch später, die Übungsschießen der Forstbeamten der Oberförsterei Klaushagen stattfanden. Bei dieser Gelegenheit pflegte es nun nicht gerade trocken herzugehen. Auf der Rückfahrt sagte der Kutscher schon: *»Herr Revierförster, unsere Deichsel ist eingebrochen, ich muß sehr vorsichtig fahren.« - »Wenn du deinen Kram nicht in Ordnung halten kannst, dann nehmen wir anstatt der Deichsel das Pfeifenrohr von meiner langen Pfeife, die ich eben beim Preisschießen gewonnen habe.«*

Als es nun bei Wusterwitz etwas steil bergab ging, konnten die Pferde den nachschiebenden Wagen nicht mehr halten und gingen durch, wobei Revierförster Dahnz und sein Begleiter, Förster Schulz, aus dem Wagen geschleudert wurden und den Tod fanden.

Niederwildjagd auf dem Gut Altwuhrow

Reimar von Zardow

Der Wildbestand des Gutes ist von meinem Vater, Erich von Zardow, sehr geschont und mit Leidenschaft gehegt worden. Im Ergebnis dieser Hege war es ihm möglich, mehrere kapitale Böcke zur Strecke zu bringen, darunter absolute Spitzentrophäen. Die starken Rehböcke erreichten häufig Medaillenqualität. Ein besonders guter Bock, den er 1908 geschossen hatte, erhielt auf zahlreichen Ausstellungen Ehrenpreise, so in Posen eine »Bismarcksche« silberne Schale, in Köslin einen silbernen Becher usw.

Die Rehwildjagd blieb über Jahrzehnte dank des unermüdlichen Einsatzes von Forstmeister Schramm, der die Jagd seit 1920 betreute, auf hohem Niveau und bildete die Krönung unseres jagdlichen Schaffens. Dem Forstmeister wurde für sein ehrgeiziges Schaffen von meinem Vater ein kapitaler Bock, übrigens der zweite, freigegeben, welchen er 1928 erlegte.

Vorzügliche Ergebnisse waren in jenen Jahren auch bei den alljährlich am 19. Dezember stattfindenden Hasenjagden erzielt worden, etwa 20 Schützen konnten eine Strecke von bis zu 300 Hasen vorweisen.

Die Altwuhrower-Niederwildjagd war stets den wechselnden Einflüssen des rauhen Klimas und der langen, häufig sehr schneereichen Winter ausgesetzt, so daß die Strecke der alljährlich stattfinden Hasentreibjagd zwischen 20 und mehr als 300 Hasen schwankte. Später sorgten Seuchen und die zeitweise auch ungenügende Bekämpfung des Raubwildes für einen geringeren Hasenbesatz.

Die letzte Jagd im Jahre 1944 erbrachte 140 Hasen. Dies mag auch der Jahresdurchschnitt in den Kriegsjahren gewesen sein.

Der Aufwand einer Jagd stand in keinem Verhältnis zum Ertrag. Im Vordergrund stand die Pflege der Tradition und die Erhaltung gut nachbarlicher Beziehungen.

Der Jagdtag, dessen feststehendes Datum am 19. Dezember möglicherweise schon aus der Zeit unseres Großvaters stammte und allen Nachbarn bekannt war, ist mir als der gesellschaftliche Höhepunkt jeden Jahres genau im Gedächtnis geblieben:

Im Morgengrauen trafen die Jäger der ganzen Umgebung ein. Jeder Gutsnachbar brachte einen Förster oder Jagdaufseher mit. Man fuhr mit Pferdewagen oder mit Schlitten vor. Manche der Gäste hatten schon einen Weg von über zwanzig Kilometer hinter sich (Wutzig). Die Kutscher wurden wieder nach Hause geschickt, weil sie abends die Damen zu bringen hatten.

Die Forstbeamten fanden sich des Morgens im Hause unseres Forstwarts Richard Zühlsdorf, der zugleich den Posten des Gärtners inne hatte, ein, die Gutsherren bei uns in der Halle und im Herrenzimmer. Für die Gäste standen Cognac und Korn zur Begrüßung und zum Aufwärmen bereit. Außerdem sollten mit den feurigen Getränken die kleinen silbernen Flaschen aufgefüllt werden, die fast jeder in seinem Pelzmuff verborgen hielt. Es herrschte meist klirrende Kälte an diesem Tag. Auf dem Tisch lagen Päckchen mit dick belegten Frühstücksbroten, daneben standen die Zigarrenschachtel und mehrere Kästen mit Schrotpatronen, letztere für jene Jäger, die zu wenig oder keine Munition mitgebracht hatten. Von allem sollte man sich bedienen.

Man setzte sich nicht, sondern blieb im Pelz stehen. Im günstigsten Fall durfte man seine Füße an dem glühenden Anthrazitofen in der Halle wärmen, denn pünktlich um 7.45 Uhr fuhren die »Schützenwagen« vor, einfache Leiterwagen mit seitlich angebrachten Sitzbänken, ausgeschlagen mit Planen. In der Mitte lag frisches Roggenstroh, dick gepackt, in das man seine Beine hineinsteckte, immer einer von rechts, einer von links. Vorn lagen drei bis vier Fußsäcke, die den älteren Herren vorbehalten blieben, welche den Wagen als letzte verließen. Über die Knien aller wurden Decken gebreitet, so daß einem die Kälte nichts anhaben konnte, bis man am Ort des Geschehens vom Jagdleiter heruntergebeten und mit freundlichen Worten und Gesten in die Treiberkette eingereiht wurde.

Das Jagdrevier umfaßte die gesamte Flur des Gutes, vergrößert um die hinzugepachteten Flächen auf den Bauernschollen und dazu lange Jahre hindurch noch um die gesamte Fläche des südöstlich angrenzenden Bauerndorfs Reppow (dies zeitweise gemeinsam mit Warlang). So kamen 1.800 Hektar Jagdfläche zusammen. Das sind 2.700 Preußische Morgen, die an einem Jagdtage abgelaufen werden sollten - kein Pappenstiel. Schon dies bedurfte einer genauen Vorplanung, straffer Organisation und tagelanger Vorbereitung.

Die Feldfläche wurde in »Kessel-« die des Waldes in »Standtreiben« eingeteilt. Dabei galt es, Feld- und Waldjagd im Tagesablauf abzuwechseln, damit die Schützen nicht zu lange ohne Bewegung in klirrender Kälte verbringen mußten. Auf jeden »Schützenwagen« folgten zwei »Treiberwagen«, letztere waren meist Kastenwagen (Kartoffelkästen), in denen doppelt so viele Personen wie auf dem »Schützenwagen« gerademal einen Stehplatz erhaschen konnten.

Die Treiberwehr setzte sich meist aus unseren ortskundigen Gutsarbeitern, gelegentlich noch ergänzt durch Fremde, zusammen. Jeder Treiber hatte eine Klapper in der Hand, die er geschlossen halten mußte, solange das Treiben noch nicht im Gange war.

Ich entsinne mich an zwei große Jagden, an denen mindestens 40 Schützen teilgenommen haben müssen. Dies bedeutete vier Schützenwagen, davon zwei »Herrenwagen«, zwei »Försterwagen«, acht »Treiberwagen« und zwei in weitem Abstand folgende »Hasenwagen«.

Diese Streitmacht verteilte sich rund um einen Kessel auf vier Ausgangsstellungen. Damit keine Verwechslungen auftraten und man immer wieder den richtigen Wagen fand, trugen die Schützen- wie Treiberwagen an den vier Himmelsrichtungen Fahnen einheitlicher Farbgebung: rot, blau, grün und gelb. Unter der Gesellschaft mit roter Flagge befand sich der Jagdleiter.

Gleichzeitig, penibel genau nach Uhr, mußten auf jedem der vier strategischen Punkte des Kessels ein Schützenwagen und zwei Treibenwagen eingetroffen sein. Man sah sich oft nicht, denn die Kessel waren bis zu 100 Hektar groß. Wir brachten es vom Morgen bis zur Dunkelheit im hügligen Gelände und manchmal dichten Nebel auf stolze 14 solcher Kessel!

Auf Grund des unübersichtlichen aber landschaftlich reizvollen Geländes mußten sich der Jagdleiter und seine drei Jagdgehilfen durch Hornsignale verständigen. Beim ersten Blasen wurde anmarschiert, jeweils nach rechts und links rund um den Kessel. Zwischen zwei Schützen liefen jeweils drei bis vier Treiber. Beim zweiten Blasen mußten sich die Flügelmänner der vier Schützenlinien bereits getroffen haben - der Kessel war somit geschlossen. Nun bewegte sich die Kette aus Treibern und Schützen in Richtung Zentrum des Ringes, zog sich quasi zusammen, nachdem zuvor ein jeder eine Wendung um 90 Grad nach links bzw. nach rechts gemacht hatte. Nun wurden die bis dahin festgehaltenen Klappern in Gang gebracht, es begann ein mörderischer Radau, begleitet von den Rufen der Treiber »Hoas upp«.

Sobald ein Langohr aufsprang und zu entkommen suchte, krachten die Flinten. Oft von mehreren Stellen gleichzeitig. Der letzte Schütze, bei dem der Hase liegen blieb, galt als Erleger. Obwohl eindeutig geregelt, gab es bezüglich dieser Frage oft Streit, z. B. wenn ein zu eifriger Nachbarschütze »übers Grab« geschossen hatte. Der Gastgeber zeigte sich in einem solchem Fall immer tolerant.

Mein Bruder und ich mußten alle Jagden zunächst als Treiber, dann als »Büchsenspanner« eines der Schützen absolvieren, bevor wir selbst jagen und schließlich als Jagdleiter tätig werden durften. Als Jagdherr ging ich später meist in der Mitte einer Kette, rechts und links von unseren beiden Nachbarinnen Gertrud und Irmgard v. Knebel Doeberitz, beide eifrige Jägerinnen und sehr gute Schützen, begleitet. Sprang ein Hase auf und lief in unsere Richtung, kam ich oft nicht mehr zu Schuß. Die beiden Schwestern ließen Meister Lampe rollieren, fegten ihn mir vor der Nase weg, häufig noch bevor ich die Flinte in Anschlag bringen konnte. Nicht selten entbrannte zwischen den Damen anschließend ein Streit, wer der rechtmäßige Schütze gewesen sei.

Nach Ertönen des dritten Signals gingen die Treiber in die Mitte des Kessels, die Schützen blieben stehen. Passierte nunmehr ein Hase die Schützenkette, wurde nur noch nach außen geschossen. Wehe dem, der in den Kessel schoß und dabei erwischt wurde! Dann mußte er ein Donnerwetter vom Jagdleiter über sich ergehen lassen und Rechenschaft ablegen. Einmal habe ich einen jungen Nachbarn wegen leichtsinnigen Verhaltens von der Jagd ausschließen müssen.

Bei den »Standtreiben« versuchten die Treiber, das Wild aus dem Wald herauszudrücken. Am Waldrand standen die bald klammen, auf Erlösung wartenden Schützen und froren meist vor sich hin.

Erfahrene Hasen und Füchse brachen zu gerne nach hinten aus. Daher begleitete ein Teil der Schützen die Treiberwehr, marschierte bei dick verschneitem Wald in schweißtreibender Anstrengung voran, eine wenig beliebte Aufgabe. Dazu suchte man die vitaleren jüngeren Herren aus.

Mittags gab es voller Erwartung das »Jagdfrühstück« auf dem drei Kilometer südlich gelegenen Vorwerk Beatenhof im Hause des Verwalters Zimdahl. Die drei Stuben waren leergeräumt und reichten somit aus, um die Jägerschaft für kurze Zeit zu beherbergen. Das Traditionsmenü bestand aus

Königsberger Klopsen, jedoch bevorzugte man später Erbsensuppe mit Speck, die - soweit ich mit erinnere - in den letzten Jahren auch an alle Treiber ausgegeben wurde. Dabei spielte wieder die Cognacflasche eine wichtige Rolle. Trotz aller Verführungen des Rastens wurde pünktlich nach dreißig Minuten ins Horn geblasen und der Vorwerkshof verlassen, denn der Wintertag ist nur kurz.

Während des jagdlichen Geschehens in Wald und Flur liefen im Gutshaus die Vorbereitungen zum Jagd-Diner auf vollen Touren. Alle Gastzimmer waren hergerichtet, geheizt und zum Umziehen eingeteilt, denn abends trug man vornehmen Frack.

Gegen 19.00 Uhr fuhren die Damen vor, die Kutscher spannten aus, legten die Dienerlivree an, die fast alle hatten, und halfen beim Servieren. Die große vierflügelige Tür zwischen Eß- und Musikzimmer stand weit geöffnet, die Tafel war von der Anrichte bis in die Mitte des Musikzimmers hinein festlich gedeckt. Ich glaube nicht zu übertreiben, daß bis zu 55 Gäste daran Platz gefunden haben.

Vorher - bei der Heimfahrt - war der Jagdkönig festgestellt worden. Je nach Veranlagung bereitete er sich mit gemischten Gefühlen auf die abverlangte Tischrede vor, kritzelte das Wesentliche auf Notizzettel oder trank sich im Vorfeld Mut dazu an. Es soll Jäger gegeben haben, die ihren letzten Hasen mit Absicht verfehlt haben, um dieser großen Ehre zu entgehen.

Etwas besinnlicher ging es bei Rehwildjagd zu. Hier trat die Geselligkeit in den Hintergrund, und das eigentliche, nach Möglichkeit jagdlich erfolgreiche Naturerlebnis zählte. Das besonders für den Jäger und Heger, der seinen Bestand genau kannte und durch einen weidgerechten Abschuß von Jahr zu Jahr verbesserte.

Altwuhrow hatte einen festen Bestand von 50 bis 80 Stücken Rehwild (Standwild), welches sich im Sommer über die ganze Feldmark verteilte, im Winter zu zwei, höchstens drei Gruppen zusammenschloß. In den sogenannten »Sprüngen« standen bis zu 30 Stücken. Da Rotwild und Schwarzwild fast nur als Wechselwild vorkam, konzentrierte sich alle Aufmerksamkeit und aller Ehrgeiz auf den Rehwildbestand.

Der kalkhaltige Boden und die idealnatürlichen Bedingungen des von kleinen Baumgruppen und Waldstücken durchzogenen Geländes gaben die Grundlage für den hervorragenden Bestand und kapitale Gehörne, unter denen die Goldmedaillenträger der Jahre 1908 (Erich v. Zadow) und 1928 (Adolf Schramm) besonders herausragten. Beide sind als »bester deutscher Bock des Jahres« ausgezeichnet worden.

Jagdgeschichten fern der Scholle

Hasen-Treibjagd in Neu-Gattersleben

Die große Kesseljagd in Neu-Gattersleben, Provinz Sachsen, war für die ganze Gegend ein großes Ereignis, und jeder Jäger schätzte sich glücklich, von Graf Alversleben dazu eingeladen zu werden.

Als besonderer Dank wurde eines Jahres auch ein Berliner Maler, der das bekannte Bild - *Graf Alvensleben mit seinem Schimmel-Viererzug im Park in Neu-Gattersleben* - gemalt hatte, zur Jagd gebeten. Obgleich Nichtjäger, wagte er nicht abzusagen.

Am Vorabend der Jagd erkundigte er sich bei einem der Söhne, wie er sich auf der Jagd zu verhalten habe unter vertraulicher Preisgabe seines bisher gehüteten Geheimnisses, daß er ja gar kein Jäger sei und noch nie eine Kesseljagd mitgemacht habe.

Die Herren Söhne waren stets zu Streichen aufgelegt, und so schaltete auch der ins Vertrauen Gezogene sofort und sagte: *»Herr Professor, Sie können alles tun, nur keine Menschen anschießen und vor allem, was fast noch schlimmer ist, keine Häsinnen schießen, nur Rammler! Andernfalls wird mein Vater sehr böse!«* - Schweigen.

Nach einiger Zeit fragte der Professor: *»Ja, aber woran erkennt man denn die Häsinnen?«* - *»Was, das wissen Sie nicht?«* antwortete mit gut geheucheltem Erstaunen der Sohn des Hauses. *»Das ist doch ganz einfach. Die Rammler tragen die Löffel (Ohren) senkrecht nach oben, während die Häsinnen die Löffel immer nach unten fest an den Leib anlegen.«*

Unser Berliner Künstler bedankte sich vielmals über die Aufklärung und bat dringend, seine vielleicht etwas komische Frage nicht zu verübeln, jedenfalls aber für sich zu behalten.

Am nächsten Tag lief alles programmäßig, nur der Herr Professor aus Groß-Berlin hatte noch keinen Rammler erspäht, so sehr er auch aufpaßte! Was da links und rechts durch die Treiberwehr preschte, waren alles »Häsinnen« mit angelegten Löffeln. Je näher sie kamen, desto deutlicher war dies zu erkennen! Da nahte aber das Malheur in Gestalt des Jagdherrn zu Pferde, der schon von weitem beobachtet hatte, daß da bei einem Schützen die Hasen pulkweise unbeschossen ausbrachen.

»Himmel Donnerwetter - warum schießen Sie denn nicht«, fuhr der Jagdherr den Professor an. Antwort: *»Alles Häsinnen! Die Rammler kommen wohl noch? Aber, haben Sie keine Angst, Herr Graf, ich schieße Ihre Häsinnen nicht tot.«*

Falsch verstanden

In Schlesien gab es sehr viel mehr Niederwild als bei uns in Pommern. Die schlesischen Fasanen- und Hasenjagden waren berühmt wie die schlesischen Schützen, die nicht nur gut, sondern auch »schnell und viel« schossen.

Auf einer Kesseljagd bei starkem Frost hatte ein schlesischer Scharfschütze etwas unvorsichtig nah in Richtung der Treiberlinie geschossen. Ein oder mehrere Schrotkörner wurden aus ihrer Richtung abgelenkt und trafen einen Treiber auf der Kehrseite. Dieser fing fürchterlich an zu schreien, hielt sich sein Hinterteil und scherte kehrtmachend aus der Treiberlinie aus. Der Unglücksschütze, dies sehend, bekam es mit der Angst und lief hinter ihm her, um festzustellen, was er da angerichtet hatte. Im Laufen klappte er die Flinte auf und nahm die Patronen heraus.

Dies sah der Nachbartreiber, verstand es falsch und rief seinem »krankgeschossenen« Kollegen zu: *»Karle lauf! Der lädt allwedder!«* (Karl lauf! Der lädt schon wieder!)

Andere Länder, andere Bräuche

Auch im Baltikum gab es passionierte Jäger, aber keine Jägersprache wie bei uns, und auch das ganze jagdliche Brauchtum war recht anders. Ein baltischer Baron wollte mal eine richtige Brunft, die es im Baltikum kaum gab, erleben und pachtete sich dazu eine »Hirschjagd im Reich«!

In der Brunft pirschte er mit dem einheimischen Jäger einen schreienden Hirsch an. Dabei rauchte er eine Papyros nach der andern, hustete, trat auf Äste und benahm sich in jeder Weise laut und unsachgemäß, so daß der Jäger zu seiner Muschel griff, um den Krach unseres baltischen Waidmanns zu übertönen und dem auf kurze Entfernung vor ihnen stehenden Hirsch einen heranziehenden Nebenbuhler vorzutäuschen. Das verstand unser baltische Waidmann aber falsch. Er stieß von hinten den Förster an und zischte ihm zu: *»Sie Trottel, das hat er jehöört!«*

»Die Apanage«

Bei Vetter Fritz in Potsdam war nach dem ersten Krieg lange Zeit ein älterer, lustiger Junggeselle, Baron Dönhoff, zu Gast. Als er auf einem Herrenabend von dem Spielkasino in Zoppot und einer todsicheren Spielregel hörte, sagte er: *»Wenn ich werd bekommen meine Apanage, werd ich gleich fahren nach Zoppot und scheffeln das Jeld eimerweise!«*

Im Winter traf er den Nachbarn von Zitzewitz, der ihm das geraten hatte, auf einer Jagd. Der fragte ihn: *»Na, wie war's denn in Zoppot?«* Darauf Baron Dönhoff: *»Ach, alles haben sie mir wegjenommen, die Schweine, nichts ist mir nachjeblieben!«*

Unser baltischer Freund konnte sich an das hinterpommersche Klima mit seinem vielen Wind nicht gewöhnen und meinte: *»Der uralisch-baltische Höhenrücken ist nur jeeignet für den Kiefernspanner, die wilden Schweine und die pommerschen Ureinwohner.«*

Nogaische Steppe

Im Kriege kam ich nach Askanja-Nua, einer Oase in der Steppe. Dort gab es fließendes Wasser, durch ein künstliches Pumpwerk erzeugt, und in dem großen Tierpark waren die verschiedensten Arten vertreten: Von allen möglichen Enten bis zum Strauß und vom Dam- und Rothirsch bis zum Wildpferd, Kamel und Büffel. Die Tiere lebten in großen Freilandgehegen und waren gut versorgt. Ein großes zoologisches Museum hatten die früheren Besitzer Fals-Fein eingerichtet wie den Tierpark selbst.

Einige Tage bevor wir nach Askanja-Nua kamen, erfuhren wir von dem dortigen Tierpark, und es verbreitete sich das Latrinengerücht, daß die Russen sämtliche Gehege geöffnet hätten. Alle möglichen »wilden Tiere« liefen in der Gegend herum. Darauf wurde von meinem überaus jagdpassionierten Chef die Büchse aus dem Futteral genommen. Als wir in die Oase einzogen, waren alle »ganz zahmen Tiere« in ihren Gehegen, und es war alles bestens in Ordnung. Daraufhin verschwand die Büchse des Chefs wieder in ihrem Gewahrsam!

Die Familie Fals-Fein stammte von den zwei deutschen Schäferfamilien Fals und Fein ab, die auf einem Territorium von etwa eine Million Morgen seinerzeit im Auftrage der Zarin Katherina der Großen eine riesige Schafzucht eingerichtet und die Schaffarm nach ihrer Heimat Askanja Noua - Neu Anhalt - genannt hatten. Sie sollen bis zu eine Million Schafe dort gehalten haben. Später wurde der gute Schwarz-Erd-Boden in Ackerkultur genommen und Gerste und Weizen angebaut.

Ich habe selten so etwas Eigenartiges gesehen wie diesen von hohen Bäumen umgebenen Hof mitten in der Steppe, in der es sonst nur drei bis fünf Meter hohe Akazienhecken gab. - Auch wieder ein Wahrzeichen deutscher Kultur und Unternehmergeistes!

Schlesische Fasanenjagden

Das Offiziers-Korps meines Regiments bestand in der Hauptsache aus Pommern und Schlesiern, Brandenburgern und einigen Westdeutschen.

Da wir meistens vom Lande stammend auch passionierte Jäger waren, ergänzten wir Pommern und Schlesier uns gut im Bejagen von Hoch- und Niederwild. Die Schlesier kamen zu uns zur Brunft und zu Wildjagden, wir Pommern schossen uns in Schlesien an Fasanen und Karnickeln satt. Besonders gut waren die Fasanenjagden beim Grafen Seidlitz in Olberdorf und meinem Vetter v. Wietersheim in Mührau. Dort haben auch wir Pommern manche »Fasanenschlacht« siegreich bestanden.

Die »Vize-Kanzler-Jagd« in Muhrau im Kreise Striegau wird mir unvergessen bleiben. Zum ersten Mal bekamen wir Jüngeren hierzu die Fasanerie in Muhrau frei. »Die Püsche« waren am Tage zuvor herangedrückt worden, so daß sich in der Fasanerie eine unvorstellbare Menge von Niederwild - Fasanen, Kaninchen und Hasen - am Jagdtage versammelt hatte. Die genauestens vorbereiteten Treiben wurden auf Schneisen mit geschorenen Fichtenhecken zugedrückt.

Wir waren zehn Schützen und schossen 1.780 Stücken Wild, hauptsächlich Hähne und Karnickel. Der Jagdkönig Graf Seidlitz schoß 212, der Kronprinz v. Braunschweig 190 und ich 178 Kreaturen. Natürlich wurde mit Büchsenspanner und zwei Flinten »gearbeitet«.

Oft kamen zum Schluß der Treiben die Fasanen »oben« und die Karnickel »unten« so dick, daß man trotz der zwei Flinten nicht fertig wurde und »Onkel Christoph« dann z. B. die Fasanen einfach fliegen ließ und sich nur den »Krulicks« widmete.

K.P. Reif

Wir waren neun Regiments-Kameraden von der »leichten Kavallerie« und ein Vetter v. Negenborn von den Kürassieren. Dieser schoß als Schlesier eine sehr gute und sichere Flinte. Da er nicht gerade die besten Posten erhielt, gab er gern rechts und links Hilfestellung und schoß »ein bißchen über«. Die Treiber klaubten dann noch für den ihnen bekannten Herrn Rittmeister mehr Wild zusammen als vielleicht rechtens war, und so erzielte er für die mäßigen Posten eine ungewöhnlich hohe Privatstrecke.

Die Tischrede in Versen hielt der Kronprinz v. Braunschweig, unser »Regiments-Dichter« aus Pommern und schloß mit den unvergeßlichen Worten: *»Für all das, lieber Poffi, danken wir dir. Aber, vollständig unmöglich so'n Kürassier!«*

Bukarest - Süd-Karpaten

Bukarest, eine merkwürdige Stadt zwischen Orient und Occident: Prächtige Geschäftsstraßen und Parks im Zentrum und schmutzige, ostische Hütten an der Peripherie! Einerseits das »Klein-Paris« des Ostens, andererseits typisch östlicher Einschlag der Bevölkerung.

Im Forstministerium besichtigten wir den stärksten rumänischen Hirsch, der von einem Beamten des Ministeriums 1940 geschossen worden war und mit seinen 16 Kilogramm Geweihgewicht den »Monte Nuovo« bei weitem an Stärke übertraf!

Weiter führte unser Weg Richtung Jasi über Ploesti nach Kronstadt, wo wir wiederum drei Tage Aufenthalt hatten.

Wir benutzten diese Zeit zu einem Ausflug in die Süd-Karpaten, in ein Forstrevier bei Fogarasch, in dem der Weltrekord-Gamsbock der internationalen Jagdausstellung-Berlin gestreckte worden war.

Während mein Chef auf Rehböcke pirschte und auch einen erlegte, stieg ich mit unserem Chauffeur unter ortskundiger Führung hinauf in die Gams-Regionen, wo wir auch mehrere starke Gamsböcke - wirklich kapitale Böcke wiegen hier bis zu einem Zentner! - sahen. Unten zunächst Urwald mit herrlichen, alten Buchen und Edeltannen. Dann kommen schöne Fichtenbestände, die schließlich in Latschen, die Heimat der Gemsen, übergehen. Die Berge - bis ca. 2.800 Meter hoch - erinnern lebhaft an Oberbayern, nur ist alles wilder, ursprünglicher. Herrliche Jagdgründe auf Garns, Bär und auch Luchs. Hier war der einzige Ort in Europa, wo ich ebenso gutes und besseres Altholz sah wie bei uns zu Hause in Hinterpommern!

»Antek«

Antek führte zwei Jagdgäste auf Hühnerjagd. Es war Anfang Oktober - die Hühner hielten nicht mehr.

»Verfluchte Vögel wollen nicht bleiben«, sagte Antek. *»Wollen wir doch gehen schießen Enten auf Teich. Davor kleine Berg, daß man kann ganz dicht herankommen.« - »Wie lange geht man denn dahin?« - »Ach, keine zehn Minuten.«*

Mit geschulterten Flinten kam man nach einer reichlichen halben Stunde an besagtem Berg an, der vorsichtig zur Deckung benutzt wurde. Die Flinten wurden oben »in Stellung gebracht«. Alle drei guckten gleichzeitig vorsichtig über den Rand. Still ruhte der See. Keine Ente zu sehen.

»Aber Antek«, sagten die beiden Jäger, *»es ist ja nicht eine einzige Ente da.«* Worauf dieser antwortete: *»Jetzt nicht - im Winter.«*

Die 1000. Schnepfe

Zwei alte Bekannte begegnen sich auf dem Ku-Damm in Berlin. *»Ach«*, sagte der eine, *»wir haben uns aber lange nicht gesehen! Sie haben doch inzwischen geheiratet - herzlichen Glückwunsch!«*

Der so Angesprochene winkte ab: *»Bin schon längst wieder geschieden. Aber, Sie können mir ruhig gratulieren. Ich habe vorgestern Abend in Süd-Schweden meine l.000ste Schnepfe geschossen.«*

Baltisches Schußbuch

An einer Kreuzung zweier großer Straßen lag ein einsamer Wald-Krug, der dem Baron gehörte und verpachtet war. Die Gegend war einsam und unsicher, und so wurde diese Gastwirtschaft des öfteren von Räubern überfallen und ausgeplündert.

Eines Tages erschien der Pächter beim Gutsherrn und erklärte, er könne und wolle die Pacht wegen des Bandenunwesens nicht länger behalten. Der Baron beruhigte ihn, indem er ihm versprach, eine direkte Telefonleitung zu legen und auf seinen Anruf hin sofort Hilfe zu leisten. *»Dann wollen wir mal sehen, ob wir dieser Strauchbande nicht Herr werden.«* Das Telefon wurde sogleich angelegt, und der Pächter beruhigte sich.

Eines Abends nach einer Rauhjagd saß man im Schloß noch bei einer Bowle vergnügt zusammen. Da klingelte das Telefon, und der Gastwirt meldete ganz aufgeregt, daß »die Räuber« wieder da wären. Der älteste Sohn des Hauses antwortete: *»Wir spannen sofort den Schlitten an und sind in einer halben Stunde da.«*

Gesagt - getan. Der junge Baron und zwei seiner Vettern bestiegen mit ihren Büchsen den Schlitten, und ab ging es in schneller Fahrt in die Winternacht. Am Gasthof angekommen, verteilte der junge Baron die Rollen und sagte zu dem einen Vetter: *»Du bleibst hier auf der Rückseite, wo du die hochparterre gelegene Fensterreihe übersehen kannst, und wir gehen hinein.«*

Kaum waren die beiden im Hauseingang verschwunden, als ein tolles Geknalle los ging. Auf der Rückseite werden die Fenster aufgerissen, und ein Einbrecher nach dem anderen suchte sein Heil im Sprung aus den hochgelegenen Fenstern in den nahen Wald. Sie hatten aber nicht mit der Wachsamkeit und guten Büchse des auf dem Rückwechsel postierten Vetters gerechnet. Dieser fackelte auch nicht lange und schoß schon beim Absprung aus dem Fenster, so daß jeder mit »Blattschuß« unten liegen blieb.

Nach einigen Tagen trug er seine Strecke von der Rauhjagd in sein Schußbuch ein und fügte hinzu: *»Außerdem drei Räuber im Fluge.«*

Aus alter Zeit!

Drei Briefe eines schlesischen Försters
an seinen Chef - den Fürsten von Anhalt-Dessau

Erster Brief

Turchlaichister Ferst!
Gnettigster Haar!

In unse Forscht is e Schwein so groß wie Sie - Durchlaucht, in ihren Läben noch nich gesehn hann un's missen strenge Maßregeln genummen wären, daß de Pestje nich su mächtig ward, süst verlieren mer, hol mich der Deubel, alle junge Zucht, un da werd uns der Hund was braten, wenn mer ä mal eine Jacht machen wulln. Geben Se Befehl, daß das Luder weck kömmt. Uebrigens verbleube ich mit Hochatung

Ihrer Turchlaucht untertänigster
Weber.

(Durchlauchstigster Fürst! Gnädigster Herr! In unserem Forst ist ein Schwein so groß wie Sie - Durchlaucht, in ihrem Leben noch nicht gesehen haben - es müssen strenge Maßregeln genommen werden, daß das Biest nicht zu mächtig wird, sonst verlieren wir, hol mich der Teufel, alle junge Zucht, und da wird uns der Hund was braten, wenn wir mal eine Jagd machen wollen. Geben Sie Befehl, daß das Luder weg kommt. Übrigens verbleibe ich mit Hochachtung ... Ihrer Durchlaucht untertänigster Weber.)

Zweiter Brief

Turchlauchichster Wasserpericht.

Gott straf mich, Turchlaucht, ich kanns Wasser nich mehr verhahlen. Se müssen sogleich Befehl gähn, dasch de Kummischjon Maaschregeln trifft, dasch de Tämme auschgebessert wären, süst geht de ganze Gegend und de edle Jacht zum Deubel und da hann Se sichs selber zuzuschreuben, wenn mer hernach en Dreck ze jagen hann. Machen Se nun balle Anstalt, Gott straf mich, s werd süst nich gut un da hann Se sichs selber zuzuschreuben, wenn mer hernach keene Schweine un keen Hersch mehr hann un da kenn Se unsereen keen Brot mehr gähn un da hol der Deubel s Laben un ich mag denn nich mehr sein

Ihrer Turchlaucht getreuer
Weber.

(Durchlauchtigster Wasserbericht. Gott straf mich, Durchlaucht, ich kann das Wasser nicht mehr halten. Sie müssen sogleich den Befehl geben, daß die Kommission Maßregeln trifft, daß die Dämme ausgebessert werden, sonst geht die ganze Gegend und die edle Jagd zum Teufel, und da haben Sie sich selbst zuzuschreiben, wenn wir dann ein Dreck zu jagen haben. Machen Sie nun bald Anstalten, Gott straf mich, es wird sonst nicht gut, und dann haben Sie sichs selbst zuschreiben, wenn wir dann keine Schweine und keine Hirsche mehr haben, und dann können Sie uns kein Lohn und Brot mehr geben und dann holt der Teufel 's Leben und ich mag dann nicht mehr sein. Ihrer Durchlaucht getreuer Weber.)

Dritter Brief

Kurz vor seinem Tode schrieb er:

Gott straf mich, Turchlaucht, es scheint mer, als wenn mich der Deubel bald holen un su meinen Vätern versammeln wulle. De ahlen Knochen wullen oh emal Ruhe hann. Nur tauern mich meine Schweine un Sie, Turchlaucht. Sie, nämlich die Schweine, wären nich widder so gut gewart wären. Ich habbe se, hol mich der Deubel, lieber gehatt, als meine Kinner und och Sie, Turchlaucht, denn die Pestjen haan mer mehr Ehre un Fröde gemacht, als wie die Bengels un hann mich in mein Laben nich geärgert. En Tehl war mangmal noch klüger wie ich un ich hatte wol von se gelarnd. Nanu kanns nischt hölfen, ich muß uf un dervun. Un da will ich auch, wies e guten Krischden geziemt, mei Hausch bestelln. Ich tanke Se vor alle Gnade un das Se Geduld met mer ahlen Mann gehatt ham un thun Se mer noch de letze Ehre an un laschen Se mich wo ich hingeheere, im Lug bei meine Schweine begraben. Ich mack nich ufn Gottesacker bei den Böbel, der de edle Weidkunscht nich versteht, liegen un vonn Schulmeester seinen Kühn un Schafen beunehren lassen. Nu Gott befohlen! Se wären manchmal noch an ahlen Weber denken. Ich habs gut mit Se un Ihren Schweinen gemeint, ich habbe Se 3 un redlichgetient un ferchte mich nich vorn Tode wie andre Hausväter, die nurs Geld nehmen un sichn Deubel um de edle Jacht bekümmern. Mer warn ja sehn, wies dort aussieht. An liebsten wärs mer freulich, wenns dort Schweine gab, das mer was zu tuen hätte, denn mer kann doch nich Dag un Nacht Hallelug singen. Ich habe mal geheert, das de Diere ooch een ewig Laben hätten, un wenn das is, so müssen meine lieben Schweine obenahn im Himmel stehn un wenn Sie Turchlaucht emal angewackelt kummen, dann freut sich halb dot

Ihr ahler Ferster
Weber.

Nagschrift:

Lassen Se mich nur rächt tief graben, daß die Schweine mich nich rausruhnen.

(Gott straf mich, Durchlaucht, es scheint mir, als wenn mich der Teufel bald holen und zu meinen Vätern bringen will. Die alten Knochen wollen auch mal Ruhe haben. Nur bedauere ich meine Schweine und Sie, Durchlaucht. Sie, nämlich die Schweine, werden nicht wieder so gut gehegt werden. Ich habe sie, hol mich der Teufel, lieber gehabt, als meine Kinder und auch Sie, Durchlaucht, denn die Bestien haben mir mehr Ehre und Freude gemacht als die Bengels und haben mich in meinem Leben nicht geärgert. Ein Teil war manchmal noch klüger wie ich, und ich habe wohl von ihnen gelernt. Na nun kann nichts mehr helfen, ich muß auf und davon. Und da will ich auch, wie es einem guten Christen geziehmt, mein Haus bestellen. Ich danke Ihnen für Ihre Gnade und Ihre Geduld, die Sie mit mir altem Mann gehabt haben - und machen Sie mir die letzte Ehre und lassen Sie mich, wo ich hingehöre, im Wald bei meinen Schweinen begraben. Ich mag nicht auf dem Gottesacker bei dem Pöbel, der von der edlen Weidkunst nichts versteht, liegen und von den Kühen und Schafen des Schulmeisters beunehren lassen. Nun Gott befohlen! Sie werden manchmal noch an den alten Weber denken. Ich hab es gut mit Ihnen und Ihren Schweinen gemeint, Ihnen treu und redlich gedient und fürchte mich nicht vor dem Tode wie andere Hausväter, die nur das Geld nehmen und sich einen Teufel um die edle Jagd kümmern. Wir werden ja sehen, wie es dort aussieht. Am liebsten wär es mir freilich, wenn es dort Schweine gäbe, daß ich was zu tun hätte, denn ich kann ja nicht Tag und Nacht Halleluja singen. Ich habe mal gehört, daß die Tiere auch ein ewiges Leben haben, und wenn das so ist, so müssen meine lieben Schweine oben im Himmel stehen, und wenn Sie, Durchlaucht, einmal angewackelt kommen, dann freut sich halb tot Ihr alter Förster Weber. Nachschrift: Lassen Sie mich nur recht tief begraben, damit mich die Schweine nicht wieder ausbuddeln.)

Grenzmärkische Hirschgeschichten

von Oberforstrat a. D. Werner Kroll, ehemals Jagddezernent an der Regierung in Schneidemühl über Jochen v. Dewitz, einen Freund der Familie v. Knebel Doeberitz

Wir haben zusammen die Schulbank gedrückt und 1911 und 1913 unser Abitur gemacht.

Außer bei einer Schulfeier 1931 zum 300jährigen Bestehen des Kgl. und Peter Gröningschen Gymnasiums in Stargard, Pommern, haben wir uns über 50 Jahre nicht mehr gesehen, obwohl unsere Tätigkeit und Passionen in der weiteren Heimat auf dem gleichen Gebiet lagen. Um so größer war die Freude, als wir uns nach so langer Zeit im Hessenlande wiederfanden.

Zunächst wurden in großen Zügen die beiderseitigen Erlebnisse in den verflossenen, bewegten Jahren ausgetauscht und die Schicksale der wenigen noch lebenden Mitschüler aus der Zeit vor dem ersten Weltkrieg besprochen.

Dann gingen unsere Gedanken zurück in die alte Heimat mit ihren weiten Feldern und Wäldern, zu Land-, Forstwirtschaft und Jagd, mit unseren nach Zahl und Güte hervorragenden Hochwildbeständen. Ihre Hege und Pflege hatte uns beiden am Herzen gelegen. Durch das Jagdgesetz 1934 hatten sich diese in wenigen Jahren in einer Weise verbessert, wie man es nicht für möglich gehalten hätte. Die Geweihgewichte nahmen in zehn Jahren bis zu 50 Prozent zu, und von Jahr zu Jahr wurden mehr erstaunliche Kapitalgeweihe erbeutet. Von dieser Entwicklung und unseren einmaligen Jagdgründen, die - wenigstens für unsere Generation - verschlossen sind, möchte ich nachfolgend erzählen und nicht nur dem ostdeutschen Waidmann, sondern jedem Hochwildjäger und Freund unseres edelsten Wildes, des Rothirsches, Wissenswertes überliefern.

Zuvor jedoch zur Erinnerung an die Brunft 1944 und die Erlegung eines kapitalen Achzehnenders durch Jochen von Dewitz, ein Vers des Gastgebers Hubertus von Wedel, Kannenberg. Letzterer gab zur Kenntnis:

Freund Jochen Dewitz schoß den Hirsch
bei Kannenberger Morgenpirsch.
Ein Tag vorher hatt er Beschwerden,
der müsse wohl noch älter werden.
Ich sagte ihm, leicht mit Verdruß,
im nächsten Jahr schießt ihn der Ruß.
Damit erreicht ich meine Zwecke;
am Tag darauf war er zur Strecke.

Bad Orb im August 1964 H. v. K. D.

Aus ostdeutschen Jagdgründen

von Werner Kroll

Wenn in Jägerkreisen von kapitalen deutschen Hirschen gesprochen wird, denkt man zunächst an Ostpreußen und hier wiederum an das Rotwildparadies Rominten. Das ist auch richtig, denn nirgends gab es auf einer verhältnismäßig kleinen Fläche so viele Hirsche mit formschönen und endenreichen Geweihen, und vor allem konnte man sie auf den großen Wiesenflächen der Rominter Heide gut beobachten. Oberforstmeister Frevert hat uns in seinem Buche »Rominten« eingehend davon berichtet.

Ich hatte durch das Entgegenkommen des mit mir befreundeten Forstmeisters Lange in Rominten in den zwanziger Jahren einige Male Gelegenheit, dort Rotwild während der Brunft und auch im Winter beobachten zu können. Besonders eindrucksvoll waren wahrlich die Brunftbilder, die wir vom Schirm aus in allen Einzelheiten sehen konnten und die sich unauslöschlich in meinem Jägerherzen einprägten. Und als ich dann bei einem späteren Besuch in der verschneiten Rominter Heide einen besseren Abschußhirsch erlegen durfte, war mein Glück groß, denn es war mein erster stärkerer Hirsch.

Auch in anderen Revieren Ostpreußens gab es starke Hirsche. In der Johannisburger Heide wechselten in den Jahren nach dem ersten Weltkriege die stärksten Hirsche in den nördlichen und westlichen Forstämtern Pfeilswalde, Nikolaiken, Cruttinnen, Puppen und Kurwien. In Kurwien hatte der Landforstmeister Wrobel aus Berlin bereits 1912 einen Kapitalhirsch von 9 Kilogramm Geweihgewicht erlegt, ein für damalige Verhältnisse sehr hohes Gewicht.

Ich habe bis 1929 in der Johannisburger Heide das Forstamt Kullik verwaltet, das zu den Revieren gehörte, in denen das Rotwild nur zögernd anfing, heimisch zu werden. Vielleicht lag dies an dem häufigen Auftreten von Wölfen und den dadurch bedingten Störungen. Ich hatte zwar das Waidmannsheil, in meinem Forstamt einen stärkeren Wolf zu erlegen (siehe Wild & Hund, Jahrg. 1925, S. 148 ff.), jedoch mit einem jagdbaren Hirsch wollte es nicht klappen, da bei mir nur Feisthirsche standen und kein Brunftbetrieb stattfand.

In den Forstämtern der südlich von Allenstein gelegenen Neidenburger Heide wurden vor und nach dem ersten Weltkriege starke Hirsche zur Strecke gebracht. Ich erinnere nur an die Kapitalhirsche der Forstmeister von Schipp in Ramuck, Hilveti in Kommusin, Schleiff in Hartigswalde und des Landrates von Mirbach in Neidenburg, die seinerzeit auf den Geweihausstellungen in Berlin Aufsehen erregten, zumal sie den charakteristischen Masurentyp mit wuchtigen Stangen, die steil aufgereckt standen und eine geringe Auslage besaßen, aufwiesen.

In dem Erinnerungswerk an die Internationale Jagdausstellung in Berlin 1937, dem »Waidwerk der Welt«, sind der Schleiff'sche und der Mirbach'sche Hirsch auf Seite 167 abgebildet. Herr von Mirbach erlegte seinen Hirsch im Jahre 1916 übrigens auf dem Gebiet der Domäne Orlau, wo die tapferen Ortelsburger Jäger im Rahmen der Tannenbergschlacht Ende August 1914 so schwere Verluste erlitten.

Diese Neidenburger Hirsche hatten ein Geweihgewicht um 10 Kilogramm und fielen auf den Geweihausstellungen in Berlin vor 1910 Kaiser Wilhelm II. auf, der daraufhin das Forstamt Ramuck als Hofjagdrevier für den Kronprinzen bestimmte, welcher dort vor 1914 einige starke Hirsche erlegen konnte.

Meine Aufzählung von starken Hirschen in Ostpreußen erhebt keinen Anspruch auf Vollständigkeit, da ich nur die mir bekannten Reviere aufgeführt habe.

Erwähnen möchte ich noch die Forstämter des sogenannten Baumwaldes im Raume Labiau, Reg.-Bez. Königsberg, wo Forstmeister Geißel in Altsternberg im Jahre 1928 einen starken Hirsch von 9 Kilogramm Geweihgewicht erlegte, und wo später im dritten Reiche kapitale Hirsche geschossen wurden.

Neben der Provinz Ostpreußen gab es auch in der benachbarten Provinz Westpreußen, in der Provinz Posen und später in der Provinz Grenzmark Posen-Westpreußen, welche nach dem unglücklichen Ausgang des ersten Weltkrieges aus den Restteilen der obigen Provinzen gebildet wurde, kapitale Hirsche, die jedoch weniger bekannt geworden sind als die ostpreußischen.

Zweck meines Artikels soll es sein, der heutigen Jägergeneration von den Hirschen und anderen jagdlichen Ereignissen in diesen Provinzen zu erzählen, zumal ich als langjähriger Oberforstmeister und Jagddezernent an der Regierung zu Schneidemühl die dortigen jagdlichen Verhältnisse, auch die der Vergangenheit, genau kennen gelernt habe.

Westpreußen - du Land der großen Wälder, der verschwiegenen klaren Seen, der stillen Moore und der weiten Wiesen mit deiner einsamen und doch so reizvollen Tucheler Heide, deiner breiten fruchtbaren Weichselniederung und deinem hervorragenden Wildbestande, dich grüße ich in treuer Verbundenheit! Denn du bist das Land meiner Vorfahren, die dort nach dem Jahre 1772 als »Heydereiter« in Diensten der Herrschaft Dyck, Kreis Deutsch-Krone, standen.

Am 15. September 1779 ist in der dortigen Forst der letzte Bär Westpreußens erlegt worden, der im Treiben längs der Schützenlinien flüchtete und von allen beschossen wurde, zu denen auch mein Vorfahre, der Heydereiter Kroll, gehörte. Als Erleger wurde der höchste beteiligte Schütze, der Landrat von Oppeln aus Deutsch-Krone, bestimmt.

Mein Vorfahre muß jedenfalls auf den Bären den tödlichen Schuß abgegeben haben, denn von Oppeln hat ihm die Prämie für den Bären abgetreten. Die Westpreußische Kammer-Deputation zu Bromberg richtete daraufhin am 28. Dezember 1779 ein Gesuch an Friedrich den Großen und bat »alleruntertänigst um eine Decharge von 3 Rthlr. Prämie für einen getöteten Bären«. Der König genehmigte durch Erlaß vom 9. Januar 1780 »in Gnaden, daß dem Kroll Eurem Antrage gemäß Drey Rthlr. aus dem currenten Accise extraordinario ausgezahlt werden könnten«, eine für die damalige Zeit beachtliche Summe!

Westpreußen - wer dächte in Erinnerung an diese Provinz nicht zunächst an dich, du schöne Hansestadt Danzig mit deiner mächtigen Marienkirche, deinen giebelreichen Backsteinbauten und Toren, deinem Artushof, deinen Leibhusaren und deinem Ostseebad Zoppot mit dem schönen Strand und den vielen Möven!

In Westpreußens Wäldern, vor allem im Weichseldelta gab es schon im 17. Jahrhundert starke Hirsche, und die kapitalen Geweihe, die im Artushof hingen, gaben Kunde hiervon. Dort befanden sich u. a. ein gewaltiger 20-Ender mit einer Stangenlänge von 136,7 Zentimetern und einem Geweihgewicht - nach 350 Jahren - von 14,5 Kilogramm, der nach den Angaben des Freiherrn von Notz (siehe »Wild und Hund« vom 14. 7. 1957, Seite 144) nach der Madrider Formel schätzungsweise 275 Punkte erreicht hätte, ferner ein 24-Ender von 12 Kilogramm und ein 32-Ender von 11 Kilogramm Geweihgewicht.

Westpreußen war eine langgestreckte Provinz. Sie grenzte im Südwesten an die Neumark, fing ostwärts des Dorfes Hochzeit an der Drage mit dem Kreise Deutsch-Krone an und verbreiterte sich nach Osten zwischen den Provinzen Pommern im Norden und Posen im Süden. In der Weichselniederung und ostwärts davon grenzte Westpreußen im Süden an das damalige Vorkriegsrußland, im Osten an Ostpreußen, im Norden an die Ostsee und im Nordwesten an Pommern. Die Provinz umfaßte im Jahre 1910 25.552 Quadratkilometer und hatte 1,7 Millionen Einwohner. Durch ihr Kernstück, die Tucheler Heide, mit einem geschlossenen Waldgebiet von über 100.000 Hektar, war ihr Anteil an Wald sehr groß. Die Waldfläche betrug insgesamt 554.648 Hektar, wovon 335.939 Hektar Staatswald waren, die sich auf 75 staatliche Forstämter verteilten. Der Rest waren überwiegend große Privatforsten.

Westpreußen hatte alte und auch neue Rotwildgebiete und erhielt um die Jahrhundertwende, besonders in der Tucheler und Schlochauer Heide, von Nordwesten her aus Ostpommern Zugang von starkem Rotwild. Im Kreise Deutsch-Krone, der alte Rotwildbestände hatte, erlegte vor dem Jahre 1910 der Forstmeister Achterberg im Forstamt Schleppe, das im Westen an die guten neumärkischen Rotwildforstämter Regenthin, Hochzeit und Steinbusch angrenzte, einen für damalige Verhältnisse sehr starken 18-Ender, den von Raesfeld in seinem Buche »Das Rotwild« als Spitzenhirsch besonders erwähnt.

Aus den interessanten »Rohrwieser Geschichten« des Landforstmeisters Splettstößer geht hervor, daß bereits in dem um das Jahr 1895 gegründeten Forstamt Rohrwiese starke Hirsche vorhanden waren und auch erlegt wurden, ebenso wie in der benachbarten Privatforst der Herrschaft Dyck, Kreis Deutsch-Krone. Hoch waren oft die Körpergewichte der erlegten Hirsche, die meistens zwischen 150 bis 200 Kilogramm lagen, obwohl im Winter kaum gefüttert wurde. Die einzige Fütterung des Wildes bestand darin, daß in den Kiefernaltholzbeständen bei Schnee das Heidekraut freigepflügt wurde. Der jagdlich sehr erfahrene Oberlandforstmeister Röhrig bestätigte mir dies gelegentlich einer Bereisung und sagte: *»Das beste Futtermittel, welches wir hier im Osten haben, ist das Heidekraut, das alle Bestandteile enthält, die das Wild benötigt, und wenn Sie dieses im Winter in genügendem Umfange freipflügen lassen, dann brauchen Sie nichts anderes zu füttern.«* Es kamen auch noch höhere Wildbretgewichte als die oben aufgeführten vor. Ein von Freiherr von Buddenbrock im Jahre 1899 in Groß-Ottlau erlegter 14-

Ender wog bahnamtlich 212 Kilogramm. Forstmeister Gieseler, der von 1912 bis 1919 das Forstamt Ruda im Südosten der Provinz im Raume Strasburg-Lautenburg verwaltete, erzählte mir, daß in seinem Forstamt jedes Jahr Hirsche mit einem Gewicht von aufgebrochen über 200 Kilogramm zur Strecke gekommen wären, was auch der alte Landforstmeister Schönberg in Schneidemühl, der von 1901 bis 1906 das in demselben Waldgebiet liegende Forstamt Wilhelmsberg verwaltete, bestätigt hat.

Starke Hirsche gab es vor dem ersten Weltkrieg auch in dem in der südlichen Tucheler Heide gelegenen Forstamt Charlottenthal, und der dortige Forstmeister Ehlert erlegte mehrere davon, deren Geweihe auf den Berliner Jagdausstellungen prämiert wurden.

Im Raume Konitz wurde um das Jahr 1910 in den Forstämtern Konitz, Laska und Chotzemühl ein besonders starker zugewanderter Hirsch gespürt, der sehr heimlich und dessen klobige Fährte nicht zu verkennen war. Im Juli 1912 wurde er von dem Forstmeister des Forstamtes Konitz einmal im Bast gesehen, und er machte auf ihn den Eindruck eines gewaltigen »Urhirsches«.

Am 24. September 1912 kam der Forstinspektionsbeamte Oberforstmeister Baehr aus Marienwerder nach dem Forstamt Konitz, um dort auf einen Brunfthirsch zu pirschen. Als er im Laufe des Tages bei dem Hegemeister Scholz in dessen Revierförsterei eintraf, erzählte ihm dieser mit allen Anzeichen der Ergriffenheit, daß er am Abend vorher den »Urhirsch« in seinem Revier gesehen habe. Ob man ihn aber jemals wiedersehen werde, sei sehr zweifelhaft, da der Hirsch ohne Wild gewesen sei. Außerdem hätten heute früh alle anderen Hirsche, die bisher geschrien hätten, geschwiegen, da in der Nacht das bisherige schöne Wetter in leichten Regen mit Wind umgeschlagen sei. Da die Revierförsterei Bachhorst überwiegend aus Kieferndickungen IV/V. Bonität bestand, blieb dem Oberforstmeister Baehr nichts übrig, als sich am späten Nachmittag auf einem Gestellkreuz in der Gegend, wo Scholz den Hirsch gesehen hatte, mit gutem Wind anzusetzen. Zunächst sah er kein Wild, bis schließlich kurz vor dem Schwinden des Büchsenlichtes der »Urhirsch« auf das Gestell trat und gerade so viel Zeit ließ, um ihn anzusprechen und ihm die Kugel anzutragen, die ihn im Feuer zusammenbrechen ließ. Es war ein kapitaler ungerader 18-Ender mit 106 und 111 Zentimeter langen Stangen, einem Rosenumfang von 28,6 und 29 Zentimetern und einem Geweihgewicht von 9,25 Kilogramm. Das Geweih hatte in der linken Stange eine doppelte und in der rechten Stange eine normale Eissprosse, außerdem in der rechten Stange eine doppelte Wolfssprosse.

Das Geweih erhielt auf der Berliner Jagdausstellung im Jahre 1913 den II. Kaiserbecher als bester deutscher Hirsch aus freier Wildbahn, auf der Internationalen Jagdausstellung in Berlin im Jahre 1937 beide Goldmedaillen für Internationale und Länderbewertung und auf der Düsseldorfer Jagdausstellung im Jahre 1954 die Goldmedaille. Hier wurde es mit 216,2 Punkten bewertet und wog 42 Jahre nach der Erlegung noch 8 Kilogramm, hat also während dieser langen Zeit nur etwa 13 Prozent an Gewicht eingebüßt, während andere ältere Geweihe 20 bis 25 Prozent an Gewicht verloren haben.

Es ist übrigens eins der wenigen Kapitalgeweihe, die aus Westpreußen gerettet wurden, und befindet sich im Besitz des Forstmeisters i. R. Baehr zu Bad Rothenfelde, einem Sohne des Erlegers, dem ich vorstehende Angaben verdanke.

Etwa um dieselbe Zeit erlegte Oberforstmeister Herrmann aus Danzig in dem Forstamt Königswiese gelegentlich einer Bereisung durch Zufall einen ähnlichen Kapitalhirsch. Näheres über die Endenzahl und die Stärke dieses Geweihes konnte ich nicht mehr erfahren. Es handelte sich auch um einen sehr starken Hirsch, dessen Geweih viel Aufsehen erregte. Der Erlegungsort des Herrmannschen Hirsches lag etwa 12 Kilometer ostwärts von dem Erlegungsort des Baehrschen

Hirsches, der sich in der Nähe des Ostufers des großen Müskendofer Sees befand. Vielleicht hat zwischen beiden Hirschen eine Verwandtschaft bestanden!

Den allerstärksten Hirsch Westpreußens hat der staatliche Revierförster Bruno Kahler, der jetzt noch im aktiven Forstdienst in Niedersachsen tätig ist, als Forstanwärter am 27. August 1916 in der Gutsforst der Herrschaft Sypniewo zur Strecke gebracht, wo sein Vater als Forstverwalter tätig war.

Die Herrschaft Sypniewo (v. Wilckens) umfaßte rund 7.500 Hektar und bestand etwa zu $^1/_3$ aus Wald und zu $^2/_3$ aus Feld. Im Westen grenzten an diese Teile die Forsten der Prinzlich-Hohenzollernschen Herrschaft Flatow-Krojanke an, die dem Prinzen Friedrich Leopold von Preußen gehörte und übergroße Wildbestände, besonders an Rot- und Damwild, verfügte. Die Prinzliche Forstverwaltung umfaßte 13.220 Hektar Wald, und das an die Herrschaft Sypniewo angrenzende Prinzliche Forstamt Kujan war über 9.000 Hektar groß.

Der Forstanwärter Bruno Kahler, der seine Lehrzeit in dem nördlich von Sypniewo liegenden Staatlichen Forstamt Lutan ableistete, war am 25.08.1916 in sein Heimatdorf Sypniewo gefahren, um dort am Sonntag, den 27.08.1916, an einer Gedenkfeier anläßlich des zweiten Jahrestages der Schlacht von Tannenberg teilzunehmen. Da damals die meisten Forstbeamten und Jäger im Felde standen, konnte trotz des großen Wildschadens der Abschuß überall nur unzureichend durchgeführt werden. Auf Grund der berechtigten Klagen der Landwirtschaft ordnete der Regierungspräsident zu Marienwerder für den ganzen Bezirk einen verstärkten Abschuß von Schalenwild an.

Der junge Kahler pirschte am nächsten Morgen auf Veranlassung seines Vaters im westlichen Revierteil Dorotheenhof auf Rotwild und hatte infolge der verstärkten Abschußanordnung auf alles Wild freie Büchse. Er sah im Morgengrauen plötzlich auf einer Blöße in einer eingegatterten mannshohen Mischkultur auf 20 Meter einen starken Hirsch stehen, von dem nur der Kopf und der Träger frei waren und der ihn anäugte. Kurz entschlossen schoß er ihn auf den Träger, worauf der Hirsch im Feuer zusammenbrach, jedoch beim Herantreten vorne hoch wollte, so daß er noch einen Fangschuß erhalten mußte.

Der Schütze war über die Erlegung dieses Hirsches hochbeglückt, und seine Eltern und die Verwaltung freuten sich mit ihm über sein Waidmannsheil. Der Hirsch, dessen Alter auf 13 Jahre geschätzt wurde, war ein ungerader 18-Ender mit der enormen Stangenlänge von 118,5 und 120 Zentimetern und einem Geweihgewicht von 10,5 Kilogramm. Sein Wildbretgewicht betrug 166 Kilogramm. Das Geweih war sehr porös, denn sonst hätte es bei diesen Ausmaßen sicher noch mehr gewogen.

Auf der Internationalen Jagdausstellung in Berlin im Jahre 1937 wurde das Geweih nach der Prager Formel mit 225,4 Punkten bewertet, obwohl in den 21 Jahren seit der Erlegung ein Gewichtsverlust von 18 Prozent eingetreten war. Es erhielt in der internationalen Bewertung den 10. Schild und war der beste Hirsch Deutschlands seit 1900 aus freier Wildbahn.

Das Geheimnis über die Herkunft dieses einmaligen Hirsches ist nie geklärt, denn er war vorher nirgends gesehen worden. Man nahm jedoch an, daß er aus dem Prinzlichen Forstamt Kujan zugewechselt war, wo in den 90er Jahren Rotwild ausgesetzt worden sein soll und wo auch öfter starke Hirsche erlegt wurden. Dort wurde in demselben Jahr (1916), als der Kahlersche Hirsch erlegt wurde, ein gewilderter 16-Ender gefunden, dessen Geweih nach mehreren Jahren noch 9 Kilogramm wog und auch eine Stangenlänge von 118 und 120 Zentimetern hatte. Vielleicht war er ein Bruder des Kahlerschen Hirsches.

Meine Aufzählung der guten Rotwildgebiete Westpreußens wäre unvollständig, wenn ich nicht die Schlochauer Heide mit den staatlichen Forstämtern Lindenberg, Hammerstein, Zanderbrück, Pflastermühl, Bäreneiche und Schulzenwalde erwähnen würde, die zwischen der Stadt Schlochau und dem pommerschen Kreise Rummelsburg lag. Auch hier gab es durch Zuwanderung aus Ostpommern seit den 90er Jahren starke Hirsche und, nebenbei bemerkt, auch starke Auerhähne.

Der Regierungspräsident Schilling aus Marienwerder, ein passionierter Jäger, erlegte seine Hirsche immer im Forstamt Zanderbrück, das als eins der besten dortigen Rotwildreviere galt. Ich habe die von ihm dort erbeuteten Geweihe, die ein Gewicht von 15 bis 16 Pfund hatten, nach dem ersten Weltkrieg wiederholt in seinem Gutshaus in Gassendorf bei Liegnitz betrachten können und war von der Stärke und dem Endenreichtum derselben immer wieder beeindruckt. Wie sich die Schlochauer Heide nach dem ersten Weltkriege jagdlich entwickelt hat, werde ich noch später erzählen.

Die Provinz Posen, die südlich an Westpreußen angrenzte, war jagdlich gleichfalls eine hervorragende Provinz. Wenn auch dort infolge ihrer hohen landwirtschaftlichen Kultur die Niederjagd die größte Rolle spielte, hatte sie in ihren Forsten doch starke Rotwildbestände mit hervorragender Geweihbildung. Ihre Gesamtfläche betrug im Jahre 1910 rund 29.000 Quadratkilometer mit 2,1 Millionen Einwohnern. Sie gehörte von 1793 bis 1807 und von 1815 bis 1919 zu Preußen und war von 1939 bis 1945 als Warthegau deutsch. Ihre Waldfläche betrug 572.534 Hektar und verteilte sich vorwiegend auf die großen Privatherrschaften. An Staatsforsten waren 184.311 Hektar vorhanden, die von 46 Forstämtern verwaltet wurden. Von Thorn her in Richtung Bromberg und dann weiter in westlicher Richtung zog sich in dem großen diluvialen Thorn-Eberswalder Urstromtal längs der Netze und

Warthe, zum Teil beiderseits derselben, ein fast zusammenhängendes Waldgebiet über Nakel, Schneidemühl, Kolmar, Czarnikau, Filehne, Birnbaum bis westlich von Schwerin (Warthe) hin. In ihm lagen allein 34 staatliche Forstämter, etwa 75 Prozent sämtlicher Forstämter der Provinz Posen!

Dazwischen waren große Privatforsten, von denen ich nur die Herrschafte Filehne mit 10.932 Hektar, Krutsch-Goray mit 10.275 Hektar und Schweinert mit 4.520 Hektar Wald nennen möchte. Die Herrschaft Krutsch-Goray, die dem Grafen Hochberg, einem Sohne des Fürsten von Pleß, gehörte, ist durch die Bücher des Dr. Lindgens »Wild, Bild und Kugel« und »Sorglose Stunden« mit ihren ausgezeichneten Wildaufnahmen bekannt geworden. Sie war zunächst freie Wildbahn, wurde dann aber abgegattert, nachdem starke Hirsche abgewandert und anderweitig erlegt worden waren. Das Gatter hat dies aber auch nicht verhindern können. Mit Vorliebe durchrannen die Hirsche die nördlich der Herrschaft fließende Netze im Raume Czarnikau und blieben in dem nordwestlich davon gelegenen Forstamt Schönlanke, wovon ich aber noch später erzählen werde.

Außer im Norden der Provinz Posen waren in den im Westen an die Provinz Brandenburg angrenzenden Forsten der Kreise Schwerin (Warthe), Meseritz und Bomst gute Rotwildbestände vorhanden, ferner auch nördlich und südlich der Stadt Posen, im Kreise Strelno und südwestlich von der Stadt Ostrowo. Hier lag die Fürstlich Radziwillsche Herrschaft Przygodzice mit einer Waldfläche von 8.375 ha, die außer hervorragenden Eichenbeständen auch starkes Rotwild hatte.

Die Provinz Posen hatte autochthone Rotwildbestände, insbesondere in dem großen Waldgebiet längs der Netze und Warthe, wo es bereits im vorigen Jahrhundert starke Hirsche gab. Das Rotwild breitete sich später über die ganze Provinz Posen aus und wurde vereinzelt auch durch Zuführung fremdblutigen Wildes ergänzt.

Die Herrschaft Pempowo (v. Hansemann) im Kreise Gostyn, die etwa 17 Kilometer nordostwärts von der Stadt Rawitsch lag, bildete mit den Forsten der Herrschaft Radenz-Pogorzela, der Klosterforst Gostingen und dem Kirchengemeindewald Sandberg ein zusammenhängendes Waldgebiet von rund 5.000 Hektar.

In dem Pempowoer Teil wurde etwa um 1880 fremdblütiges Rotwild ausgesetzt, das sich gut vermehrte und infolge der ausgezeichneten Boden- und Bestandesverhältnisse (überwiegend Eichenbestände auf schwerem Lehmboden) sowie der intensiven Fütterung starke Geweihe hervorbrachte. Nach dem ersten Weltkriege hatte sich das Rotwild dort derart vermehrt, daß ein verstärkter Abschuß erfolgen mußte. Im Gutshaus zu Pempowo hingen aus der Zeit vor dem Jahre 1914 etwa zehn Geweihe mit einem Gewicht von je 9 Kilogramm, die sich durch edle Form, starke Stangen und gute Kronenbildung auszeichneten.

Auch im Kreise Schwerin (Warthe) gab es früher gute Hirsche, von denen mir der alte Oberst von Bennigsen, der dort die Jagdgüter Waitze und Seewitz besaß, oft erzählt hat. In seinem Schloß zu Waitze hingen mehrere von ihm erbeutete Geweihe, die ich mir oft angesehen habe. Er hatte sich dort in seinem Jagdzimmer rechts und links vom Kamin etwa tischhohe Birkenstammenden mit Rinde von 30 Zentimeter Durchmesser aufstellen lassen, die oben abgeschrägt waren. Auf diesen wurden immer die jeweils beiden besten Geweihe des Jahres angebracht. Es war ein sehr eindrucksvolles Bild, wenn man im Dämmerlicht vor dem brennenden Kamin saß und die beiden starken Geweihe bizarre Schatten warfen.

In dem angrenzenden Staatlichen Forstamt Waitze sind Abwurfstangen eines kapitalen Hirsches gefunden worden, die 9 Kilogramm wogen und neben enormer Stärke beiderseits eine flache tellerförmige Krone mit je fünf Enden hatten. Sie hingen später aufgesetzt auf dem Gange des Regierungsforstamtes zu Schneidemühl als Wahrzeichen für die gute Qualität des dortigen Rotwildbestandes. Der Hirsch selbst ist nie zur Strecke gekommen.

In dem bei der Stadt Kolmar in Posen gelegenen Staatlichen Forstamt Podanin erlegte Forstmeister Boldt im Jahre 1908 einen für damalige Verhältnisse sehr starken Hirsch, der wahrscheinlich aus den Forsten der Herrschaft Krutsch-Goray stammte und 29 Jahre später auf der Internationalen Jagdausstellung zu Berlin im Jahre 1937 noch mit 198,7 Punkten bewertet und prämiert wurde.

Im Sommer 1912 tauchte in den Forsten an der Netze bei Filehne und in den angrenzenden Forstämtern der östlichen Neumark ein starker Wolf auf. Er wurde einmal in dem an der Drage liegenden Forstamt Steinbusch gesehen, als er in einem Bruch auf Jungenten jagte. Trotz eifrigsten Bemühens sämtlicher Forstbeamten ist er hier nicht erlegt worden.

Im Jahre 1913 fand in dem südlich von Filehne gelegenen Forstamt Nothwendig eine Drückjagd auf Rotwild statt, an der auch der benachbarte Forstmeister Graf von Bothmer mit seiner jagdlich passionierten Gattin teilnahm. In einem Treiben kam der Gräfin dieser starke Wolf, von dessen Anwesenheit im Forstamt Nothwendig bis dahin nichts bekannt war, vor die Büchse. Als er eine Blöße in der Dickung überqueren wollte, erlegte sie ihn mit der Kugel.

Auf der Internationalen Jagdausstellung in Berlin im Jahre 1937 erhielt er als stärkster deutscher Wolf der Ausstellung den I. Schild.

Ich komme jetzt zur Provinz Grenzmark Posen-Westpreußen, die nach dem ersten Weltkriege aus den bei Preußen gebliebenen Restteilen von Posen und Westpreußen gebildet worden ist. Im Ministerium zu Berlin hatte man zunächst die Absicht, diese Teile den benachbarten Provinzen Pommern und Brandenburg zuzuschlagen, wodurch aber jede namentliche Erinnerung an Posen und Westpreußen verloren gegangen wäre. Der mit der Neubildung der Restteile beauftragte

Ungerader 16-Ender, erlegt von Oberforstrat a. D. Werner Kroll am 21.09.1940, Forstamt Schwerin (Warthe)

22-Ender, erlegt von Forstmeister Beninde während der Brunft 1941 im Forstamt Pflastermühl

Ungerader 16-Ender, erlegt 1916 von Revierförster Kahler in Sypniewo

Basthirsche - das Geweih befindet sich noch im Wachstum. Es wird bis Juli entgültig ausgebildet sein und anschließend gefegt.

18-Ender, erlegt am 17.08.1937 von Oberst a. D. von Görne in Wallbruch

24-Ender, erlegt 1940 in der Feistzeit im FA Zanderbrück von Forstmeister Ebert

Morgenstimmung Hirschrudel beim Einwechseln

Regierungspräsident von Bülow erreichte es jedoch bei den maßgebenden Stellen in Berlin, daß dieser Plan nicht verwirklicht, sondern daß aus diesen Teilen eine neue Provinz, die Grenzmark Posen-Westpreußen, gebildet wurde.

Von Westpreußen erhielt sie die Kreise Schlochau, Flatow und Deutsch-Krone, von Posen die Kreise Schneidemühl (Stadtkreis), Netzekreis, Schwerin (Warthe), Meseritz, Bomst und Fraustadt. Diese neue Provinz hatte eine Gesamtgröße von 7.695 Quadratkilometern und bestand aus zwei Teilen, einem nördlichen und einem südlichen, die durch den neumärkischen Kreis Friedeberg getrennt waren.

Neben großen landwirtschaftlichen Gebieten, in denen vorwiegend Kartoffelsaatzuchtanbau getrieben wurde, war viel Wald vorhanden, und zwar waren es größtenteils Staatsforsten - 141.145 Hektar, die sich auf 21 Forstämter verteilten - daneben auch viele große Privatforsten, von denen ich in der nördlichen Grenzmark nur die Herrschaften Flatow-Krojanke und Filehne und in der südlichen Grenzmark die Herrschaft Schweinert sowie die Gutsforsten Neuhaus, Waitze, Bauchwitz und Obergörzig nenne. Rotwild gab es in sämtlichen Kreisen der Grenzmark mit Ausnahme des südlichsten Kreises Fraustadt. In der nördlichen Grenzmark lagen die Rotwildschwerpunkte in der Schlochauer Heide, in der Herrschaft Flatow-Krojanke, ferner in den Kreisen Deutsch-Krone und dem Netzekreis, in der südlichen Grenzmark in den Kreisen Schwerin und Meseritz.

In den zwanziger Jahren hat in der Grenzmark ein Forleulenfraß stattgefunden, der große Waldgebiete vernichtete bzw. stark schädigte. Am stärksten wurden die an die Provinz Brandenburg angrenzenden Forsten betroffen, so u. a. das Staatliche Forstamt Waitze im Kreise Schwerin (Warthe), wo von 6.000 Hektar Gesamtwaldfläche allein 5.000 Hektar so kahlgefressen wurden, daß sie abstarben und abgetrieben werden mußten. Auch die Forstämter Tütz, Schleppe,

Rohrwiese und Schönlanke in der nördlichen Grenzmark litten sehr unter dem Forleulenfraß. Durch Bestäubung von Flugzeugen aus konnten die Raupen jedoch vernichtet und die Bestände zum großen Teil gerettet werden.

Eigenartigerweise wirkte sich der Eulenfraß auf die Wildbestände nicht schädlich, sondern sogar nützlich aus. Die großen Mengen Raupenkot, die während des Fraßes auf den Waldboden rieselten, gaben diesem solche Volldüngung, daß sich eine so üppige Bodenflora entwickelte, wie man sie früher auf diesen Böden nicht für möglich gehalten hätte. Die Folge davon war, daß sich zunächst die bis dahin schwachen Niederwildbestände überraschend schnell erholten.

So haben wir z. B. im Forstamt Schönlanke, in welchem diese Wildvermehrung am stärksten in Erscheinung trat, mehrere Jahre hintereinander auf jährlich acht Treibjagden etwa 1.200 Hasen und Kaninchen erlegt, je Treibjagd durchschnittlich 150 Stück, und das in reinen Kiefernbeständen, die durch den Eulenfraß vernichtet waren! Ich erinnere mich noch an eine Treibjagd mit einer Gesamtstrecke von 175 Stück Wild, auf der ich allein in einem Treiben acht Hasen erlegt habe.

Die neuerstandene Bodenflora, die reichlich Licht und Luft erhielt, wirkte sich auch auf die Gehörnbildung günstig aus. Die Böcke der dort gesunden Rehrasse schoben kapitale Gehörne, wie ich sie in ihrer Gesamtheit bisher noch in keinem Forstamt gesehen hatte. Das Forstamt Schönlanke wurde dadurch zum besten Rehrevier der Grenzmark, und die dort erbeuteten Gehörne erreichten bei vorzüglicher Vereckung und Perlung Gewichte bis zu 500 Gramm.

Ich selbst habe dort auch meinen besten grenzmärkischen Bock erlegt, dessen Gehörn bei einer Höhe von 25 Zentimetern, beiderseits 8 Zentimeter langen Enden und guter Perlung ein Gewicht von 495 Gramm hatte. Leider ist es mit meinen sämtlichen anderen Trophäen verloren gegangen.

Völlig andere Lebensgewohnheiten nahm das Rotwild auf den großen Eulenfraßflächen des Forstamtes Waitze an. Es wanderte hier, wie wir zunächst glaubten, nicht ab, sondern blieb in der alten Heimat. Es stand tagsüber in den wenigen vom Eulenfraß verschont gebliebenen Dickungen und trat oft schon am späten Nachmittag auf die großen Kulturflächen aus. Von den hohen Kanzeln aus gesehen, glichen die Rudel Antilopen- und Gazellenherden in der afrikanischen Steppe. Man konnte sie mit dem Fernglas gut beobachten, jedoch nur schwer anpirschen. Als Äsung begnügte sich dort das Rotwild mit dem vorhandenen Heidekraut, dem zunächst noch üppigen Grase und dem Rentiermoos, wenn es nicht auf den großen Feuerschutzstreifen Seradella, Lupinen, pp. fand. Als nach dem Abtrieb der kahlgefressenen Bestände ein starker Anstieg des Grundwasserstandes stattfand und die im Walde liegenden Äcker und Wiesen unter Wasser standen, boten deren grasbewachsene Ränder dem Wild gute Äsungsmöglichkeiten.

Eigenartig war die Zusammenziehung von großen Feisthirschrudeln im Forstamt Waitze, die ich öfter beobachten konnte.

Im Jahre 1936 pirschte ich einmal Anfang August im Morgengrauen mit einem Revierförster an der polnischen Grenze entlang, als dieser mich auf ein im Frühnebel über die Grenze nach Polen ziehendes Feisthirschrudel aufmerksam machte, das aus über 100 Hirschen bestand! Schemen- und geisterhaft zogen sie nach Polen, ein Wald voller Stangen und Enden, ein Anblick, den ich nie vergessen werde und wie ihn ähnlich Dr. Lindgens in seinem Buche »Sorglose Stunden« im Bilde festgehalten hat.

In dem Forstamt Schwenten, und zwar in seiner südlichsten Revierförsterei, die an Polen angrenzte, konnte ich einmal im Spätwinter ein übergroßes zusammengeballtes Kahlwildrudel beobachten. Es war an einem milden Februartage mit fast frühlingsmäßigen Temperaturen, als ich dort zur Bereisung war und einen Kiefernschlag besichtigen wollte. Wir fuhren am frühen Nachmittage mit dem Jagdwagen ein gerades Gestell entlang, das beiderseits mit Birken eingefaßt war, als uns der Kutscher auf ein links vor uns im Bestande äsendes starkes Kahlwildrudel aufmerksam machte. Der Forstmeister und ich stiegen vom Wagen und veranlaßten den Kutscher, das Rudel zu umfahren und uns zuzudrücken. Nach einiger Zeit zog dieses außer Schußweite vor uns ganz ruhig, fast einzeln hintereinander, über das Gestell, und wir zählten etwa 240 Stück. So etwas hatte ich nun doch noch nicht gesehen! Der Forstmeister meinte jedoch, starke Rudel kämen jedes Jahr im Spätwinter von dem benachbarten polnischen Forstamt Mauche zu ihm herüber, aber ein derartig starkes Rudel hätte er auch noch nicht beobachtet.

Am nächsten Tage besetzten wir mit einigen Beamten die dortigen Fernwechsel und ließen uns das Wild zudrücken, wobei wir acht Stück erlegten.

Durch geeignete Abschußanordnungen habe ich dann dafür gesorgt, daß später solche starken Rudel nicht mehr vorkamen.

Ich komme jetzt zu der Zeit, in der das Reichsjagdgesetz in Kraft trat, und wir in sämtlichen Staatlichen Forstämtern den Abschuß von jagdbaren Hirschen sperrten.

Diese Maßnahme machte sich sehr bezahlt, denn in den folgenden Jahren entwickelte sich die Geweihbildung derartig, wie es niemand in dieser verhältnismäßig kurzen Zeit für möglich gehalten hätte. Die Stangen wurden länger und stärker, die Zahl der Enden nahm zu, und die Geweihe wurden schwerer. Während bei uns bisher Geweihe von 7 Kilogramm als hoch angesehen wurden, lag von 1937 an, nach Wiederfreigabe des Abschussses von jagdbaren Hirschen, der Schwerpunkt bei 8 Kilogramm, und einzelne Geweihe erreichten sogar die 9-kg-Grenze und überschritten sie.

Ich habe mich im Einvernehmen mit unseren besten grenzmärkischen Rotwildjägern auf den Standpunkt gestellt, daß für die Beurteilung der Frage, ob jagdbar oder nichtjagdbar, lediglich das Geweihgewicht maßgebend sein sollte. Alles andere, Enden, Kronen, pp. ist wunderschön, aber nicht entscheidend. Deshalb habe ich auch bei Geweihen über 7 Kilogramm die Unterteilung der jagdbaren Hirsche in Ia und Ib nicht für richtig gehalten. Was über 7 Kilogramm wiegt, ist meiner Ansicht nach jagdbar (I) ohne Unterteilung. Wir wollen doch die starken Geweihe als schönsten Lohn entgegennehmen und uns über das freuen, was die Natur uns schenkt.

Es gibt ganz wenige Geweihe, die wirklich ideal sind, und wer meckern will, findet fast an jedem Geweih etwas auszusetzen, selbst an Geweihen über 9 Kilogramm. Und wo soll das hinführen?

Ich muß da immer an einen Vers denken, der im Stall meiner Batterie, in der ich als Einjähriger diente, stand und der lautete: *»Wer stets ein Pferd ohne Fehler sucht und eine Frau ohne Mängel, hat nie ein gutes Pferd im Stall und nie im Arm einen Engel!«*

Als Jagddezernent am Regierungsforstamt Schneidemühl und Betreuer eines Rotwildbestandes, dessen jährliche Abschußziffern etwa 1.000 Stück betrugen, habe ich mich daher stets für schwere Geweihe ohne Rücksicht auf Enden, pp. eingesetzt, und die Erfolge, die wir in den Jahren bis 1945 hatten, sprachen dafür.

Diese Erfolge hatten zweierlei Ursachen. Einerseits verringerten wir möglichst schnell die übergroßen Mutterwildbestände, erlegten viele schlecht veranlagte Abschußhirsche und ließen die guten Zukunftshirsche älter und stärker werden, andererseits konnten wir auch viel für die Verbesserung der Äsung tun.

Die großen zusammenhängenden Kiefernbestände in der Grenzmark waren sehr feuergefährdet und wurden daher durch ein planmäßig angelegtes System von 100 Meter breiten, holzfrei gehaltenen Feuerschutzstreifen geschützt. Der Waldbrand, der im Sommer 1911 große Teile des Forstamtes Schwerin (Warthe) vernichtete, warnte eindringlich vor der Wiederholung derartiger Katastrophen.

Die Feuerschutzstreifen wurden auf je 10 Meter Breite beiderseits der Bestände umgepflügt und mit Lupinen, Seradella, pp. eingesät. In besonders feuergefährdeten Revierteilen wurden als zusätzlicher Feuerschutz in der Mitte der Streifen größere Flächen ebenso eingesät und vorübergehend eingegattert.

Eine weitere Maßnahme zur Verbesserung der Äsung war die Melioration von schlechten Wiesen durch Einbringen einer Vorfrucht. Diese bewirkte eine gute Bodengare und bekam sowohl den Wiesen als auch dem Rotwild ausgezeichnet. Im Herbst wurde sie dann untergepflügt, und im nächsten Frühjahr wurden die Wiesen eingesät, wobei wir immer bestrebt waren, möglichst viele Sorten Süßgräser und anteilmäßig viel Klee einzubringen.

Ich komme jetzt zu den Erfolgen unserer Hegemaßnahmen, die sich vom Jahre 1937 an, dem Jahr der Wiederfreigabe des Abschusses von jagdbaren Hirschen in den Staats- und Privatjagden, sichtbar auswirkten.

Als erster erlegte der damalige Oberst a. D. von Görne in seiner Gutsforst Wallbruch im nördlichen Teil des Kreises Deutsch-Krone am 17. August 1937 einen Kapitalhirsch, und zwar einen 18-Ender mit 10 Kilogramm Geweihgewicht und über 220 Punkten. Es war ein Wanderhirsch, der aus der benachbarten Provinz Pommern eingewechselt war. Das Geweih hatte eigenartige Kronen, starke Stangen und war spezifisch sehr schwer. Herr von Görne, der übrigens einer der acht Infanterie-Regimentskommandeure war, die im ersten

Weltkrieg den Pour le Merite mit Eichenlaub erhielten, war auf seinen Hirsch mit Recht sehr stolz, nahm das Geweih öfter im Kraftwagen zu Festlichkeiten mit und zeigte es den interessierten Jägern. Als er einmal in meiner Gegenwart gefragt wurde, wie man denn solchen kapitalen Hirsch vor die Büchse bekommen könne, sagte er in seiner humorvollen Art:

»Es ist eigentlich gar nicht schwer, solchen Hirsch zu schießen. Durch meine Gutsforst führt von Pommern her ein alter Fernwechsel, auf dem alle paar Jahre mal ein starker Wanderhirsch in die Grenzmark einwechselt. Dicht neben diesem Wechsel liegt eine Suhle, die gerne angenommen wird. An dieser muß man sich nun vom 1. August an bis zur Brunft jeden Morgen und jeden Abend mit gutem Wind ansetzen. Wenn man dies dann 20 Jahre lang hintereinander gewissenhaft getan hat, kommt einem während dieser Zeit bestimmt solch ein starker Hirsch vor die Büchse. Meinem Vater ist dies in dieser Zeit einmal geglückt und mir jetzt auch. Es ist also wirklich keine Kunst, solchen kapitalen Hirsch zu erlegen, nur Ausdauer muß man haben.«

Zur Brunft 1937 hatte ich im Forstamt Waitze einen jagdbaren Hirsch frei. Infolge dienstlicher Abhaltungen konnte ich erst in den letzten Septembertagen hinfahren und mußte feststellen, daß die Brunft ihren Höhepunkt bereits überschritten hatte. Nach einigen ergebnislosen Pirschgängen sollte es aber am 1. Oktober 1937 doch noch klappen.

An diesem schon recht kalten Morgen pirschten wir uns in der Dunkelheit an eine Kiefernkultur heran, auf der ein Hirsch mit guter tiefer Stimme schrie. Als es Büchsenlicht wurde, sahen wir einen starken Hirsch, der einige Stücke seines Rudels trieb. Da anscheinend kein brunftiges Stück mehr dabei war, brach er plötzlich ab und verließ das Rudel. Etwa 100 Meter neben diesem stellte er sich mit den Vorderläufen auf einen Grenzhügel und verharrte regungslos in dieser Stellung einige Minuten. Es sah aus, als überlegte er, was er jetzt unternehmen sollte.

Obwohl es sehr weit war, schoß ich nun im Vertrauen auf meine Brenneke 7 x 64. Die Kugel traf den Hirsch hochlauflahm, da sie sich auf diese Entfernung doch schon gesenkt hatte. Im Knall brach er vorne zusammen, wurde aber gleich wieder hoch und stand mehrere Sekunden in einer Dampfwolke. Dann setzte er sich schwer lahmend in Bewegung und verschwand hinter einer Bodenerhebung.

»Den bekommen wir«, meinte mein Begleiter, *»denn hinter der Höhe sind bis auf eine kleine Dickung nur niedrige Kulturflächen, und woanders kommt er so schnell nicht mehr hin.«* Wir liefen also, was wir konnten, bis zu der Anhöhe, und als wir oben ankamen, sahen wir gerade noch den Hirsch in die Dickung ziehen. Da letztere birnenförmig in Größe von etwa drei Hektar inmitten großer niedriger Kulturflächen lag, war anzunehmen, daß der Hirsch dort bleiben würde, zumal es inzwischen ganz hell geworden war.

Um aber sicher zu gehen, schickte ich den Förster zur Beobachtung auf die gegenüberliegende Seite der Dickung, und ich beobachtete die diesseitige. Bis 9 Uhr saßen wir und sahen nichts. Dann kam der Förster und meinte, der Hirsch verließe jetzt die Dickung nicht mehr. Zur Nachsuche müßten wir nun den Hund holen.

Da mein Begleiter weiter beobachten wollte, ging ich zu der zwei Kilometer entfernten Jagdhütte und fuhr mit meinem Wagen zum Förster Plantikow, der den besten Hund im Forstamt hatte, eine Deutsch-Langhaar-Hündin, die einwandfrei auf Schweiß arbeitete und totverbellte. Außerdem benachrichtigte ich telefonisch den Forstmeister und bat ihn, mit möglichst vielen Schützen zur Nachsuche zu kommen.

Um 11 Uhr waren wir alle an dem verabredeten Treffpunkt und gingen zu der Dickung. Inzwischen war es ein herrlicher Herbsttag geworden. Strahlend warf die Sonne ihr Licht auf die grünen Kiefernkulturen, auf das im Abblühen begriffene Heidekraut, und Altweibersommerfäden flogen durch die Luft.

Wir konnten mit den Schützen die ganze Dickung umstellen, blieben aber 200 Meter von ihr entfernt. Beim Anstellen ertönte aus der Dickung ein zorniger Kampfschrei. Es war jedenfalls noch ein anderes Rudel in der Dickung, dem der kranke Hirsch wohl zu nahe gekommen war.

Als wir alle auf unseren Plätzen standen, wurde angeblasen und Förster Plantikow arbeitete mit seiner Hündin die Schweißfährte aus. Nach kurzer Zeit kam aus der Dickung ein Rudel von acht Stück Wild mit einem gesunden Platzhirsch heraus, der vorher geschrien hatte. Dann vergingen spannende Minuten.

Auf einmal erschien der kranke Hirsch am Dickungsrande und wollte auf dem Rückwechsel zwischen meinem linken Nachbarn und mir durch. Nachdem er von diesem gefehlt war, änderte er seine Richtung und kam schräg auf mich zu. Im Trollen erhielt er meinen Fangschuß, der ihn im Feuer zusammenbrechen und verenden ließ.

Groß war meine Freude, als wir an dem verendeten Hirsch standen, und groß war die Freude aller, daß die Nachsuche so erfolgreich und der Hirsch zur Strecke gekommen war, vor allem aber auch, daß die Hündin wieder so gut gearbeitet hatte. Der Hirsch war ein starker Zwölfender mit einer schaufelartigen Krone in der rechten Stange und einem Geweihgewicht von 8 Kilogramm. Das Geweih war porös und daher leicht.

Förster Plantikow erzählte von der Nachsuche, daß der Hirsch - wohl aus Angst, nicht mehr hochzukommen - kein Wundbett angenommen hätte, sondern am Rande der Dickung umhergezogen wäre und sich nicht mehr auf die freie Fläche hinausgetraut hätte. Dabei sei er dem gesunden Platzhirsch wohl zu nahe gekommen, und daher dessen zorniger Schrei.

Frohgemut gingen wir nach dieser erfolgreichen Nachsuche zur Hütte zurück. Dieser Jagdtag mit all seinen Ereignissen war durchleuchtet von den warmen Strahlen der Herbstsonne und so wunderschön, daß er zu meinen liebsten Jagderinnerungen gehört und auch heute noch herüberleuchtet aus der Vergangenheit.

Im Jahre 1938 wollte ich zur Brunft im Forstamt Schwerin (Warthe), und zwar in der Revierförsterei Rosenthal, pirschen. Dort lag mitten im Walde ein über 100 Hektar großes Bruch, das sogenannte Birkluch, in dem sich durch die Melioration von schlechten Wiesen viel Rotwild eingefunden hatte. Ein Teil der noch nicht meliorierten Wiesen war mit Birkenanflug bestanden, in dem sich das Wild gerne bei Tage aufhielt. Durch Pirschwege war das Gelände aufgeschlossen, und an günstigen Stellen aufgestellte Kanzeln erleichterten die Beobachtung.

Da die Brunft bereits begonnen hatte, war ich schon am 14. September eingetroffen. Am 15. früh pirschten wir uns an ein Rudel heran, bei dem ein Hirsch mit einer sehr tiefen Stimme schrie, konnten diesen jedoch wegen des dichten Birkenanfluges nicht richtig ansprechen. Erst als er mit seinem Rudel durch einen lichteren Bestand zog, sahen wir, daß er stark im Geweih und besonders stark im Wildbret war. Nachdem das Rudel in den Birken verschwunden war und die Sonne hochkam, machten wir den Fehler, daß wir nach Hause fuhren. Revierförster Ulrich meinte zwar, das Rudel täte sich jetzt in den Birken nieder, und wenn wir am Nachmittag rechtzeitig auf einer der dortigen Kanzeln säßen, würden wir den Hirsch bestimmt zu sehen bekommen.

Diese Überlegung war an sich nicht falsch, jedoch soll man in der Brunft möglichst den ganzen Tag am Rudel bleiben, da dessen Lebensweise in dieser Zeit so unberechenbar ist, daß es unter Umständen auch am hellen Tage auf die Wiesen austritt. Und so war es auch hier.

Als wir am frühen Nachmittag rechtzeitig wieder da waren und auf die Kanzel wollten, stand bereits der Hirsch mit dem Rudel im Sonnenschein auf der Wiese und schrie. Jetzt konnte ich ihn genau betrachten und bekam einen gelinden Schreck, denn solch einen an Wildbret starken Hirsch hatte ich noch nie gesehen. Er überragte seine Tiere an Körpergröße etwa um das doppelte, so daß man den Eindruck hatte, ein Elch stände zwischen dem Rotwild. Da der Wind etwas küselte, bekam uns das Rudel weg und ging flüchtig ab.

Am 16. konnten wir es nirgends wiederfinden, aber als wir am 17. früh um 3 Uhr im Dunkeln dort waren, schrie der Hirsch, den wir an seiner tiefen Stimme wiedererkannten, in einem etwa 300 Meter entfernten Erlenbruch an der Grenze des benachbarten Hochwaldes.

Ich habe das rechtzeitige Verhören der Hirsche im Dunkeln immer als zweckmäßig empfunden, da man dann in Ruhe je nach der Lage und dem Winde seine Entschlüsse fassen und sich so anpirschen kann, daß man beim ersten Büchsenlicht an Ort und Stelle ist.

Das taten wir auch hier, kamen mit gutem Winde durch das Kiefernaltholz auf 80 Meter an das angrenzende Erlenbruch heran und erwarteten hier den Morgen. Als es anfing, dämmrig zu werden, war alles neblig, aber der Hirsch stand im Bruch fest und schrie. So verging eine halbe Stunde, als ein Windstoß den Nebel auflockerte und ich den Hirsch erkennen und als jagdbar ansprechen konnte. Er stand halb schräg vor mir, und in dieser Stellung erhielt er meine Kugel auf das rechte Vorderblatt. Im Knall war er fort, und es wurde auch gleich wieder neblig, so daß ich kein Schußzeichen beobachten konnte. Meiner Kugel war ich jedoch sicher.

Wir steckten uns eine Zigarre an und warteten das Hochkommen der Sonne ab, die den Nebel auflösen sollte. Nach zwei Stunden war es soweit, und ein schöner Herbsttag brach an. Wir gingen auf den Anschuß, fanden jedoch nichts, da die Moorerde von dem Rudel, das die ganze Nacht dort gestanden und gebrunftet hatte, aufgewühlt und zertreten war. Wir schlugen daher einen Kreis um den Anschuß, und als ich an einem Vorflutgraben, der in 20 Meter Entfernung vorbeifloß, entlang ging, sah ich aus dem Wasser eine Geweihstange herausragen. Der Hirsch war auf seiner letzten Flucht in den Graben gerutscht und dort verendet. Es kostete uns viele Mühe, ihn herauszuziehen.

Es war ein alter 12jähriger Eissprossenzehner mit langen, starken Stangen und einem Geweihgewicht von 7,5 Kilogramm, der bereits zurückgesetzt hatte. Das Auffallendste an dem Hirsch war seine enorme Körperstärke. Da die herbeigeholten Pferde auf dem Moorboden einbrachen und diesen daher nicht betreten konnten, zogen wir den Hirsch mit einer verlängerten Wäscheleine erst auf den festen Waldboden und waren froh, als wir ihn auf dem Wagen hatten. Der Hirsch hatte ein Bahngewicht von 205 Kilogramm und war der schwerste von allen meinen Hirschen. Wenn man bedenkt, daß der Anteil des Aufbruches, pp. etwa 25 Prozent des Gesamtgewichtes beträgt, dann hat dieser Hirsch lebend ungefähr 270 Kilogramm gewogen. Daher auch dieser Größenunterschied zu dem Mutterwild!

Nach einem milden Winter versprach das Jahr 1939 in jagdlicher Beziehung gut zu werden. In den Sommermonaten wurden überall starke Basthirsche beobachtet, und wir sahen der Brunft mit großen Erwartungen entgegen. Als ich Mitte August 1939 zu einer Bereisung im Forstamt Schwerin (Warthe) und u. a. auch in der Revierförsterei Rosenthal war, erzählte mir Revierförster Ulrich, daß im Birkluch ein Rudel von sieben Feisthirschen stände, bei dem ein 20-Ender und ein 16-Ender wären. Einer von beiden bliebe zur Brunft sicher dort.

Es sollte aber anders kommen. Am 26. August wurden wir fast alle zu einer militärischen Übung »auf unbestimmte Dauer« einberufen, die für viele mit dem Tode, und für uns

Überlebenden - bis auf einige uk.-Stellungen - erst viele Jahre später mit der Entlassung aus der Kriegsgefangenschaft und Verlust der Heimat mit allem, was uns lieb und wert war, enden sollte. Und als zur Brunft 1939 in unsern grenzmärkischen Wäldern die Hirsche schrien, waren wir alle woanders.

Ich selbst saß am Westwall in meinem Abteilungs-Gefechtsstand und sah mir durch das Scherenfernrohr den schanzenden Gegner an, mußte dabei aber immer an das Birkluch und an seine Hirsche denken.

Revierförster Ulrich, der aus gesundheitlichen Gründen uk. gestellt war, berichtete mir über den Verlauf der Brunft und teilte mit, daß der 20-Ender abgewandert sei und der 16-Ender als Platzhirsch im Birkluch stände. Auf ihn pirsche niemand, so daß Aussicht sei, daß er dableibe.

Der Hirsch blieb auch wirklich bis zum nächsten Jahre dort, und ich erlegte ihn am 21. September 1940, als ich nach dem Frankreich-Feldzug uk. gestellt worden war und wieder Forstdienst tat.

Es war der »Hirsch meines Lebens«, ein alter kapitaler ungerader 16-Ender mit langen Stangen und Enden und einem Geweihgewicht von 9 Kilogramm. Das Geweih war unten besonders stark, hatte einen Rosenumfang von 31 und 30,5 Zentimetern und erreichte 212 Punkte. Es war ein sehr schweres Geweih. Auffallend war das geringe Körpergewicht des Hirsches, das aufgebrochen nur 140 Kilogramm betrug. Infolge seines schweren Geweihes und seines verhältnismäßig kleinen Körpers war er in diesem Jahre nicht mehr sehr kampfesfreudig und wurde am Morgen des 21. Septembers, an welchem Tage ich ihn abends erlegte, von einem jüngeren, an Körper sehr starken langsprossigen 12-Ender abgeschlagen und zog mit drei Stück Wild in ein Erlenbruch. Hier bewährte sich wieder unser Verhören im Dunkeln. Wir standen mit gutem Winde am Rande der Wiese, auf der die Hirsche kämpften, und waren »Hörzeugen«, wie der ältere Hirsch nach dem Kampfe dem jüngeren den Platz räumte. Der 12-Ender schrie noch bis nach Sonnenaufgang als Sieger auf der Wiese.

Beim Abspüren stellten wir dann fest, daß unser Hirsch nicht aus dem Erlenbruch heraus war. Wir setzten uns daher am Abend dort an, und ich erlegte ihn, als er spät mit seinem Rudel auf die angrenzende Wiese zog. Ich sah zunächst nur ein schwankendes Geweih über einem nicht zu starken Körper, sprach den Hirsch kurz mit dem Glase als kapital an und schoß, als das Rudel auf etwa 120 Schritt breit an mir auf der Wiese vorbeiwechselte. Im Knall preschte es in den Bestand zurück und nahm den Hirsch mit, so daß ich kein Schußzeichen beobachten konnte.

Am nächsten Morgen waren wir schon, als es kaum hell wurde, mit dem Hannoverschen Schweißhund zur Stelle. Als ich, in den Bestand tretend, mich vorsichtig umsah, sah ich den bereits verendeten Hirsch auf etwa 30 Schritt vor mir liegen, nur war es mir, als ob vom Hirsch irgendein kleineres Tier in dem hohen Gras wegflüchtete.

Wir traten an den Kapitalen heran, bewunderten ihn ausgiebig, und als ich um ihn herumging, stellte ich fest, daß er angeschnitten war, und zwar von einem Baummarder. Dieser hatte nach Katzenart ganz vorsichtig von hinten angefangen, den Hirsch zwischen den Keulen kreisrund anzuschneiden und war von uns hierbei gestört worden.

Wie mir Revierförster Ulrich später mitteilte, hat er in dem darauf folgenden Winter den Baummarder, einen sehr starken Rüden, in der Nähe der Stelle, wo wir den Hirsch fanden, geschossen.

Zur Brunft 1941 war ich - bereits wieder zur Wehrmacht einberufen - während eines kurzen Urlaubes das letzte Mal in der Revierförsterei Rosenthal. Gleich am ersten Abend erlegte ich einen guten Abschußhirsch, jedoch mit dem jagdbaren Hirsch hatte ich großes Pech. Morgens sahen wir ihn mit dem Rudel in ein Kiefernaltholz einwechseln, das mit dichtem Unterholz, vor allem mit Weißdorn, Brombeeren, pp., bestanden war und durch das - außer wenigen Wechseln - keine Wege führten. Wir setzten uns abends rechtzeitig auf einem langen Gestell an und hörten auch bald den Hirsch schreiend näherziehen. Als es dämmrig wurde und er nur noch 40 Schritt vom Gestell entfernt war, wurde es auf diesem plötzlich ganz dunkel, und vor uns stand ein kapitaler Keiler. Was sollte ich tun, links der näherziehende Hirsch, und vor uns der Keiler, der ruhig das Gestell in unserer Richtung entlang äugte? Sollte ich schießen oder nicht? Es war für mich eine schwere Entscheidung. Ich lag im Anschlag, jedoch habe ich nicht geschossen und bin heute noch froh darüber, daß ich der Versuchung widerstanden habe. Nach einem alten Sprichwort soll man nicht gleichzeitig auf zwei Hochzeiten tanzen. Und wenn man einen jagdbaren Hirsch in unmittelbarer Nähe vor sich hat, soll man nicht auf einen Keiler schießen, besonders nicht am späten Abend.

Der Keiler, der uns nicht wittern konnte, zog langsam weiter, jedoch der Hirsch kam mit seinem Rudel nicht mehr bei Büchsenlicht auf das Gestell. Ich habe ihn nie wieder gesehen, da mein Urlaub zu Ende war.

Zwei Monate später ist der Keiler von dem Kreisjägermeister auf der angrenzenden Gemeindejagd erlegt worden und wog aufgebrochen 185 Kilogram.

In der nördlichen Grenzmark hatten sich die Rotwildbestände besonders in der Schlochauer Heide, von der ich bereits früher erzählt habe, gut entwickelt. Zwar wurden dort schon vor dem ersten Weltkriege starke Hirsche geschossen, jedoch die nach dem Jahre 1937 erlegten übertrafen alle Erwartungen. Das dortige Rotwild, das sich durch Zuwanderung aus Pommern ergänzte, fand infolge der vielen meliorierten Wiesen und des überall reichlich vorhandenen Heidekrauts so gute Lebensbedingungen, daß es hinsichtlich der

Geweihbildung über seine bisherigen Maße weit hinauswuchs. Es wurden kapitale Hirsche erlegt, deren Geweihe über 8,5 Kilogramm wogen und endenreich waren.

So erlegte Forstmeister Hildebrandt in Hammerstein einen Hirsch von 8,5 Kilogramm, Ministerialrat Parchmann in demselben Forstamt einen 18-Ender von 9 Kilogramm, Oberlandforstmeister Blume in Zanderbrück fast jedes Jahr einen Spitzenhirsch von etwa 9 Kilogramm und Revierförster Teuwsen in Zanderbrück einen 18-Ender von 9 Kilogramm.

Den endenreichsten Hirsch, und zwar einen 24-Ender, erlegte Forstmeister Ebert im Jahre 1940 in seinem Forstamt Zanderbrück. Das Geweih wog 9 Kilogramm, und der Hirsch war nach den Feststellungen des Institutes für Jagdkunde zwölf Jahre alt. Interessant war es, daß von diesem Hirsch die Abwürfe ber beiden letzten Jahre gefunden worden sind, und zwar die vom März 1939 als 20-Ender und die vom März 1940 als 22-Ender. Die Stangenstärke war in beiden Jahren die gleiche. Also keine Zunahme der Stärke, dafür aber ein sehr endenfreudiges Geweih mit langen Enden und einer einmaligen Krone. Wo der Hirsch brunftete, konnte nicht festgestellt werden. Er verschwand Anfang September aus Zanderbrück und kehrte erst im Januar/Februar wieder zurück.

Einen im Gewicht noch stärkeren Hirsch, und zwar einen 22-Ender von knapp 10 Kilogramm Geweihgewicht und über 220 Punkten, erlegte der damalige Forstmeister Beninde während der Brunft im Jahre 1941 in seinem Forstamt Pflastermühl. Das Geweih hatte sehr lange Stangen bei guter Auslage, lange Enden und beiderseits eine gewaltige Krone. Der Hirsch war nicht bodenständig. Ein Jahr vorher wurde er dort schon vermutet, konnte aber nicht bestätigt werden. Im folgenden Jahre erschien er wieder und wurde erlegt.

Auch im Netzekreis, und zwar im Forstamt Schönlanke, wurde die Qualität der Hirsche von Jahr zu Jahr besser. Wie ich bereits früher erwähnte, wanderten alljährlich starke Hirsche aus dem südlich der Netze gelegenen Forsten der Herrschaft Krutsch-Goray zu und fanden in Schönlanke optimale Lebensbedingungen, wozu besonders die großen Netzewiesen beitrugen, deren Wiedermelioration nach 1934 durch die Initiative des Regierungspräsidenten Bachmann, der selbst ein passionierter Jäger war, in weitestgehender Weise gefördert wurde.

Vor allem waren in Schönlanke die Wildbretgewichte der erlegten Hirsche sehr hoch. Forstmeister Pfort, der rührige Revierverwalter von Schönlanke, teilte mir mit, daß dort Hirsche mit einem Bahngewicht von über 200 Kilogramm erlegt wurden, wozu neben den vielen Netzewiesen sicher auch die üppige Entwicklung der Bodenflora im Walde durch den Forleulenfraß beigetragen hat. Der stärkste von ihm erlegte Hirsch war ein 18-Ender mit 210 Kilogramm Banngewicht und über 200 Punkten.

Der Hilfsförster Hubert Mickley, der es im Kriege bei den Kolberger Jägern vom Gefreiten bis zum Major und Eichenlaubträger gebracht hatte, erhielt im Herbst 1944 auf seinem letzten Urlaub - er fiel zwei Monate später - vom Landforstmeister als Belohnung einen jagdbaren Hirsch und erlegte bereits nach wenigen Tagen im Revier seines Vaters - der Revierförsterei Theresia im Forstamt Schönlanke - einen Kapitalhirsch von 9 Kilogramm und über 210 Punkten, der wahrscheinlich auch durch die Netze aus den Forsten der Herrschaft Krutsch-Goray zugewandert war.

Die angeführten Kapitalhirsche stellen meines Wissens das Beste dar, das seit dem Jahre 1900 in den beschriebenen Gebieten erlegt worden ist, und können den in anderen jagdlich guten Provinzen erlegten Hirschen ebenbürtig zur Seite gestellt werden. Ich hoffe, durch meine Ausführungen gezeigt zu haben, daß unsere Rotwildbestände in der Grenzmark immer schon gut waren und nach dem Inkrafttreten des Reichsjagdgesetzes eine gewaltige Stärkeleistung vollbrachten, die noch nicht abgeschlossen war, und die sicher noch besser geworden wäre.

Welch kapitale Hirsche hätten wir wohl noch erlegt, wenn wir nicht durch den unglücklichen Ausgang des Krieges unsere Heimat hätten verlassen müssen!

Wenn sich im Herbst die Schwalben zu ihrer großen Reise nach dem Süden rüsten, machen sich auch meine Gedanken immer auf die Reise in die fernen und jetzt verschlossenen ostdeutschen Jagdgründe, um in ihnen zu verweilen. Denn es gibt für mich keinen schöneren Wald als den ostdeutschen Kiefernwald, durchleuchtet von den goldenen Strahlen der Herbstsonne, wenn in ihm der Brunfthirsch schreit.

Heimat immer noch -
Du Land unserer Väter -
Du Land der weiten Felder, Wälder, Wiesen
und kristall'nen Seen -
Du Land all der herrlichen Geschöpfe Gottes -
Du Land der lichten Weite - Sei unvergessen -
Wir bleiben Dir treu!

Gamspirsch in Tirol

Hasso von Knebel Doeberitz

Als Schüler und Student bin ich viel in den Alpen gewesen und hatte dort oft Gemsen beobachtet. So war mein Wunsch entstanden, auch einmal auf Gemsen jagen zu können. Ich inserierte daher im Jahre 1938 in »Wild und Hund«: *»Abschuß einiger Gams im Tausch gegen pommersche Böcke gesucht.«*

Es meldete sich Dr. B., der neben einem guten Gamsrevier in Tirol oberhalb des Achensees auch ein Pachtrevier bei Bad Polzin, unweit meines Besitzes hatte. Wir wurden schnell einig, er kam in der Blattzeit 1939 zu mir und schoß drei gute Böcke, die ihn zufriedenstellten. Ich sollte nun im Herbst bei ihm drei Gemsen schießen, aber es kam anders, und ich zog im September gen Osten!

Im Sommer 1942 kam ich nach der Krim-Eroberung mit Magengeschwüren in das Hindenburg-Lazarett nach Berlin-Zehlendorf. Nach anschließender Kur in Kissingen bekam ich noch 14 Tage Urlaub und schrieb meinem Jagdgast von 1939, ob ich jetzt bei ihm in Tirol auf Gemsen pirschen könnte? Umgehende Antwort: *»Selbstverständlich, ich freue mich. Da in den verflossenen drei Kriegsjahren der Abschuß bei weitem nicht erfüllt wurde, können Sie gerne die doppelte Zahl, also sechs Gemsen, schießen.«*

Sofort ließ ich meine Büchse nach Kissingen kommen und fuhr nach Schwaz in Tirol, denn ich hatte nur etwa acht Tage Zeit für diese an sich nicht vorgesehene Exkursion.

Im Gasthof in Schwaz wurde ich von dem zuständigen Jäger in Empfang genommen, und am nächsten Morgen ging es in etwa fünf Stunden Fußmarsch zur Jagdhütte. Nach zwei Stunden Aufstieg kamen wir zu einem herrlich gelegenen Kloster (der Name ist mir entfallen), vor dem ein Schilderhaus und ein Posten standen.

»Nanu«, fragte ich den Jäger, *»was hat denn das zu bedeuten? Wo sind denn die Mönche?«* Der Jäger guckte mich schräg an und sagte: *»Die haben's umquartiert.«* - Darauf beiderseitiges Schweigen.

Nach einiger Zeit fragte ich meinen neuen Jagdfreund: *»Sagen Sie mal, wie ist denn so die Stimmung jetzt hier bei euch in Österreich?«* Daraufhin blieb er stehen, sah mich groß an und gab mir die unvergeßliche Antwort: *»Nun, bis zum Umbruch woars guat.«* Ich habe nicht weiter gefragt, wir wußten beiderseitig Bescheid und haben dieses heikle Thema künftig vermieden.

»Oben« erwartete mich ein herrliches Revier mit weiten Latschenfeldern, gelegentlichen Ausblicken auf den Achensee und einem ungewöhnlichen Wildbestand. 60 bis 80 Gemsen und mehr sahen wir bei jedem Pirschgang vor- und nachmittags.

Mein Führer erwies sich als ein ausgezeichneter, passionierter Jäger, der sein Wild liebte. Wir haben immer lange »spekuliert«, ehe der Finger krumm gemacht wurde. Ich schoß zwei alte Geißen und leider nur einen Bock.

Den besten Bock überschoß ich auf etwa 300 Meter, weil ich ihn »oben angefaßt« hatte. Das war bei der gestreckten Flugbahn der 7 Millimeter mit 4 Gramm Blättchenpulver nicht nötig!

Leider mußte ich nach vier Pirschen das wundervolle Revier verlassen, da eine umfangreiche Schlechtwetterfront alles in einen undurchdringlichen Nebel hüllte und keine Aussicht auf baldige Besserung bestand. Da die Zeit drängte, trat ich in dickem Nebel traurig den Abstieg an, innerlich aber froh, wenigstens zwei, seit langen Jahren ersehnte Jagdtage im Hochgebirge mit gutem Anblick und leidlichem Erfolg erlebt zu haben.

K.P. Reif

Waidmannsfreuden - jenseits des Äquators

Hasso von Knebel Doeberitz

(Jagdreise in die Süd-Afrikanischen Union im Januar bis Februar 1939, Besuch der Farm v. Oppenheimer, um Auswanderungsmöglichkeiten zu ergründen.)

Jagdlich ist in Südwest lange nicht so viel los wie in Deutsch-Ost oder den äquatorialen Teilen Afrikas.

Es gibt Strauße, Geier der verschiedensten Art, Perl- und andere Hühnerarten, Hyänen, die aber sehr heimlich sind, Zwerg-Antilopen und das schönste dortige Wild - die Kudus - eine Hirsch-Antilope, unserem Rotwild ähnlich. Das männliche Tier trägt ein harfenartig gewundenes Geweih und hat Gewichte bis zu 5 Zentner und mehr. Diesem edlen Wild galten meine Streifzüge durch Steppe und Busch. Auch Affen, die zahlreich sind, wollte ich in Freiheit sehen und möglichst im Bilde festhalten. Geschossen werden sie nicht, da sie sich wie ein verwundeter Mensch benehmen und dabei einen grausigen Eindruck machen sollen.

In »Ombujumeire« habe ich nur einen Aas-Geier aus einem großen Pulk herausgeschossen, der sich um irgend ein gefallenes Stück Wild zankte. Eklige kahlhalsige Gesellen, die die Steppenpolizei darstellen, im Sitzen etwa einen Meter hoch mit riesiger Flügel-Spannweite.

In »Odjuzondu«, der zweiten Farm, von einem Pommern bewirtschaftet, wurde nun eine richtige kleine Jagdexpedition auf einer »Donkey-Karre« ausgerüstet.

Dieser Eselskarren auf einer alten Autoachse wurde mit einem Mischling bemannt, zu einem bestimmten Ort in der Steppe vorausgeschickt, und wir fuhren im Auto, einem alten Nash, über Stock und Stein hinterher. Auf den Eselkarren umgestiegen, schaukelten wir nun zu drei Mann »durch die Wüste«, wobei nicht nur die Augen unseres einheimischen

Führers erstaunlich waren, sondern vor allem sein Geschick, wie er hinter uns auf der Achse balancierte und beobachtete, ohne herunterzufallen.

Auf einmal zischte er: *»Kudu! Kudu!«* Wir sahen nichts, denn das Mimikri der Kudus ist außerordentlich. Unser aufmerksame Führer und ich herunter von unserem schwankenden Thron, mein Freund blieb bei dem Gefährt. Nun entdeckte ich mit dem Glas zwei, drei friedlich von uns fort äsende Kudu-Bullen jenseits des trockenen Reviers auf etwa 500 Metern. Also hinein in das trockne Flußbett und hinterher! Nach anstrengender, heißer Pirsch waren wir dann auf der Höhe des letzten, aber geringsten Bullen, den wir auf ungefähr 200 Meter vor uns hatten. *»Schieß! Schieß!«*, flüsterte aufgeregt mein Begleiter. Als ich ihm bedeutete, daß ich den alten Bullen, der als erster - jetzt noch zu weit vorn - von uns wegzog, schießen wollte, meinte er verständnislos: *»Schieß Kleines, schmeckt besser!«* Ich blieb aber hart.

Jetzt mußten wir aus dem Flußbett heraus und uns von Busch zu Busch - teilweise auf allen vieren - anpirschen. Das war eine schwierige und heiße Angelegenheit, und als ich schließlich auf 200 Meter schießen wollte, war ich so außer Atem, daß ich mich erst ausruhen und beruhigen mußte. Mein Bulle zog aber weiter - also mußte der Schuß gewagt werden: Päng - deutlich merkte ich - überschossen! Der Bulle warf auf und wußte gar nicht, was das auf einmal für ein komischer Knall gewesen war. Schnell repetierte ich und riß mich zusammen, wie selten in meinem Leben: Päng - diesmal saß die Kugel (7 mm - 4 Gr. Blättchen) hochblatt und schleuderte das schwere Tier förmlich zur Seite. Schwerkrank zog der Bulle ab und erhielt dabei noch zwei Kugeln, die ihn schließlich nach etwa 200 Metern umsacken und verenden ließen. Mit klopfendem Herzen, ziemlich ausgepumpt, standen wir nun bald vor einem kapitalen, über zehn Jahre alten Bullen mit starken Stangen. - Der »alte Herr« schmeckte den Eingeborenen später auch sehr gut!

Wie aber nun fortkommen? Denn aufgebrochen wog der Bulle immer noch über vier Zentner. Es war ganz unmöglich, ihn auf den inzwischen nachgekommenen Eselskarren zu bekommen. Es mußte also das Auto geholt werden, währenddem ich bei meinem ersten Stück afrikanischen Großwild Totenwache hielt.

Es wurde langsam dunkel und immer stiller, auch Vogelgezwitscher und Grillengezirpe verstummte. Über mir ein wolkenloser, klarer Sternenhimmel und um mich fast lautlose Stille der Wildnis. Die Zeit stand still! Eine für den Kulturmenschen ergreifende Stunde, die ich mir noch oft im Leben herbeigesehnt habe.

Endlich hörte ich in weiter Ferne das Schnaufen des Autos, von seinem einen Scheinwerfer war noch nichts zu sehen. Dann war wieder alles still. »Wie sollen die dich bloß hier in der weiten Einöde finden?« Ich nahm also trockenes Gras, legte es in Bündeln auf verschiedene »Knister-Büsche« und brannte diese Fackeln nach und nach an. Das half! Das Autogebrumm kam näher, und schließlich fanden wir uns zueinander.

Dem alten Nash war aber ebenso heiß geworden wie uns, besonders nachdem wir den Bullen endlich mit vereinten Kräften oben hatten, er lief nur noch auf drei bis zwei Töpfen, dann stand er und streikte - von mir Luther getauft: *»Hier stehe ich, ich kann nicht anders.«*

Es blieb nichts anderes übrig, als den Rückweg zumindest bis zur Donkey-Karre zu Fuß anzutreten. Unser kleiner Esel hatte geduldig Stunden allein gewartet und trottete nun im Dunkeln freudig nach Hause. Dort langten wir gegen Mitternacht - mehr tot als lebendig - an.

Nur unser heimische Begleiter war unermüdlich: Das neue Farm-Auto wurde nun flott gemacht, mit freiwilliger schwarzer Mannschaft besetzt, und ab ging es in die Dunkelheit zum alten Nash, um den Kudu umzuladen.

Keiner von uns Europäern hätte in der stockfinsteren Nacht zurechtgefunden, aber unser Führer fuhr und fand mit schlafwandlerischer Sicherheit sein Ziel. Nach etwa zwei Stunden war er mit der Beute wieder zurück, die nun vor Abtrennen des Kopfes im Scheinwerferlicht photographiert wurde.

Der ganze Ovambo-Kral war mobil, und man ging sofort an die Bearbeitung eines schmackhaften Mahles, das unter großem Jubel und Geschwätz verzehrt wurde.

Wir selbst fielen bald in bleiernen Schlaf. Eine unvergeßliche Episode meines Jägerlebens war vorbei.

Am nächsten Morgen wurde im großen Wellblech-Tränk-Bassin gebadet und abends an einer Wasserstelle angesetzt. Aber auch auf noch anderen Pirschen und Ansitzen bekam ich außer einigen Stücken Kahlwild und Zwerg-Antilopen nie wieder Kudus zu Gesicht.

So dicht gesät ist dieses edle Wild dort in der Wildnis auch nicht, und alte, erfahrene Jäger bestätigten mir später auf dem Schiff, daß ich - besonders was die Trophäe anlangte - großes Waidmannsheil gehabt hätte. Denn einen so starken Kudu-Bullen hatten die meisten alten Afrikaner selbst noch nicht geschossen!

Episoden

Unsere Schulen, Lehrer und Schüler

Nachdem mir von meinem Hauslehrer, dem Neffen der Erzieherin meiner Mutter, geweissagt worden war, ich würde nie das Abitur bestehen, bezog ich das Königlich Peter Gröningsche Gymnasium zu Stargard (»auf dem 15. Meridian gelegen«). Dort habe ich mich in der Eisenhartschen Pension, Jobststr. 95, sieben Jahre sehr wohl gefühlt und mit nicht übermäßiger Hausarbeit programmmäßig das Examen bestanden - sogar unter Dispensierung vom Mündlichen.

Unser vortrefflicher Direktor Dr. Schumann war ein Mann bester alter Schule und in jeder Beziehung ein Vorbild für uns. Wenn wir mal wieder allzu wenig gearbeitet hatten und nichts wußten, sagte er nur: *»Scheußlicher Ignorant! Setze er sich!«*

Ganz anders war das Verhältnis zu einem jüngeren Oberlehrer Müller, genannt »Schuster«, weil er sich beim Direktor und allen älteren Professoren etc. schusterte und uns nicht zu behandeln verstand.

In der Obersekunda oder Unterprima waren wir eine kleine, verschworene Gemeinschaft und beschlossen, an »Schuster« für alle möglichen Unzulänglichkeiten Rache zu nehmen, was wie folgt durchgeführt wurde:

An der Außenmauer unseres Klassenzimmers befand sich ein breiter Sims, auf dem man gut, sich an den Fensterbrettern haltend, stehen konnte. Kaum hatte es geläutet, so verschwand die nur aus 13 bis 15 Schülern bestehende Klasse durch die drei großen offenen Fenster auf den Sims und nahm »volle Deckung«. Nur ein Beobachter lugte vorsichtig über die Brüstung, um Schuster M.'s Reaktion festzustellen.

Die Tür ging auf - Müller sah sich verstört in der Klasse um, warf seine Bücher mit einem Knall aufs Katheder und rannte, unverständliche Laute murmelnd, die Tür offen lassend, aus der Klasse. Ein leiser Pfiff - und im Nu saßen die »gehorsamen Schüler« wieder auf ihren Plätzen.

Da hörten wir Müller mit dem Direktor, zu dem er hilfesuchend gelaufen war, den Flur, heftig redend, entlang kommen. Als beide in der Tür erschienen, standen wir wie gewöhnlich auf, als ob nichts gewesen wäre. Entsetzen malte sich auf dem Gesicht des unglücklichen, schon immer übernervösen Müller.

Der Direktor: *»Ja aber, Herr Oberlehrer, ich verstehe nicht recht, die Klasse ist doch vollzählig zur Stelle!«* M.: *»Herr Direktor, vorhin war keiner da!«* Der Direktor schüttelte den Kopf und sagte: *»Primus, erklären Sie, wie hängt das zusammen? Was ist hier los?«* Darauf der Primus: *»Ja, Herr Direktor, wir können uns das auch nicht erklären. Wir saßen alle auf unseren Plätzen. Als die Tür aufging und der Herr Oberlehrer hereinkam, sind wir wie immer zur Begrüßung aufgestanden. Der Herr Oberlehrer hat aber keinen Ton gesagt, ist zum Katheder gegangen, hat seine Bücher hingeworfen und rannte aus der Klasse, wohl um Sie, Herr Direktor, zu holen. Wir können uns das Verhalten des Herrn Oberlehrers auch nicht erklären.«*

Ein stechender Blick des Direktors ließ den armen Müller fast zur Salzsäule erstarren. Er griff sich mit beiden Händen an den Kopf und verließ fluchtartig, Direktor, Schüler, Bücher im Stich lassend, das »Lokal«. Wir haben ihn nie wiedergesehen. Sein nächster Aufenthalt soll eine Nervenheilanstalt gewesen sein. Über den Vorfall wurde allseits auf Geheiß des Lehrerkollegiums nicht gesprochen, und so ist der wahre Sachverhalt auch nie ans Tageslicht gekommen. Jetzt sind 50 Jahre vergangen, und da kann man nun wohl nach einer Schonzeit von etwa einem halben Jahrhundert ruhig darüber sprechen, damit unsere seinerzeit durchgeführte Schurkerei der Nachwelt erhalten bleibt!

Unter dem zahlreichen Lehrerkollegium waren aber auch einige wirkliche Originale, die uns mehr Spaß machten, als daß wir viel von ihnen gelernt hätten:

»Judex« hatte z. B. in einigen lateinischen und griechischen Texten den Bleistiftvermerk stehen: *»Hier pflege ich den Witz zu machen«* - Diese »Witze«, die sich Jahre hindurch vererbt hatten, waren auch danach!

Der »dicke Paul« dagegen war ein wirklicher Witzbold: Er wußte von unserer verbotenen Schülerverbindung, in der ab und an reichlich Bier und auch »Mampe Halb und Halb« vertilgt wurde, und sagte eines Tages unvermittelt: *»Der Krug geht solange zum Wasser, bis er bricht. Und Sie gehen solange zum Kruge, bis Sie ...«*

Er verlangte viel und hatte mal wieder einen Nichtwisser ertappt und geärgert. Darauf schrieb dieser ihm einen unfrankierten Brief folgenden Inhalts: *»Siehst Du wohl, Du dicker Klos, so wird man 20 Pfennig los!«*

Der Born unserer Freude war aber - durch Generationen hindurch - unser Wilhelm Zühlke, ein gebürtiger echter Pommer, Ordinarius in Obersecunda. Den Geschichtsunterricht in Oberprima begann er folgendermaßen: *»Na, mein Sohn, wir kennen uns ja nun schon!«* Zuruf aus der letzten Bank: *»Jawohl, Willem, wir kennen Dir!« - »Ick soll nun bei Ihnen hier Geschichte geben. - Wat ist Geschichte? Und seit wann jibt et Geschichte? - Geschichte jibt et, seitdem et kultivierte Menschen auf der Welt jibt. Noch heutzutage jibt et ganz* *unkultivierte Menschen. Ick pflege da immer die Australneger anzuführen. Dieselben, mein Sohn, wohnen rudelweise auf Bäumen in Nestern, jehen kettenweise ins Wasser, jreifen sich einen Fisch und drücken einen runter.«*

Er erzählte gern vom Kriege 70/71 und von den alten Zeiten, wo es noch keine Kasernen in Stargard gab: *»Damals, mein Sohn, wohnten die Soldaten hier in der Pelzerstraße bei die Einjeborenen.«*

Als nationalen Mann ärgerte ihn der große Neubau des »Café Picadilly« in Berlin am Potsdamer Platz. *»Picadilly hab'n sie dat jenannt. Janz schamlos, mein Sohn. Da müssen Se mal nich hingehen. Dat müssen Se nich tun!«*

Und noch einige Stilblüten, wie sie mir im Gedächtnis haften geblieben sind:

»Joseph II. - ein Sproß aus der Maria Theresia.«

»Maria Stuart war unvermählt, hatte zwei Kinder und liegt neben ihrem Gatten begraben.«

»General Kleber, ein berühmter Heerführer Napoleons, stammte aus einfachen Verhältnissen. In Straßburg, wenn Se mal hinkommen, da steht ein Denkmal, ein ganz einfaches Denkmal, mit dem Gewehr in der Hand.«

»Im Ruhrgebiet - da fliegen so viel Schneeflocken in der Luft herum, da sind Se im Moment ganz schwarz!«

Eine große Zahl ähnlicher Blüten waren in einem besonderen »Werk« Jahre hindurch gesammelt worden. »Willem« wußte das, und auch, daß immer seine neuesten Bonmots in der jährlichen Abiturientenzeitung gebracht wurden. Kurz vor dem zur Feier des bestandenen Examens stattfindenden Kommerses begann er eine der letzten Geschichtsstunden wie folgt: *»Mein Sohn! Se feiern ja nun bald Ihren Abschiedskommers. Und dazu geben Se immer eine Bierzeitung heraus. Ick weiß das. Ick hab nun 'ne Bitte an Sie: Lassen Se mich aus dem Spiel! Verulken Se 'nen alten Lehrer nich! Dat müssen Se nich tun!«*

Unerbittlich und hartherzig, wie nun mal Jungens in solchen Dingen sind, erschienen in der Bierzeitung zwei Seiten »Willem-Blüten« und auf der 3. Seite, vom Zeichenlehrer Otto Damman sehr treffend gezeichnet, »Willem« als Denkmal auf einem großen Sockel stehend, in seinem alten Schwalbenschwanz mit Korkenzieherhosen und Eisenschlips. Und als Denkmalsinschrift: *»Wir konnten nicht umhin, einem unserer beliebtesten Mitarbeiter, der nicht genannt sein wollte, an dieser Stelle ein Denkmal zu errichten!«*

Sieben Jahre - seit der Quarta - kannten wir unverändert seinen grauen Snipel, mit der einzigen Ausnahme seit Obersekunda: da war nämlich die graue Weste in den defekten Hosenboden gewandert und eine stahlblaue neue Weste mit goldenen Knöpfen war an ihre Stelle getreten. Die dicke goldene Uhrkette machte sich im Zusammenwirken mit den goldenen Knöpfen noch besser!

Leider - oder Gott sei Dank - habe ich es nicht mehr erlebt, bis auch die blaue Weste den Weg allen Fleisches ging. Daß dem so geschah, möchte ich annehmen, denn Willem war sparsam und konservativ. Und ob grau oder blau, das kam im Dunkel seiner breiten Rockschöße ja doch nicht zur Geltung!

Aus der Dorfschule

Sollte die eine oder andere dieser Kurzgeschichten eventuell auch bekannt sein, so ist diese kleine Auswahl doch so nett, daß sie hier nicht fehlen sollte.

»Die Weihnachtsgeschichte«

Der Lehrer nahm in der Dorfschule die Weihnachtsgeschichte durch: *»Die Hirten hüteten des Nachts ihre Herden auf dem Felde«* Er fragte Karlchen: *»Warum hüteten wohl die Hirten des Nachts und wo?«* Antwort: *»Auf dem Herrschaftlichen!«*

»Verantwortung«

Ein andermal: *»Wer kann mir wohl den Begriff >Verantwortung< erklären?«* Schweigen im Walde. *»Na, dann sag mir doch mal einer einen Satz mit Verantwortung!«* Schließlich meldete sich Karlchen und sagte: *»An meine Hose sind alle Knöppe ab, bis auf einen, der trägt die ganze Verantwortung!«*

»Gefährlich«

»Ich habe euch jetzt von der Klapperschlange erzählt. Wer kennt ein ähnliches Tier, dem man ebenfalls nicht trauen kann?« - »Der Klapperstorch, Herr Lehrer!«

K.P. Reif

»Der Frühling«

»Der Frühling ist die erste der vier Jahreszeiten. Im Frühling legen die Hühner wieder Eier und die Bauern Kartoffeln.«

»Die Familie«

»Ich bin das einzige Kind, das meine Eltern geboren haben. - Mein Vater ist im Sommer Tagelöhner, im Winter Sozialdemokrat. - Mein Großvater hat die Kakterien-Verkalkung.«

Schulvisitation

In eine Dorfschule am Madüesee kam der Schulrat aus Stargard zur Visitation. Karlchen fiel durch besonderes Nichtwissen auf und wurde vom Schulrat getadelt.

Am nächsten Morgen traf er auf der Straße mit dem Schulrat zusammen, der ihn ansprach: *»Sag mal, mein Sohn, wo geht der Weg nach Barnimskunow?«* Darauf stellte sich Karlchen in Positur und sagte: *»Herr Schulrat, jistern da wiißt Se all Weje in Asien und in Afrika, un hüt, da weeta's noch nich eins nach Barnimskunow! Ick weet, ick seggt öwer nich!«* Bums, da hatte der Schulrat sein Fett weg.

(»Herr Schulrat, gestern wußten Sie alle Wege in Asien und in Afrika, und heute, da kennen Sie den nach Barnimskunow nicht! Ich kenn ihn, ich sag aber nichts!«)

Die Studenten in Greifswald

Karlchen besuchte seinen Onkel Emil in Greifswald. Sie gingen durch die Straßen. Da fielen Karlchen junge Leute mit Schmissen und Wickelkappen auf. Er fragte den Onkel Emil: *»Wat ha'm denn die da am Koppe?«* Der Onkel konnte das im Augenblick auch nicht erklären und sagte nach einigem Nachdenken: *»Tja, Jung, dat sünn Studenten, die schlecht lernen. Die wer'n am Kopp operiert.«*

»Die innere Stimme«

Der Lehrer fragte in der Schule: *»Sagt mal, Kinder, wer von euch hat schon mal die innere Stimme gespürt?«* Keine Antwort. Schließlich nahm Frieda zögernd den Finger hoch. *»Als ich neulich beim Bäcker den Weihnachtskuchen abholen mußt, da lag obenauf so'n schönes Stück Streuselkuchen. Da sagt die innere Stimme zu mich: >Ach, verpuhl den man!<«*

Warum einfach, wenn's umständlich auch geht?

Ein Professor instruiert eine Reihe von Unfallhelfern über Insektenbekämpfung:

»Sehen Sie mal diese Wanze! Sie nehmen jetzt ein Röhrchen, ein sogenanntes Haarröhrchen, füllen es mit drei Tropfen Antieulacid, träufeln es auf die Wanze. Tot ist die Wanze!« Darauf die Stimme eines baltischen Zuhörers: *»Warum zerquatscht du ihr denn nich jleich?«* Professor: *»Auch gut, auch gut!«*

»Hügel«

»Hügel«, das war der Spitzname, den der Freundeskreis dem an Figur kleinen, aber ganz umfangreichen Friedrich Carl von Berg gegeben hatte.

Er war wegen seiner Schlagfertigkeit und seines unverwüstlichen Humors nicht nur in Pommern, sondern weit über die Grenzen seines Heimatlandes hinaus bekannt und beliebt. Wo Hügel erschien - ob früher auf der Schule, beim Studium in Heidelberg, bei den Soldaten, später an der Regierung oder auf Jagden, im Freundeskreis - da war immer »was los«.

Seine erste Schulzeit in Putbus endete für »Hügel« nicht glücklich, aber voller Humor:

Den Schülern war in Putbus das Rauchen nur zu Hause auf ihren Buden erlaubt, auf der Straße jedoch verboten. Eines schönen Tages ging Hügel aber rauchend in dem Städtchen spazieren und wurde dabei von seinem Ordinarius ertappt.

Am nächsten Tag das große Verhör:

»Berg, Sie haben auf der Straße geraucht. Sie wissen doch, daß das verboten ist.« - »Nein, Herr Professor, ich habe nicht auf der Straße geraucht.« - »Aber erlauben Sie mal, ich habe doch deutlich gesehen, wie Sie den Rauch ausgestoßen haben!« - »Jawohl, Herr Professor, das ist richtig, das habe ich getan. Aber geraucht habe ich zu Hause. Ich habe nur den Rauch so lange in der Lunge behalten.«

Seine Wohnung lag aber einen Kilometer vom Ort der Tat entfernt. Genau, wie die Erzieher an den preußischen Schulen damals waren, wurde der Anstaltsarzt befragt, ob es möglich sei, Zigarrenrauch so lange in der Lunge zu behalten? Antwort: *Nein, völlig ausgeschlossen!* Daraufhin flog unser Delinquent von der Schule.

Heidelberg

Nach einigen Irrfahrten auf anderen Schulen baute »Hügel« aber schließlich doch sein Abitur und erschien zum Studium der Rechte auf dem alten Riesenstein in Heidelberg. Nicht nur seine Konaktiven, sondern alle, die mit ihm dort zusammentrafen, haben eine Unmenge ulkiger Geschichten mit und um ihn erlebt, die auch nur annähernd aufzuzählen zu weit führen würde.

»Hügel« war besonders in der Zeit vor dem ersten Weltkrieg in Heidelberg bekannt und beliebt, bei seinen Corpsbrüdern, der Bevölkerung und auch bei den Professoren, ja selbst bei der Polizei, der er so oft ein Schnippchen schlug. Es sei nur ein kleines Erlebnis mit der Polizei berichtet, die damals noch Sinn für Humor hatte:

Da »Hügel« nach der offiziellen Kneipe meistens schwer geladen hatte, war sein Leibvater Ph. C. auf den Gedanken gekommen, seinen kleinen Leibsohn auf einer Karre nach Hause zu schaffen. Gesagt - getan! Dabei wurden beide natürlich von einem wackeren Stadtpolizisten mit der Frage angehalten: Was sie denn da wieder für Unfug vollführten?

Antwort: *»Herr Polizei, der Kleine kann nicht mehr recht laufen, und da will ich ihn eben nach Hause karren.« - » ... ja und die Karre? Die haben Sie doch sicher gestohlen? Sind Sie sich darüber klar, daß das Diebstahl ist?« - »Moment mal, Herr Polizei«* - unser fürsorglicher Leibvater suchte in seiner Brieftasche und hielt folgende, vorsorglich ausgestellte Quittung hin: *»Leihgebühr für eine Karre für die Nacht vom X/Y = 2.50 erhalten zu haben, bescheinigt X/Y/Z.«*

Hierauf ging »Herr Polizei« seines Weges, denn im Augenblick gab er sich geschlagen.

Nach drei Tagen erhielten die beiden, deren Personalien natürlich festgestellt worden waren, jedoch einen Strafbefehl über je Mk 5,- wegen: »*Fahrens mit unbeleuchtetem Fahrzeug*«. - »Herr Polizei« hatte sich also nicht geschlagen gegeben und schließlich in dieser humorvollen Weise gesiegt.

Stettin

Viele Jahre sind ins Land gegangen und »Hügel« war zwischen den beiden Weltkriegen wohlbestallter Regierungsrat an der Regierung in Stettin.

Eines Tages fuhr er mit der Bahn über Pasewalk-Stralsund nach Hause. In Pasewalk öffnete sich die Coupetür: Sein Ordinarius, der ihn seinerzeit wegen »*Rauchens auf der Straße*« von der Schule verwiesen hatte, stieg ein. »Hügel« erkannte ihn sofort und begrüßte ihn mit Handschlag. Darauf der Professor emeritus: »*Ach ja, richtig, von Berg, natürlich - ja - Berg! Was ist denn aus Ihnen geworden?*«

Antwort: »*Danke für gütige Nachfrage, Herr Professor, ich bin jetzt Regierungsrat an der Regierung in Stettin, Abteilung Kirchen und Schulen. Wenn Sie mal ein Anliegen haben?!*«

Pasewalk

Damals wußte »Hügel« noch nicht, daß er einmal Kommandant von Pasewalk sein würde und dort bei Einnahme der Stadt durch die Russen das Weite suchen müßte. Er schlug sich nach Rügen durch, zog seinen Lodenmantel an und spielte den biederen Landwirt. Nach kurzer Zeit kamen die Russen jedoch auch nach Dubkewitz und sagten zu ihm: »*Du sein großer Major*«, nahmen ihn fest und verschickten ihn für 4½ Jahre nach Rußland.

Rußland

Inzwischen war unsere Heimat wie der gesamte Osten mit der bedingungslosen Kapitulation aufgegeben und wir selbst alle »vom Winde verweht«.

Im Jahre 1949 erfuhr ich, daß »Hügel« aus russischer Gefangenschaft zurückgekehrt und Schlafbursche bei seinem bei der Hanomag angestellten Sohn geworden sei. Ich rief ihn an und war freudig erregt, seine Stimme wiederzuhören. Auf meine Frage: *»Hügel, wo warst du so lange?«,* kam wie aus der Pistole geschossen die Antwort: *»Ein bißchen im Ausland!«*

Bonn

In Bonn, wo er nach langem Zuwarten eine Anstellung erhielt und die alten und jungen Corps- und Kartellbrüder um sich sammelte, erlag er leider allzufrüh einem Leiden, das er sich durch die Entbehrungen in der Gefangenschaft - wie so viele im vorgerückten Alter - zugezogen hatte. Sein Tod hat im Kameradenkreis und weit darüber hinaus eine Lücke gerissen, die sich nie wieder schließen ließ.

Alt-Heidelberg

Nach dem Abitur genoß ich nun in vollen Zügen - unbewußt in der Meinung, es müßte immer so bleiben - die Segnungen des Friedens:

Ostern verbrachte ich mit meiner Mutter und meinem ältesten Bruder in Meran und fuhr von dort aus - teils noch mit der Postkutsche - durchs Engadin, St. Moritz, Arosa, St. Gallen, Konstanz nach Heidelberg.

Die Bahn St. Moritz-Tarasp-Schuls-Vulpera wurde gerade gebaut, und ich bin sie streckenweise mit einem der deutschen Ingenieure, den ich im Gasthaus kennengelernt hatte, zu Fuß abgegangen. Unvergeßlich bleibt mir eine Teilstrecke: durch einen langen Tunnel - über 78 Meter hohen Viadukt - wieder in einen Tunnel, ein grandioses Meisterwerk deutscher Technik und deutschen Unternehmungsgeistes! Herrlich der Ausblick auf die Schnee-Riesen!

Und in St. Moritz lernte ich zum erstenmal großzügiges, internationales Leben kennen. Weiter ging die Reise über den Bodensee nach Heidelberg, wo ich mit drei Schulkameraden aus Stargard zusammentraf, um Jura zu studieren und gleichzeitig bei den Saxoborussen aktiv zu werden.

Welch herrliche, lebensfrohe Zeit stand jetzt vor uns. »Frei ist der Bursch« und »Alt Heidelberg, du Feine« - diesen Zauber kann nur der ganz ermessen, der noch in goldnen Friedensjahren vor 1914 am Neckarstrand an der ehrwürdigen »Ruperto Carola« weilen und wirken konnte.

Was war das für eine herrliche, ungetrübte Kameradschaft nicht nur im eigenen Corps - sondern im ganzen »S. C.«, mit allen Studenten und Professoren und der gesamten Bürgerschaft! Wir lebten wie in einer großen Familie, die besondere Veranlagung und Begabung des einzelnen achtete, aber sich ihrer Zusammengehörigkeit aus ganz selbstverständlicher Tradition und völkischer Verbundenheit bewußt war. Nichts Gekünsteltes, nichts Befohlenes, sondern organisch

Gewachsenes! Dazu die anheimelnde Wärme der alten Universitätsstadt mit ihren Gäßchen und Kneipen - gekrönt vom alten Schloß - und die kameradschaftliche Aufgeschlossenheit ihrer Bewohner. Denkt man jetzt an diese Zeit zurück, so wähnt man, schon einmal im Himmel gewesen zu sein!

Seit Jahrzehnten wohnten »die Saxe-Preiße« in der Kette-Gasse bei »Annele«, Frau Jüngling, Lehmann, Fleischer Doerr, der »süßen Emma« (Schokoladengeschäft), Tante Sonne oder Anna Klingel in der Hauptstrasse. - Obgleich die letztere mit ihrer Schwester drei Treppen hoch in einer sehr engen Wohnung hauste, in der es durchregnete, wurden doch immer seit langen Jahren zwei Füchse verdonnert, bei ihnen zu wohnen, damit den alten Fräuleins ihre Mieteinnahme nicht verlorenging. - Bei anhaltendem Regen lagen »die Herre Studente« dann mit Regenschirm im Bett, denn nach mehr wie feuchter Kneipe wollten sie es - verständlicherweise - wenigstens im Bett trocken haben!

Wir Füchse - zehn an der Zahl - dachten nun, nach bestandenem Abitur als selbständige Herren auf der Universität einzuziehen, worin wir uns aber gründlich getäuscht hatten: Erst hieß es mal ein Semester parieren, Unterordnung lernen und sich auf dem Paukboden und der »Hirschgasse« bewähren, bis wir das Band und damit Burschenrechte erhielten. Zwei erreichten dieses Ziel auch nicht. Nach drei bis vier bestandenen Partien wurde man »rezipiert« und damit ins engere Corps aufgenommen.

Es gibt wohl kaum einen besseren Prüfstein für Körper und Geist, Mut und Selbstzucht als die scharfen Schläger-Mensuren, bei denen Blut floß - manchmal recht reichlich -, bei denen im allgemeinen aber weniger Ernstliches oder gar Lebensgefährliches passierte als bei vielen Sportarten, wie z. B. Eishockey, Bobrennen, ja selbst Fußball!

Selbstverständlich kam auch das Trinken nicht zu kurz. Es stand auf Kneipe und im Seppel - einer alten einfachen Bürgerkneipe, in der jedes Corps seinen Tisch hatte - unter einem genauen Komment, der wiederum zur Erziehung diente.

Wie oft habe ich es im späteren Leben dankbar empfunden, daß man gelernt hatte, auch unter Alkohol sich in der Gewalt und seine fünf Sinne beieinander zu haben!

Das Würzburger ganz leicht eingebraute Bier war so süffig und bekam so gut, daß man fast nie einen Kater hatte und unwahrscheinliche Quantitäten vertragen konnte, ohne irgendwie Schaden zu leiden. Kneipe war zwei- bis dreimal die Woche von 9 bis 12 Uhr auf dem Corpshaus, dem alten Riesenstein, einem früheren alten Gasthof in den Anlagen Heidelbergs. Jede Kneipe begann Punkt 21 Uhr mit dem seit Generationen gesungenen Liede:

So pünktlich zur Sekunde trifft keine Uhr wohl ein
Wie ich zur Abendstunde beim alten Riesenstein
Da sitz ich lang und passe nicht auf ein Zifferblatt
Man merkt's am leeren Fasse wieviel's geschlagen hat.

Das in seiner Eigenart erhaltene Gebäude lag am Fuße des Riesensteins in drei Etagen an diesen angelehnt. Unten das mit einfachen Holzmöbeln ausgestattete Empfangs- oder F. C.-Zimmer; dahinter das Allerheiligste, das C. C.-Zimmer, zu dem nur die Corps-Burschen Zutritt hatten und in dem der C. C. (Corps-Convent) tagte.

Eine enge Treppe führte nach oben in das Eßzimmer, in dem an einer Hufeisen-Tafel Mittag- und Abendessen eingenommen wurde.

Daneben die alte verräucherte Kneipe: hölzerne Bänke, Stühle und Tische, auf denen semesterweise die Namen der Aktiven eingeschnitzt waren, Kerzenbeleuchtung und an der holzgetäfelten Wand die Silhouetten ehemaliger Corpsbrüder seit vielen Jahrzehnten.

Alles atmete Tradition und solide Einfachheit - *ganz im Gegensatz zu Bau- und Einrichtungsstil im späteren Dritten Reich!*

Von der verräucherten Holzdecke hingen die merkwürdigsten Trophäen nächtlicher Beutezüge herab: eine große hölzerne Hand, Brezeln oder Regenschirm, Reklamen von Handschuh-, Bäcker- und Schirmläden oder Plakate der verschiedensten Art.

Nebenan ein kleiner Raum - die »Tümpel-Kroete« -, ein mit einer Pritsche ausgerüsteter »Abstellraum für Bierleichen«, der aber nur ganz selten einmal in Aktion trat. Und zwar immer nur dann, wenn aus besonderem Anlaß vorher beim Abendbrot einer guten Erdbeer- oder Pfirsichbowle zu sehr zugesprochen worden war. Dieser ominöse Raum war gleichfalls voll der passendsten Plakate und Denkwürdigkeiten wie: »An diesem Orte weilte mit Vorliebe sinnend und dichtend Goethe« oder »Wenn ein Signal ertönt, wird im Steinbruch gesprengt«.

Der anschließende Wein- und Bierkeller war in den gewachsenen Stein des Berges gehauen.

Im 3. Stock Küche und Vorratsräume und Wohnung des Corps-Dieners »Theodor Angstmann«, der unzählige Semester hatte kommen und gehen sehen.

Darüber Garten und ganz oben unter alten Platanen die »Freikneipe«, auf der man sich an schönen Sommerabenden unter Lampions mit dem Blick auf die vielen tausend Lichter der Stadt, die sich im Neckar spiegelten, wie in »Tausendundeiner Nacht« vorkam.

Dazu die schönen Heidelberger Lieder, begleitet von der Hauskapelle, alten Heidelberger Musikanten, die auch schon seit Jahren gern bei uns spielten, denn das Freibier lockte immer wieder von neuem!

Während auf Kneipen schwarze Kneipjacken mit weißen Verschnürungen getragen wurden, zog man im Seppel die Röcke aus und saß in Hemdsärmeln. Die Kopfbedeckung - weiße Stürmer - blieben immer auf dem Kopf.

1913/14 hatten wir auf dem Riesenstein unter der Aktivitas sechs baltische Corpsbrüder: vier Brüder Manteuffel, H. Ropp, Walther Wittenheim. Damit bestand $^1/_4$ des aktiven Corps aus Balten (Erbarmung!)

Eines Tages besuchte uns Vater Manteuffel-Kapseden (Saxoniae Göttingen), um sich nach seinen vier Buben umzusehen. Auf der Kneipe saß ich neben ihm, und er erzählte von seiner Aktivität in Göttingen. Unter anderem sagte er: *»Weißt du, wir hatten da einen Corpsbruder, d. h. es war eigentlich kein Corpsbruder, aber er soff mit uns.«*

Auch wir haben, besonders nach der Rekonstitution des Corps im Jahre 1952, solche »C. K.« (Conkneipanten), genannt »Saufkumpane«, gehabt, die aus beruflichen oder altersmäßigen Gründen nicht mehr aktiv werden konnten. Sogar ein Amerikaner und zwei Franzosen waren unter ihnen, die unseren Freundeskreis im Sinne der »Virtus sola bonorum corona« ergänzt und bereichert haben.

Im Seppel gab es noch einen sechsten Tisch, an dem die 8-Uhr-Gesellschaft tagte. Ihre Mitglieder waren meist alte Neckar-Fischer oder sonstige Heidelberger Originale, wie Leopold und Huckele, die den braunen Gerstensaft besonders liebten.

Auch wir waren als Mitglieder oder »zahlende Gäste« sehr erwünscht und hatten mit ihnen ein besonders kameradschaftliches Verhältnis.

Leopold Wimmer war früher Ringkämpfer im Wanderzirkus gewesen und »Huckele« Hundehändler, der herrenlose Hunde einfing, umfrisierte und dann verkaufte! Diese beiden waren für alle Streiche zu gebrauchen und haben uns dabei oft Hilfestellung gegeben, so z. B. bei der »Belagerung von Heidelberg«:

An einem schönen Sommerabend, als die Heilige-Geist-Kirche Mitternacht schlug, erscholl plötzlich heftiger Kanonendonner (Kanonenschläge) von der Scheffelterrasse, dem

Philosophenweg, alten und neuen Brücke, Riesenstein etc., und als alles aus den Lokalen auf die Straße rannte, erstrahlte das Schloß in bengalischer Beleuchtung, die von Leopold und Huckele gesteuert wurde. Oder sie mußten Schmiere stehen, wenn die Hauptstraße mit den Ziegelsteinen eines Neubaues über Nacht zugemauert wurde!

Auch bei schwierigen Konflikten mit der Polizei, mit der wir bis auf einige Ausnahmen ein gutes Verhältnis hatten, standen sie ihren Mann.

Unser hauptsächlichstes Vergehen war »ruhestörender Lärm«. Die Strafmandate dafür kosteten 3 bis 5 RM und hatten meist folgenden Tenor: *» ... Weil er vor dem Hause Hauptstraße 170 durch Schreien und Herunterrasseln mit seinem Spazierstock an den geschlossenen Läden ungebührlicherweise ruhestörenden Lärm erregte.«*

Wenig beliebt war Schutzmann Nr. 61 aus Zantoch an der Warthe, der keinerlei Spaß verstand, entgegen seinen anderen Kollegen.

Als er mal wieder eines Nachts in unserem Viertel Ronde hatte, trafen sich wie auf Kommando etwa ein Dutzend S. C.-Mitglieder und gingen lautlos hinter ihm her. Blieb er stehen, ging alles wortlos im Kreis um ihn herum. Schließlich riß ihm die Geduld, und er griff sich Blomeyer-Vandaliae heraus: *»Wie heißen Sie?«* - *»Blomeyer.«* - *»Buchstabieren Sie!«* Darauf B: *»B wie Bulle, L wie Lümmel, O wie Ochse, M wie Mistvieh, Ei wie einundsechzig.«* Weiter kam er nicht, sondern mußte nun mit zur Wache!

Was haben wir an diesen harmlosen Scherzen für einen Spaß gehabt! Aber nicht nur wir allein, sondern die ganze Bürgerschaft, ja die Polizei selbst.

So erzählte am Morgen nach der »Belagerung von Heidelberg« Theodor Kaemmerer, unser alter Friseur: *»Ich hab schon geschlafe, und wie ich aufwachte, hab ich gesagt zu meiner Frau: >Theres<, hab ich gesagt, >steh auf, die Türke kumme!<«*

Der Kolleg-Besuch war für die Füchse Zwang, später wurde nicht mehr viel daraus. Denn die Zeit der Aktivität - zwei bis drei Semester - war gewissermaßen die Belohnung für das Abitur und zur gegenseitigen Erziehung und Ausbildung der eigenen Persönlichkeit durch gegenseitiges Abschleifen unter Gleichaltrigen bestimmt. Außer den vielen Freundschaftsbünden, die dort fürs ganze Leben geknüpft wurden und hielten wie selten sonst, war die Zeit der Aktivität auch der beste Lehrmeister für manchen zu gelehrigen jungen Mann oder gar Muttersöhnchen! Gearbeitet und Examen gebaut wurde an einer anderen, meist norddeutschen Universität, denn »mein Sohn, ich rate Dir gut, da geht Dir das Leben zu glücklich ein, da wächst Dir zu kräftig der Mut!«

Mancher mag auch sein Herz *in* Heidelberg verloren haben, alle die dort aktiv waren oder einige Semester studierten, aber wohl *an* Heidelberg! Nicht umsonst haben wir daher mit Begeisterung gesungen:

»Heidelberg, du Jugendbronnen,
Zauberin am Neckarstrand!
Solchen Ort sich warm zu sonnen,
Gab der Herrgott keinem Land! -
Schläger schwirren, Gläser klingen -
Alles atmet Froh-Natur. -
Selbst im Hain die Vöglein singen:
Gaudeamus igitur.«

Nur allzubald ging die schöne, sorglose Zeit ihrem Ende und damit auch dem Ende glücklicher Friedensjahre entgegen.

In den letzten Juli-Tagen 1914 war ich mit zwei anderen Corpsbrüdern auf »Kartell-Besuch« in Bonn, was auch mehr als feuchtfröhlich war.

Am 31. Juli fuhren wir in bester Stimmung bei herrlichem Sonnenschein mit dem D-Zug den Rhein hinauf über Frankfurt nach Heidelberg. Von dort gleich weiter mit dem Auto, dem »schnellen Rammel«, nach Neckarsteinach am Fuße des Diels-Berges, wohin das Corps geschneftert war. Denn abends war Schloßbeleuchtung, und da war es alter Brauch, daß in der Harfe in Neckarsteinach zu Abend gegessen und dann mit dem mit Lampions in unseren Farben geschmückten Boot nach Heidelberg zurückgefahren wurde. Unterwegs natürlich ein Faß Bier an Bord, damit die gute Stimmung auf der Höhe blieb!

Pünktlich beim ersten Böllerschuß, nachdem die große Rakete aus dem Schloßturm aufgestiegen war - so verlangte es der Ehrgeiz unseres Steuermannes -, bogen wir um die Ecke unterhalb des Schloß-Hotels und sahen nun das alte Schloß in märchenhafter Pracht gegen den dunklen Berg erglühen. Gleichzeitig setzten unzählige Musikkapellen auf den Booten und an den Ufern ein und *»Alt-Heidelberg, Du Feine ...«* wurde aus tausend und abertausend Kehlen von Hunderten von Booten und der großen Menschenmenge an den Ufern begeistert mitgesungen. Die ganze Stadt, ja das ganze Tal war erfüllt von einem Sturm der Begeisterung, der erst langsam wieder abklang, nachdem der bengalische Silberregen von der alten Brücke, der diese in ihrer einfachen Linienführung und wuchtigen Größe zeigte, in den Neckar herabgerauscht war. Nun erlosch auch, langsam flackernd, schwächer und schwächer werdend, die rote Glut, die uns das Märchenschloß aus dem Dunkel der Nacht hervorgezaubert hatte.

Die alte »Burg voll Narben« hatte sich uns in ihrem schönsten Gewande gezeigt, und zurück gingen die Gedanken zu ihren alten Fürsten, »die so groß und stark darin«, und zu jenem General Melac, der dieses Kleinod deutscher Kultur zerstört hatte, das wir aber eben schöner und eindrucksvoller denn je gesehen hatten und das nun eine Kulturstätte des ganzen deutschen Volkes, ja der ganzen zivilisierten Welt geworden war! Denn nicht nur Zehntausende aus Mannheim, Frankfurt, Stuttgart und vom Rheinlande kamen zu dem Erlebnis der Schloßbeleuchtung, sondern auch viele Ausländer von jenseits des Kanals und des großen Teiches. Übte doch Heidelberg mit seiner alten Kultur von jeher eine große Anziehungskraft auf alle Amerikaner aus, die im Sommer täglich zu Hunderten in seinen Mauern weilten. Es gab wohl kaum einen Europa-Reisenden, der nicht Heidelberg und möglichst auch die Schloßbeleuchtung gesehen haben wollte. Erfreulicherweise ist in Heidelberg keine einzige Bombe gefallen! - Sollten Scheffel und Perkeos Geister es davor bewahrt haben? - So wurde deutsche Wissenschaft und Kunst, deutsche Landschaft und Volksleben ein maßgebliches Bindeglied zum gegenseitigen Verständnis und zur Achtung der Völker. Möchte die Zeit, in der ein Kunstwerk wie die alte Brücke dem verbrecherischen Wahnsinn der SS-Sprengkommandos zum Opfer fallen konnte, endgültig vorbei sein und einem Zeitalter Platz machen, in dem aus so vielen tausend Ruinen völkerverbindender Segen entstehen möge wie hier aus der Untat des Eroberers Melac!

Originale aller Berufe und Stände

»Wilhelm«
Kutscher-Chauffeur-Original

Als ich nach dem ersten Weltkrieg noch in Potsdam Soldat war, erschien an einem Sonntagvormittag der älteste Sohn des früheren 1. Gespannführers aus Zülshagen (Kr. Dramburg), der bei den Moabiter Ulanen gedient hatte (wir hatten als Jungens auf der heimatlichen Scholle zusammen getobt, uns dann aber lange Jahre nicht mehr gesehen), und eröffnete mir folgendes:

Er sei jetzt in Berlin bei einem Arzt als Kutscher angestellt, was ihm aber nicht gefalle, da seine Pferde zu wenig Hafer bekämen, er wolle sich »verändern«. Er habe gehört, daß ich demnächst nach Pommern aufs Land ginge, um eines der heimatlichen Güter zu übernehmen, und da wolle er bei mir Kutscher werden. Sein Vorbringen war derart, daß es für mich gar keine Widerrede gab, sondern Wilhelm Rachhut hatte sich entschieden und damit basta!

Ich übernahm einen bis dahin immer verpachtet gewesenen Betrieb nach dem Krieg in jeder Weise in recht desolatem Zustand. Nicht nur ich, sondern auch er, mußten beim Aufbau bezüglich »Lebensstandard« sehr zurückstecken, aber die Heimatliebe überwand alle Schwierigkeiten und Fährnisse, und Wilhelm, der sich ja dieses Los selbst gewählt hatte, hat mir dabei in vorbildlicher Weise geholfen.

Trotz aller Arbeit und Kümmernisse kam jedoch der Humor nicht zu kurz, der von Wilhelm immer wieder bei allen möglichen und unmöglichen Gelegenheiten in einem Gemisch von Pommern und Berlin zum Vorschein kam.

Nichts zu machen!

Als »Herrschaftlicher Kutscher« erbat er eines Tages, als er mich zur Bahn fuhr, einen entsprechenden Regenmantel, ein Verlangen, das von mir durchaus gebilligt wurde. Nur war es gar nicht einfach zu realisieren, da damals - in den Jahren der Inflation - auch in Berlin nichts Vernünftiges aufzufinden war. Ich kaufte schließlich beim Offiziersverein einen schwarzen Glanzstoffmantel, ähnlich dem der Taxichauffeure. Mit diesem, nicht ganz aufs Land passenden Requisit kam ich zurück und eröffnete meinem Auftraggeber, daß ich nichts Besseres hätte auftreiben können.

Antwort: *»Nee, Herr Oberleutnant, det Ding zieh ick nich an, da seh ick ja aus wie'n Hoherpriester!«*

Es blieb mir nichts anderes übrig, als meine Errungenschaft wieder einzupacken und zurückzuschicken.

Befehl ausgeführt!

Wir hatten noch keine Chaussee und daher auch kein Auto, sondern es ging alles mit Pferdegespannen, meistens selbstgezogen und von Wilhelm bestens eingefahren. In einer Spinne mit zwei edlen Halbblutstuten - »Potsdam« und »Walküre« - fuhren wir durch den tiefen Sand schneller, als es etwa mit dem Auto möglich gewesen wäre.

Nach einer Wildjagd waren die satt getränkten Hausgäste nicht vom Bridgetisch wegzubekommen, obgleich es schon sehr spät, vielmehr früh war.

Schließlich sagte ich zu Wilhelm: *»Ich habe jetzt genug, ich gehe schlafen. Aber Herr v. Berg (Hügel) vertritt z. Z. den Landrat in Putbus und muß frühs unbedingt den 7-Uhr-Zug in Falkenburg erreichen. Sie müssen ihn also rechtzeitig* *wecken und zur Bahn fahren.«* Wilhelm nickte zustimmend, und ich ging beruhigt zu Bett, denn ich konnte mich auf ihn verlassen.

Als ich am andern Morgen gegen 9 Uhr mehr oder weniger ausgeschlafen auf dem Hof stand, kam mein Wilhelm mit trockenen Pferden aus Falkenburg zurück.

Ich fragte: *»Jetzt erst? Da haben Sie den Zug wohl nicht mehr erreicht?«* Antwort: *»Nee, aber ick habe Herrn v. Berg rechtzeitig um ½ 6 Uhr jeweckt. Denn hab ick anjespannt und bin pünktlich vorjefahren. Als nach 'ner Viertelstunde Warten keener kommt, ha ick die Leinen um die Bremse jewickelt und bin nochmals ruffjejangen. Da lag er noch und schlief. Und wie wir nu endlich loskamen, da war et ¾ 7!«* Ich: *»Na, da hätten Sie doch gar nicht mehr zu fahren brauchen, das war doch klar, daß Sie den Zug nicht mehr erreichten!«* Wilhelm: *»Ach, ick dacht so bei mir - anjespannt haste nu mal, fährste jleich, hast 'en wej.«*

Und so hatte er also den Auftrag auf seine Art ausgeführt - nur unser guter stellvertretender Landrat saß bis 11 Uhr auf dem Bahnhof in Falkenburg.

Der Zahnarzt

Eines Tages sollte Wilhelm mit der Mamsell und einem Mädchen nach Falkenburg zum Zahnarzt fahren, was ihm sichtlich nicht paßte. Um sein Widerstreben zu überbrücken, sagte ich: *»Na, Wilhelm, Sie müssen doch auch mal zum Zahnarzt.«* Antwort: *»Ick? Nee, niemals! Ick hab meine Zahnbürste beim Militär nach drei Jahren jenauso abjegeben, wie ick se empfangen habe. Durch det ville Zähneputzen da kricht man bloß schlechte Zähne von und in't Zahnwasser und so'n Zeuj, da tun se bloß wat rin, damit die Zähne schlecht wer'n.«*

Einmal habe ich ihn aber doch zum Zahnarzt mitgenommen, worauf dieser erklärte: So ein Gebiß hätte er sein ganzes Leben noch nicht gesehen, was er denn bei ihm wolle?!

Vom Kutscher zum Chauffeur

Im Laufe der Jahre war nun auch aus dem tiefen Sandweg eine schöne Chaussee geworden, und wir planten die Anschaffung eines Autos, das ihm anvertraut werden sollte, worauf er prompt erklärte: *»Nee, daraus wird nischt, da bin ick zu dämlich zu.«*

Es wurde aber doch etwas und Wilhelm einer der besten, kaltblütigsten Chauffeure, mit denen ich je gefahren bin - immer Herr der Situation.

»Der Katen«

Ein junges Hamburger Ehepaar hatte sich in unserer Nachbarschaft ein recht heruntergewirtschaftetes Gut gekauft. Der ganze Hof mußte überholt, zum Teil neu aufgebaut werden. Als letztes kam richtigerweise das Wohnhaus dran. Es waren besonders nette Menschen, mit denen wir gern und viel verkehrten.

Wilhelm war anderer Ansicht und sagte, als es wieder mal hieß »Heute abend fahren wir nach Gr. S.«: *»Ach, wat wollen wir denn da uff dem Katen?«*

Spaß, auch nachts

Eines Nachts kamen wir über den Marktplatz in Falkenburg gefahren. An einem Zementmast der Überlandzentrale hielt sich ein Betrunkener fest. Wilhelm, die Situation sofort erkennend, fuhr dicht heran, hielt an, kurbelt die Scheibe herunter und sagte: *»Mensch, laß los, den zwingste doch nicht!«*

»Wir«

»Wilhelm und ich« fuhren mit meiner Tochter, Nichte und deren Freundin zum Besuch der Familie v. Berg nach Rügen. Auf dem Rügendamm wollte meine Nichte durchaus fotografieren. Es wurde also angehalten.

Wilhelm mußte aussteigen, um die drei Mädels herauszulassen. Nach erfolgter Aufnahme wurde in umgekehrter Reihenfolge wieder eingestiegen, was wegen kleiner Koffer und Handtaschen einige Zeit und Mühe erforderte. Die Reise ging weiter.

Nach einigen hundert Metern ein entsetzter Ausruf meiner Nichte: *»Ach, jetzt habe ich mein Foto-Futteral am Brückenpfeiler stehenlassen.«*

Es wird also angehalten und vorsichtig zurückgesetzt. Wieder muß Wilhelm aussteigen, die drei Mädchen hinterher. Die Fototasche stand noch da und wurde freudig geborgen. Wieder umständliches Einsteigen, als letzter der Herr Chauffeur.

Beim Anfahren sagte Wilhelm mit ärgerlichem Gesicht zu mir: *»Na det's man bloß jut, det* ***wir*** *nich mehr Kinder haben!«*

»Die olle Mühle«

Einen entfernten Nachbar v. Grünberg, der noch keine Chaussee hatte und daher einen unmöglichen alten Opel fuhr, sah er bald sehr von oben herab an. Bei der Anfahrt zu einer Wildjagd in R. erblickte er den alten Opel mit den verbeulten Kotflügeln und zerrissenem Verdeck und bemerkte herablassend: *»Der mit der ollen Mühle is ja auch wieder da!«*

Mangelhafte Heimatkunde

Leo v. Oppenfeld fuhr eines Wintermorgens nach K. zur Jagd. Er fuhr selbst, der junge Chauffeur »Kurt« saß neben ihm. In Stolzenberg schlug O. einen falschen Weg ein und fuhr etwa 6 Kilometer in gänzlich anderer Richtung. Da ertönte plötzlich Kurtchens Stimme auf gut Pommersch: *»Herr Oberleutnant! Hier wohnt Er ja jarnich.«*

Wenn man die Verabredung nicht hält

Eine nette Geschichte von einem Kollegen Wilhelms trug sich wie folgt zu:

Beide - er und sein Herr - liebten nicht nur frohe Gesellschaft, sondern auch den Alkohol. Sie hatten daher ein Abkommen getroffen, daß immer einer nüchtern bleiben müsse.

Eines Nachts, als der Chauffeur dran war, nüchtern zu bleiben, hatte aber auch er zu tief ins Glas geguckt, was er sich natürlich nicht anmerken lassen wollte. Trotzdem fuhr er vor, lud seinen programmäßig vollkommen verunnüchterten Chef ein und rollte ab.

Sehr bald merkte er aber, daß die Sache nicht gut gehen würde. Kurz entschlossen in eine Waldschneise einbiegend, stellte er den Motor ab, um erst einmal seinen Rausch auszuschlafen. Er schlief vorn, sein Herr hinten. Soweit war also alles in Ordnung.

Als erster wachte der vorsichtige Autolenker auf. Als er sah, daß sein Herr hinten fest schlief, ließ er den Motor an und fuhr bei hellem Sonnenschein sicher nach Hause. Dort angekommen, lag sein Herr immer noch im geruhsamen Schlaf, denn er war ja schließlich diesmal »dran« gewesen.

Wilhelms Kollege rüttelte den Schläfer wach und sagte: *»Herr ..., wi sind tu Hus.«* Der blinzelte in den jungen Tag und sagte als Morgengruß: *»Donnerwetter, Heinrich, biste mal wieder gefahren wie so'n Verrückter!«*

Verantwortungsbewußt!

Als ich einmal nach einer Jagd selbst zu sehr eingeheizt hatte und trotzdem fahren wollte, nahm Wilhelm mir kurzerhand den Zündschlüssel weg und erklärte lakonisch: *»Denn bleiben wir hier!«*

Porta Nigra

Nachdem Wilhelm mit dem neuen Fortbewegungsmittel vertraut geworden war, fuhren wir eines Jahres mit Herrn v. Berg über Heidelberg und Trier nach Paris. Wir kamen bei untergehender Sonne nach Trier. Ich fuhr, Wilhelm saß neben mir. Auf einmal zeigte er ganz aufgeregt auf die Porta Nigra und sagte: *»Kiek, da hinten sind se abjebrannt!«*

Verdun

In Verdun machten wir Station zur Besichtigung der Schlachtfelder. Ich hatte entsprechend Quartier gemacht, Wilhelm Garage, Zimmer etc. angewiesen und ihm gesagt: *»Wir gehen dorthin zum Essen, kommen Sie doch auch hin.«*

Nach kurzer Zeit erschien mein Wilhelm, der sich mit den Franzosen nicht recht anders als im Ton von 1914, durch Zeichensprache und »Du, Monsieur«, unterhielt, im Lokal, knallte die Hacken zusammen - zum Erstaunen der französischen Gäste - und sagte: *»Herr Oberleutnant müssen mal rauskommen, ick kann mir mit dem Friedrich nich verständigen.«*

- Der hatte beim Tanken nur den 6-Zylinder-Motor bewundert und ausgerufen: *»Oh, quel morceauü«* Was von Wilhelm nur mit: *»Ach, Mensch, quatsch nich, öl will ick hab'n«*, erwidert wurde.

Paris

Wir fanden nicht gleich unser Hotel und mußten auf dem Boulevard Hausmann umwenden. An unserem nicht mehr ganz neuen Buick war die Steuerung defekt. Wir kamen nicht herum und setzten zurück. Ein Strom von Autos mußte halten und abwarten, bis wir unser Manöver beendet hatten. Darauf entfuhr dem ehemaligen Kavalleristen Wilhelm - dem dabei ganz heiß geworden war - der sachgemäße Stoßseufzer: *»Donnerwetter, det Aas hat ja so'n steifes Jenick!«*

Eines Morgens, im Hotel herunterkommend, sah ich Wilhelm in angeregter Unterhaltung mit dem Portier. Er hat eine Postkarte in der Hand, zeigt immer auf die Adresse und sagt: *»Eene Marke will ick hab'n, aber so eene, die hinlangt bis nach Pommern!«*

In Frankreich kannte man damals keine Winker am Auto. In der Garage hatte irgend jemand an unsern Winkern so lange herumgespielt, bis sie kaputt waren. Das hatte Wilhelm in Zorn gebracht, und aus Rache »organisierte« er einen wunderschönen Straußenfederpinsel mit Gummigriff, der erst nach langer Zeit zu Hause auf dem hinterpommerschen Hof zum Vorschein kam.

Versailles

Bei der Besichtigung des Schlosses und Schloßparks fand er alles »janz schön«, aber, daß bei den Bau- und Planierungsarbeiten 30 bis 40.000 Pferde beschäftigt gewesen seien, darüber konnte er sich gar nicht beruhigen.

Auf der Rückfahrt kamen wir durch irgendeine kleine französische Kleinstadt, die Kavallerie-Garnison war. Auf dem nahe der Straße gelegenen Reitplatz wurden gerade Reiterspiele eingeübt. Wilhelm, dies sehend, reagierte sofort, fuhr von der Straße herunter, hielt an und sagte: *»Kieck, hier is wat los, det müssen wir uns mal ansehen.«*

Kölner Dom

Schließlich erreichten wir Köln, blieben dort über Nacht, und ich sagte zu ihm: *»Sehen Sie sich mal morgen früh den Kölner Dom an.«* Antwort: *»Nee, da hab ick keen Interesse vor, außerdem muß ick morjen früh den Wagen waschen.«*

Andere Domansichten

Zur Studentenzeit sind wir auf der Pfingsttour 1913 von Heidelberg über die Dolomiten-Pässe bis nach Mailand gefahren. Dort besichtigten wir natürlich auch den Dom und waren beeindruckt von der himmelstrebenden Gotik.

Auf einmal ertönte in der andachtsvollen Stille die baltische Stimme unseres Corpsbruders W. Wittenheirn:

»Nein, was könnte man hier für Heu einführen!«

Zurück zu Wilhelm

»Die kleinen Hitlers«

Das Dritte Reich kam näher, aber Wilhelm konnte sich mit ihm und den Nazis, besonders den »kleinen Hitlers«, gar nicht befreunden und äußerte mal zu mir sehr abweisend: *»Die hab'n alle den Jrößenwahn. Früher sagte man sich >Du< mit die, und heute kiecken se einen noch nich mal an.«* Auf meinen Einwand, es gäbe doch auch ganz vernünftige Leute unter ihnen, und sie seien doch nicht alle so, antwortete er nur ganz kurz: *»Ach wat, alles Armleuchter!«*

Damit war für ihn das ganze Dritte Reich erledigt.

Die Bockauktion

Die von den Stammherden aufgezogenen jungen Schafböcke wurden von den Gebrauchsherden als Vatertiere benötigt und auf Auktionen, die größtenteils auf den betreffenden Gütern abgehalten wurden, gegen Meistgebot versteigert. Die jährlich einmal abgehaltenen Auktionen waren ein geschäftliches und meist auch gesellschaftliches Ereignis.

Die Schäfermeister reisten im allgemeinen schon am Tage vorher an, um in Ruhe eine Vorwahl zu treffen. Sie wurden bestens untergebracht und bewirtet. Ihre Chefs folgten am nächsten Tage mit dem Kraftwagen.

Etwa von 10 bis 12 Uhr war Besichtigung, und um 12 Uhr gab es ein gutes Frühstück mit kräftiger Bowle. Denn »gut gefüttert und getränkt« war die Parole nicht nur für die Böcke, sondern auch für die Käufer, die nach dem Frühstück ganz erheblich »großzügiger« waren, als sie sich eigentlich vorgenommen hatten.

Eines Jahres, an einem Montagmorgen, fuhren wir nach Pennekow, Kreis Schlawe. Die Entfernung war weit und die Zeit schon fortgeschritten, so daß ich auf einer geraden Chaussee hinter Schlawe an Tempo zulegte.

Auf einmal sah ich auf etwa 200 Meter auf der rechten Chausseeseite eine schwankende Gestalt. Ich nahm Gas weg und bog nach links aus. Dicht herangekommen, drückte ich auf die Hupe. Das war falsch, denn nun drehte sich der schwankende Wandersmann nach links um, fiel der Länge nach hin, und ich konnte es trotz sofortigen Bremsens nicht mehr verhindern, daß das rechte Vorderrad über seinen linken Fuß rollte. Als wir ihn unter dem Auto hervorholten und einluden, sagte er nur stotternd: *»Au, au, kitzel mi doch nich so!«* Zu unserem Entsetzen sahen wir, daß der linke Unterschenkel glatt durchgebrochen war und der Fuß schlenkerte. Unser Patient sprach aber nur mehrfach vom »Kitzeln« - sonst nichts.

Beim Weiterfahren gewann nach dem Schreck als erster unser Wilhelm seine Fassung wieder und sagte nach einiger Zeit trocken vor sich hin: *»So en besoffnet Schwein, red dauernd vom Kitzeln, wo doch det Been knatsch ab is!«*

Wir fuhren zum nächsten Arzt, der einen glatten Unterschenkelbruch feststellte und ihn behelfsmäßig schiente, wobei unser Delinquent immer noch vom »Kitzeln« redete.

Dann ging's zum Landjäger, der mit uns zur Unfallstelle fuhr, um die Bremsspur etc. aufzunehmen. Dabei meinte dieser vor sich hin brummend: *»Na, nu kann der olle Saufigel wenigstens nicht mehr die ganze Umgegend mit seinen Sauftouren unsicher machen!«*

Die Schuld und der Promillegehalt standen einwandfrei fest.

Nun kam ich aber mit großer Verspätung in Pennekow an, wo schon eine ganze Zeit das gute Frühstück im Gange und die Stimmung »freudig« war. Der Hausherr, dem ich natürlich eingehend berichtete, bat mich neben sich und sorgte für Speis und Trank.

Nach einiger Zeit hörten meine nüchternen Ohren folgende, nicht für sie bestimmten Worte des landwirtschaftlichen Beamten, der die ganze Organisation zu überwachen hatte: *»Herr, ick glöv, wie möte anfangen! Se duhnen os all wedder af!« (*Herr, ich glaube, wir müssen anfangen! Sie nüchtern uns alle wieder aus!)

Die Meriten

Eines schönen Tages konnte Wilhelm sich wieder einmal über einen sehr »erfolgreichen braunen Gernegroß« nicht beruhigen und meinte nur wegwerfend: *»Der kriegt auch noch alle Meriten* (Verdienste) *und Hämorrhoiden!«*

van der Lubbe

Im Winter 1933/34, als gerade der Reichstags-Brandstifterprozeß verhandelt wurde, kamen wir bei großer Kälte aus der Kreisstadt zurückgefahren. Heizung und Frostschutzscheibe hatten wir noch nicht. Wilhelm fuhr und hielt sich mühsam durch Pusten und Wischen einen kleinen Streifen am unteren Rande der Scheibe eisfrei. Bei seiner Größe saß er zusammengekauert und den Kopf tief auf die Brust gedrückt, um sehen zu können.

Schließlich sagte ich: *»Soll ich Sie nicht mal ablösen? Ich bin doch kleiner als Sie.«* Darauf er: *»Ach wat, van der Lubbe hat doch 14 Tage so jesessen, da wer ick det kurze Ende doch aushalten!«*

Unser lieber Wilhelm ist leider in Vorpommern hängen geblieben, wo er bei einer »Volkseigenen Genossenschaft« besserer Rollkutscher war. Wir schrieben uns oft.

Einmal meldete er: *»Ich bin neulich auch mal wieder Auto gefahren, aber man bloßig 10 Meter - er stand mich im Wege.«*

Die holde pommersche Weiblichkeit

Wir hatten aber auch weibliche Originale, die in ihrer Ausdrucksweise meistens noch drastischer waren, da ihnen die »militärische Bildung« fehlte.

Die japanische Vase

Ein dralles pommersches Hausmädchen hatte beim Reinemachen eine große Vase zerschlagen.

Die betrübte Hausfrau: *»Aber Minna, wie war denn das nur möglich?!«* Minna: *»Ja, ick weiß auch nich, als ich in die Stub reinkam, kam se mich entjegen!«*

»Gleich gedacht«

Eines Morgens wurde Minna mit dem Frühstück zur Hausfrau ins Schlafzimmer geschickt, da dieser nicht gut sei und sie erst zum Mittag aufstehen wolle.

Darauf Minna: *»Det hab ick mir jleich jedacht! Wat sich gnä Frau jestern Abend aber auch alles injemurkst hat!«*

»Der Nachthut!«

»Der Chef« besaß eine Kopfbedeckung, die aus Alters- und Verfärbungsgründen das Licht des Tages scheuen mußte. So wurde sie »der Nachthut« genannt und trotz aller Mängel mit Vorliebe von ihrem Besitzer getragen.

Einmal fing es heftig an zu regnen, als man gerade zu einer Ausfahrt in den Wagen stieg. So wurde dem Mädchen aufgetragen, eiligst den »Nachthut« herbeizuschaffen. Wir warteten lange.

Endlich nahte die Gute, allerdings mit leeren Händen, und stieß atemlos hervor: *»Ich hab das ganze Bett durchsucht, 'n Hut is da nich in!«*

»Der pommersche Wind«

Ida Kobs war krank - Leibschmerzen. Man wußte nicht recht, was ihr fehlte. Die Gutsfrau ging zu ihr und fragte: *»Na, Ida, was ist denn mit Ihnen?«* Darauf Ida: *»Nee, nee, nischt mit Mutter Griebsch und so, mich is man bloßig der Wind so unter die Röck jefahren.«*

Nur keine Scheu!

Die Gutsfrau besuchte den alten, im Sterben liegenden Hofmeister und dessen Tochter. Sie standen am Bett und unterhielten sich mit dem noch ganz klaren Kranken. Im Laufe der Unterhaltung sagte auf einmal die Tochter: *»Ick hab mir mit mein Mann schon immer jewunnert, wie wir hier mit die Leich aus de Stuw rauskommen sollen!«*

(Ich habe mich mit meinen Mann schon immer gefragt, wie wir die Leiche aus der Stube heraus bekommen sollen!)

Die Güssel

Ein anderes Mal war bei einer Familie ein »Kind« gestorben - Kondolenzbesuch.

Die Mutter, ganz gefaßt, vergießt keine Träne. Im Lauf des Besuches erzählt sie dann aber, daß von ihren Güsseln über die Hälfte »tot jeblieben« wären, und fängt bei dieser Mitteilung jämmerlich zu schluchzen an.

Walli und der Fenus

Die Endstation von unserem »Kartoffelexpreß« war in Janikow, der Heimat der »Janikower Industrie«. Vor dem ersten Weltkrieg gehörte das Gut Janikow der Familie Gropius.

Eine der Töchter hatte, solange sie noch als Kind zu Hause war, ein besonderes Freundschaftsverhältnis mit dem alten Schäfer. Sie wurde älter und kam in ein Pensionat in der Stadt. Zu den großen Ferien besuchte sie aber ihr Hause.

Nach dem Mittag des ersten Ferientages ging sie durch den alten Park und überlegte gerade, daß sie doch ihren väterlichen Freund - den alten Schäfer - gleich aufsuchen müsse. Auf dem angrenzenden Stoppelschlag sah sie die Schafherde, ging weiter an der Parkmauer entlang einer kleinen Pforte zu, denn wo die Schafe sind, wird ja auch der Schäfer sein. Sie überlegte gerade, ob es denn angängig sei, daß sie sich noch weiter mit ihm duzen würde und wie sie ihm das beibringen könnte, damit er es nicht etwa falsch versteht?

Da guckte plötzlich das Vollmondgesicht des alten Schäfers über die Mauer und rief ihr zu: *»Kiek, Walli, oll Dicksch, bist uk allwedde dau?«* - Der Alte hatte das schwierige Problem mit einem kurzen Satz gelöst.

Im Lauf der Unterhaltung sagte unsere Walli: *»Hast ja einen neuen Hund, Schäfer!« »Jau«,* sagte er, *»dat is der Fenus.« »So«*, meinte Walli, der dieser Name komisch vorkam, *»ist es denn ein Hund oder eine Töle?«* Antwort: *»Wie scha ick weta, ob's an Hund oder an Töl is? Jung hätt hei man ebend erst hatt!«*

(Wie soll ich wissen, ob es ein Hund oder eine Hündin ist? Junge hat *er* gerade gehabt!)

Gewohnheit ist alles

Der Pfarrer des Ortes besuchte ein in sehr ärmlichen Verhältnissen lebendes Büdner-Ehepaar. Der Mann war auf Arbeit, und daher traf er nur die Frau an, die er fragte, wie es ihnen denn nun so ginge?

»Ach, dankeschön, Herr Paster, es jeht ja nu schon besser. Nu hab'n wir auch schon 'ne Zieje.« - *»So«*, meinte der Pastor, *»na, ihr habt doch aber keinen Stall?«* - *»Ach, mein Mann hat da so 'ne kleine Bretterbud zusammenjeschlagen, da is se in.«* - *»So«*, sagte der Pastor, *»das ist aber doch nichts für den Winter?«* - *»Ach, denn nehmen wir se in die Stuw.«* Der Pastor: *»Na, aber bei dem Gestank?«* - *»Ach Jott, Herr Paster, da jewöhnt sich so 'n Tier ja auch an!«*

Die Auferstehung

Da war in Pommern eine alte Gräfin Kanitz. Sie lebte zusammen mit ihrer Zofe, die schon sehr viele Jahre bei ihr war. Eines Tages erzählte sie ihrer Zofe, sie habe sich auf dem Friedhof eine Grabstelle eingerichtet und daneben noch eine zweite, da solle sie, die Zofe, begraben werden. *»Das ist ja recht schön«,* meinte die treue Seele, *»da kann ich Frau Gräfin ja auch bei der Auferstehung behilflich sein!«*

Seelenwanderung

Der alte, schlagfertige Herr v. Puttkamer aus Versin führte eine Frau v. Massow zu Tisch, mit der er eben erst bekannt gemacht worden war. Die Dame glaubte an die Seelenwanderung und erzählte ihrem Tischherrn, sie sei in ihrem früheren Leben die Geliebte Napoleons gewesen.

Darauf v. Puttkamer: *»Ach, daher kamen Sie mir gleich so bekannt vor! Ich war nämlich in meinem früheren Leben Napoleon!«*

Aus war es mit der weiteren Unterhaltung.

Die bescheidene Müllersche

Jahre sind vergangen. Der Mann ist gestorben, und sie kam nun auch zum Sterben. Nach ihrem Tode erschien die Nachbarin bei der Gutsfrau und sagte: *»Ich wollt mal fragen, ob gnä Frau nich irgend so'n schwarzes Kleid hätt, was wir der Müllerschen aufs Leib ziehen könnten, denn wir hab'n noch nich recht was Passendes gefunden.«* Die Gutsfrau gab ein schwarzes Seidenkleid, machte die Beerdigung mit, und es war alles gut und schön.

Einige Tage nach der Beerdigung kam die Bittstellerin wieder und brachte das schwarze Kleid zurück.

»Nanu«, sagte die Gutsfrau, *»was habt ihr der Frau denn nun angezogen?«* - *»Ach«*, sagte die Nachbarin, *»das schöne Atlaskleid war doch man rein zu schade. Wir haben noch jesucht, und da haben wir auf'm Boden, von ihm, dem alten Müller, einen ollen Frack jefunden - der war doch mal früher Kellner jewesen - und den ha'm wir ihr aufs Leib jezogen, mit die Schwänz nach vorn. Denn wir ha'm uns jesagt: Die olle Müllerin is ihr janzes Lebtag immer so bescheiden jewesen, die steht im Himmel doch bloß mit dem Rücken an die Wand.«*

»Klarer Schuldbeweis«

Eine pommersche Bäuerin kam zum Rechtsanwalt in der Kreisstadt und sagte: *»Herr Rechtsanwalt, ick will mi scheide laten. Min Mann, der süpt immer so väl, und dann schlägt er mi, ick kann dat nich mehr uthullen.«*

»Ja«, sagte der Rechtsanwalt, nachdem sie alles durchgesprochen haben, *»ja, liebe Frau, so einfach ist das aber gar nicht. Sie müssen da schon einen konkreten Grund haben. Wie ist es denn so in moralischer Beziehung?«*

Da strahlte unsere Klientin ihren Berater an: *»Oh, Herr Rechtsanwalt, nu häw wie em. Dat letzt Kind, dat war nicht von em!«*

»Brutäpfel«

Eines Abends besuchte eine schon ältere Bauerntochter, die man allgemein »den alten Fritz« nannte, die Pastorenfamilie. Nachdem sie eine Stunde erzählt hatte, holte sie aus ihrer Rocktasche für jedes Familienmitglied zwei Äpfel hervor. Als der Pastor fragte, ob die Äpfel schon eßbar wären, meinte sie trocken: *»O, jo, up de häw ick all 14 Tag schlopen.«*

(Man pflegte die späten Äpfel zum Mürbewerden ins Bettstroh zu legen.)

»Höchste Zeit«

In Karwitz erzählte die Tochter des Hauses der alten »Entenrike«, daß der junge Herr sich verlobt habe.

Darauf Rike: *»Na, dat is nun auch man die höchste Tid, daß he von die Straß runner kömmt!«*

Er war dagegen

Lieschen wurde am Sonntag allein zur Kirche geschickt. Nach der Kirche kam sie ins Elternhaus zurück und erzählte, wer alles da war und wer - was - angehabt hätte.

Da fragte die Mutter: *»Na, und vom Pastor erzählst du gar nichts? Worüber hat der denn gesprochen?«* Lieschen: *»Von der Sünde.« - »Was hat er denn darüber gesagt?« - »Er war dagegen.«*

Gram ist besser als Ärger!

Bei einem alten Ehepaar hat es oft Krach gegeben. Da starb plötzlich der Mann. Die Gutsfrau ging zu der Witwe, kondolierte ihr und sagte: *»Na, liebe Frau, nun grämen Sie sich man nicht zu sehr!«* Antwort: *»Ach Jott, gnä Frau, der Jram bekömmt mich besser als der Ärjer!«*

»Dies und das«

Eine Gutsfrau erzählte:

In meiner Küche führte eine Wirtin das Regiment, die mein Erscheinen dort durchaus nicht schätzte. Betrat ich des Morgens ihr Reich zur Besprechung des Küchenzettels, so vertrat sie mir bereits an der Tür den Weg, griff sich seufzend an den Kopf mit den Worten: *»Ja, ja - man jriebelt* (überlegt) *und man macht!«* Sah ich unsere Unterredung hiermit noch nicht für beendet an, so versuchte sie mich mit dem fröhlichen Ausruf aus der Küche zu schieben: *»Bald kocht man dies, bald kocht man das!«*

Leider verschwand während der Zeit ihres Wirkens »dies und das« aus den Vorratsräumen in so zunehmenden Maße, daß wir uns von der »Jriebelnden« trennen mußten.

Die perfekte Mamsell

Gleichfalls in der Inflation bekamen wir eine ältere Mamsell, die ausgezeichnet kochte, für Saucen usw. aber erstaunlich viel Wein verbrauchte, mit dem ich doch sparsam umgehen wollte und mußte. Nach einiger Zeit bemerkte ich, daß im Rotwein-Drahtschrank Flaschen fehlten und ganz unten eine Reihe »ausgelaufen« war! Ich bat den zufällig vorbeikommenden Landjäger, doch mal den Tatbestand objektiv und sachverständig festzustellen, wobei dieser bald nur lakonisch sagte: *«Donnerwetter, das Aas säuft ja noch doller als ich!«*

Wappenkundliche Betrachtung

Auf dem Friedhof der Familie v. Brockhausen wurde ein schwarzes Granitkreuz auf breitem Sockel aufgestellt, in den das Wappen der Familie mit dem schreitenden Löwen eingeschliffen war.

Die alte Frau Klappstein, die zu Gartenarbeiten auf dem Friedhof angestellt war, wurde nun eines Tages gefragt: *»Na, Frau Klappstein., wie gefällt Ihnen denn nun das neue Kreuz?«*

Durch keinerlei heraldischen Kenntnisse beschwert, meinte sie: *»Dat Krüz jefällt mi gaud, awer dat sich der Herr Rittmeister da so'n ollen Hund rinsetten dät, dat vastei ick nich.«*

(Das Kreuz gefällt mir gut, aber daß sich der Herr Rittmeister da so einen ollen Hund hat reinsetzen lassen, das versteh ich nicht!)

Die Silberdiener Karl und Ferdinand

Die Andacht

Ein Neffe des Hauses war auf Urlaub zu Besuch. Nach der strengen Hausordnung wurde vor dem Frühstück die Andacht gelesen. Da der junge Herr nicht erschien, wurde Karl nach oben geschickt, ihn zu holen, er möchte zur Andacht kommen.

Der Neffe: *»Bestellen Sie mal, ich mache meine Andacht hier im Bett und käme später herunter.«* Darauf Karl: *»Das ist hier nicht gestattet, Herr Leutnant!«*

»Der Storch«

Der festliche Abend war gut und reibungslos verlaufen und Karl am nächsten Morgen im Speisezimmer damit beschäftigt, Silber und Geschirr wieder an Ort und Stelle zu bringen. Die Hausfrau weilte im Zimmer nebenan. Auf einmal ein Riesenkrach durch zu Boden fallende Bestecke, Teller und splitternde Gläser.

Entsetzt eilte die Hausfrau herbei, sah das Unglück und rief: *»Aber Karl! Wie war denn das nur möglich?!«* Antwort: *»Ach Gott, gnä Frau, bei mich kommt der Storch!«*

Wahres Schamgefühl

Eines Tages sagte Karl zur »Gnädigen«:
»Also, gnä Frau, was der August is (der Kutscher), was der Mensch für Wörter in'n Mund nimmt! Ick sag bloß, meiner Frau kann ick so wat nich wiederholen!«, dann mit breitem Grinsen: *»Soll ick se gnä Frau mal vertellen?«*

Gelernt ist gelernt

Ein Vertreter klingelte an der Haustür und fragte nach dem Gutsherrn. *»Der is nich da«*, sagte Karl. *»Na, ist denn nicht vielleicht die gnädige Frau zu sprechen?«* Darauf nahm Karl steife Haltung an und sagte: *»Die gnädige Frau liegt in der Badewanne, und der Herr weilt auf den Fluren.«*

»Die andern«

Graf Xylander in Zanow hatte zwei Frauen verloren und heiratete zum dritten Male im kleinen Kreise in Berlin. Nach der Hochzeitsreise kam das junge Paar nach Zanow zurück und wurde von dem Kutscher und dem alten Diener Ferdinand im Halbwagen abgeholt.

Auf der Fahrt durch den Park kam man in der Nähe des Erbbegräbnisses vorbei. Da kann Ferdinand, der in seiner besten Livree feierlich neben dem Kutscher auf dem Bock tronte, nicht länger an sich halten, drehte sich um und sagte zu der jungen Frau, mit dem Daumen zur Begräbnisstätte weisend: *»Frau Gräfin, da liegen die anderen.«*

Im Herbst kam ein Regimentskamerad, der Graf Medem, zur Jagd und begrüßte den altbekannten Ferdinand mit der Frage: *»Na, Ferdinand, wie geht's denn so mit der neuen Gnädigen?«* Antwort: *»Ach danke schön, Herr Graf, et jeht ganz gut, aber die vorige, die hätten wir uns sparen können!«*

Im nächsten Sommer sollte nach Zoppot gefahren werden. Ferdinand hatte den Koffer vom Grafen gepackt. Da kam die Gräfin und sagte: *»Ach, können Sie nicht bitte mein gutes Kleid beim Grafen obenauf legen, da wird es nicht so gedrückt wie in meinem kleinen Koffer.«* Darauf Ferdinand: *»Nee, Frau Gräfin, det wird wohl nich jehn, det hab'n die andern ooch nich gedurft!«*

Der Herbstbesuch

Die Cousinen aus Berlin waren zu Besuch. Bei einer Spazierfahrt sahen sie eine große Strohmiete auf dem Felde stehen. Da fragte die eine: *»Wozu ist denn das viele Stroh gelagert?«* - *»Ich weiß«*, sagte die andere, *»damit werden im Winter vor dem Schnee die Saaten zugedeckt.«*

Tilly

Tilly war ein nettes baltisches Mädchen, das als Backfisch zu uns gekommen war. Sie besaß eine unbewußte natürliche Komik, die uns viel Freude gemacht hat. Als »Literaten-Tochter« war ihr fast alles neu auf dem Lande. Mit dem Schäfer und seinen Schutzbefohlenen hatte sie aber bald Freundschaft geschlossen und saß dauernd im Schafstall. Als die Lammzeit begann, kam sie eines Tages angerannt: *»Herr v. Knebel, im Schafstall, da ist was los! Da kommen immerzu kleine Lämmer an.«*

Ein andermal: *»Eben hat er ihn gebracht, der Schäfer, den >Hammelbock<.«*

Mit 17 Jahren verlobte sie sich mit ihrem Jugendfreund »Hänschen«. Am Kamin sagte ich zu ihr: *»Aber Tilly! Sie sind doch selbst noch ein Kind, da wollen Sie heiraten und selber Kinder kriegen?« - »Will ich ja gar nicht.« - »So, wissen Sie das so genau?«* Antwort: *»Na, da gibt's doch Bücher!«*

Als ich diese Geschichte Tillys 32jährigen Tochter im Beisein ihrer Mutter erzählte, sagte diese nur: *»Mutti, da hast du wohl 'ne Seite überschlagen?«*

Nach dem Erntefest

Eines Jahres hatte ich zur Brunft Besuch von einem Konaktiven, Prinz Bentheim. Am Abend des Erntefestes wurde ihm das Pirschen verboten, dafür aber auferlegt, mit jedem jungen Mädchen und jeder jungen Frau zu tanzen. Das würde von ihm allseits erwartet! Der Gute hat sich dann auch die ganze Nacht bis zur Erschöpfung auf dem unter alten Bäumen aufgeschlagenen Tanzboden gedreht und meinte, als ich ihn dafür belobte: *So schön und gern habe er lange nicht mehr getanzt!*

Acht Tage danach bei der Lohnzahlung hörte unsere Sekretärin folgendes Gespräch von jungen Bengels aus dem Vorraum, in dem Bilder von Kaiser Wilhelm I., Roon und Moltke hingen. Sie sprachen über den Tanzprinzen, den sie mit den Bildern verglichen.

Nr. 1: *»Em löt so äs Kaiser Willem.«*
Nr. 2: *»Nee, em löt so äs Roon.«*
Nr. 3: *»Em löt so äs Moltke. Hei mütt wohl Blaut von Moltke häwen!«*

Der alte Kutscher in Zülshagen

Er hatte für viele Dinge seine eigenen, teils sehr bezeichnenden Ausdrücke.

Fuhren wir mit dem Pirschwagen durch ein unverhofftes Schlagloch, sagte er: *»Das war wieder so ein kurzes Knipploch!«*

Oder: *»Da steht sie wieder, die reguläre Ricke«* (auf ihrem alten Standplatz).

Bei schlechtem Wetter kam er mit dem »Londoner« Wagen (Landauer) zur Geigenstunde vorgefahren und fragte vor der Abfahrt: *»Sind die Vigeline und die Akten auch mit?«*

»Altweibersommer«

Eines Tages fuhr »die alte Gnädige« durch die herbstliche Landschaft spazieren. Und bald spannten sich die Altweibersommer genannten weißen Fäden durch die Luft und blieben am Mantel des Kutschers haften. Dem nachdenklichen Manne drängte sich der Gedanke eines Vergleichs mit dem betagten Fahrgast hinter ihm auf. So wies er mit dem Peitschenstiel hinter sich auf die tanzenden Fäden und kleidete seine Wahrnehmung in die taktvolle Form: *»Det is nu, gnä Frau, ihr Sommer!«*

Die »goldene Firma«

Beim Neubau des Gutshauses in Groß Grünow wurde zum Schluß von einem sehr gewandten Schmiedemeister in Falkenberg eine handgeschmiedete Supraporte angefertigt (Rundstabverzierung im Bogen der Eingangstür nach einer Zeichnung des Architekten). In der Mitte zeigte das Kunstwerk ein verschlungenes Groß Grünow. Als dasselbe von uns in seiner Gegenwart besichtigt und gelobt wurde, meinte er ganz treuherzig: *»Ja, aber die ›Firma‹ müßt doch eigentlich golden.«*

NSDAP

Im Jahre 1934 oder 1935 ging die alte Müllerin in Dramburg aufs Amt, um nach den ihr zustehenden Winterkartoffeln zu fragen.

Sie trat nach dem forschen *»Herein!«* mit einem freundlichen *»Guten Tag!«* ins Zimmer. *»Ich wollt mal nach meine Winterkartoffeln fragen.«* Der »goldbraune« Beamte sagte unwirsch: *»Zimmer 18«*.

Sobald die Frau die Tür geschlossen hatte, telefonierte der Beamte mit seinem Kollegen auf Nr. 18: *»Da kommt jetzt gleich eine alte Schachtel zu dir. Die kennt noch nicht mal den deutschen Gruß! Die mußt du mal energisch auf Linie bringen.«*

Die alte Müllerin betrat das Zimmer 18, sagte *»Guten Tag!«* und fragte nach ihren Kartoffeln. Der Beamte erwiderte den Gruß mit einem betonten *»Heil Hitler!«* und fragte: *»Haben Sie schon mal etwas von der NSDAP gehört, liebe Frau?«* Die Müllersche antwortete: *»Ja, ja! Sind das nicht die, wo so viel Faule bei sind?«*

»De Kauh - de Frau«

Besuch bei einer älteren, kranken Frau, die im Fieber phantasierte. Der Mann hielt sich bekümmert am Ofen fest und sagte: *»Vorichte Woch wa et so mit de Kauh - denn kriejt se dat in'n Kopp. Denn müßt ick se awschniede. Und nu jehts mit de Fru jrad so los!«*

(Vorige Woche war es so mit der Kuh - dann ist sie durchgedreht. Dann mußte ich sie schlachten. Und nun geht es mit der Frau auch so los!)

Was soll man tun nach Feierabend?

Bei dem Bahnwärterehepaar, das schon elf Kinder hatte, war das zwölfte angekommen. Die Gutsfrau besuchte die Familie und brachte der Wöchnerin verschiedenes zur Stärkung. Sie sprachen über den beschränkten Raum und die vielen Kinder, deren Aufzucht ihnen Sorge mache.

Da sagte die Gutsfrau: *»Ja, ich hab euch schon vor zwei Jahren gesagt, daß ihr nun bald genug Kinder habt!«* Der Mann nahm die Mütze ab, kratzte sich hinterm Ohr und meinte: *»Ja, ja, aber wat soll man tun nach Feierabend?«*

Das Kind wurde »Dutzine« genannt.

Für die vorangegangenen Zwillinge war nicht genügend Milch vorhanden gewesen, so erhielt der eine Milch, der andere Kaffee, mit dem Erfolg, daß der Milchzwilling dünn und blaß blieb und der Kaffeezwilling dick und blühend aussah. Da kann man mal wieder sehen: *Anlage ist alles!*

»Das neumod'sche Tüch«

Vor einer Reihe von Jahren belauschte eine Gutsfrau in der heimatlichen Kleinbahn das nachfolgende Gespräch zweier Bauern, die wohl recht selten mal in die Stadt gekommen waren, weil sie sozusagen am Ende der Welt wohnten. Diese beiden Bauern fuhren also nach Hause von ihrem Ausflug in die »große Welt«. Neuzeitliche Wäsche, Schlüpfer usw. waren bei ihnen noch nicht Mode. Der eine sagte zum andern: *»Mine Fru hät sick in die Stadt so'n neumod'sches Tüch jekauft. Ick glöw, sie nenne dat Schlupfwinkel.«*

»Der Sultan«

Als einmal Friedrich Wilhelm IV. sein Land bereiste und nach *Constantinopel* bei Jakobshagen, Kreis Saatzig, kam, wurde er am Eingang vom Dorfschulzen empfangen. Friedrich Wilhelm fragte ihn im Scherz, was denn der *Sultan* mache. Darauf antwortete der Schulze: *»Der licht up dem Meß und slöpt.«* (Der liegt auf dem Mist und schläft.)

Er wunderte sich, daß der König Interesse für seinen Hofhund hatte.

»Die Verräter«

Einige Pommern waren aus der Deutschnationalen Partei ausgetreten, weil ihnen die Persönlichkeit Hugenbergs nicht gefiel. Sie saßen im Preußenhof in Stettin und begossen ihren Entschluß mit Champus. Da erschien ein sehr geschätzter, humorvoller, älterer Herr mit Spitznamen »Schreiadler«, der in der Partei verblieben war. Man rief ihn: *»Schreiadler, setzen Sie sich doch zu uns und trinken Sie ein Glas Sekt mit!«* Antwort: *»Mit Verrätern trinke ich nur helles Bier!«*

»Mausetot«

Mein Regimentskamerad v. Alten-Dunau-Grünow fuhr gut und auch gern schnell Auto. Als er eines Jahres am Vorabend der Wildjagd zu mir nach Grünow kam, sagte er zur Begrüßung: *»Ich habe eben einen deiner Hammel, der gar nicht aus dem Wege gehen wollte, totgefahren. Das ist aber wohl nicht so schlimm, denn wenn wir morgen nichts schießen, dann haben wir doch wenigstens den Hammel!«*

Beim Abendbrot mußte er erzählen, wie und wieso er schon einmal zweibeinige Hammel, die ihm »unverantwortlicherweise« ins Auto gerannt seien (s. Bockauktion), umgefahren habe? Auf meine entsetzte Frage: *»War denn der zweite auch tot?«* erfolgte die kurze, lakonische Antwort: *»Mausetot!«*

In erster Instanz wurde er zu drei Monaten verurteilt. Er legte Berufung ein und verteidigte sich in der Berufungsinstanz selbst. Am Schluß seiner Verteidigungsrede sagte er: *»Meine Herren Geschworenen! Wenn ich Schuld habe, dann sind drei Monate viel zu wenig. Wenn ich aber nicht schuldig bin, wie ich behaupte und es Ihnen soeben auseinandergesetzt habe, dann sind drei Monate zu viel!«* - Er wurde freigesprochen.

Zahme Schweine

Fatalist

Mit einem Besuch aus Hamburg ging ich in den Schweinestall und sagte zu dem alten »Schweine-Major« - da bei einer Sau wieder mehrere Ferkel eingegangen waren: *»Aber, August, das ist doch schrecklich, daß da immer so viele Ferkel krepieren.«* Antwort: *»Ja, das is nu so. Eins neijt zum Leben, eins neijt zum Tode, da kann man nischt bei tun!«*

»Das S-t-achelschwein«

Unser Großstadtbesuch - Mutter und Tochter - wollte nach der Besichtigung der vielen zahmen Schweine nun durchaus im Wald auch einmal wilde Schweine sehen. Da das auf Anhieb nicht so ganz einfach ist, hatten wir uns an zwei verschiedenen Stellen unter meiner und des Försters Führung angesetzt.

Etwas spät kam ich im Dunkeln zum Wagen zurück und fragte die Mutter, ob sie etwas gesehen habe? Antwort: *»Ja, ganz dicht kam es auf mich los, das S-t-achelschwein!«*

Kutscher und Förster gaben sich die größte Mühe, nicht herauszuplatzen - was ihnen auch gelang. Das »S-t-achelschwein« war ein harmloser Dachs!

De oll Schwiendriewer

Beim Umbau eines alten, etwa 150 Jahre alten Fachwerkhauses in einen Schweinestall werden für die Ausläufe Eichenpfähle gesetzt. Die beiden Männer erzählen sich dabei die Geschichte vom »oll Schwiendriewer«.

In der Franzosenzeit um 1800 soll in dem Haus ein altes, kinderloses Schäferehepaar gelebt haben. Von Generation zu Generation hatte sich folgende Mär erhalten:

Bei einem starken Gewitter suchte ein Schweineaufkäufer mit gefüllter »Geldkatze«, alias Brieftasche, bei dem alten Ehepaar Unterkunft. Die sehr geizige Frau bemerkte den gefüllten Geldbeutel und bewog ihren Mann zur gewalttätigen Fortnahme desselben. Bei dem Handgemenge ist der Handelsmann erschlagen worden und die beiden Eheleute verscharrten ihn etwa einen Meter vor der Hausschwelle. Keiner glaubte recht an die Geschichte, aber sie wurde durch Generationen hindurch erzählt.

Otto B. stieß beim Graben auf etwas Hartes, es war kein Stein, sondern ein Knochen. Darauf sagte er so im Spaß zu seinem Kumpel: *»Kiek, hi is he all, de oll Schwiendriewer!!«* (Kuck, hier ist er schon, der alte Schweinetreiber!) - und richtig, er holte einen Menschenschädel hervor.

Die rauhen Sitten und Gebräuche haben sich geändert. Geblieben ist aber die menschliche Habgier!

»Min Ollsch is so krank«

Nach dem ersten Weltkrieg ist in Wusterwitz für die beiden dorthin gezogenen Ärzte (Human- und Tiermediziner) vom Kreis ein gemeinsames Wohnhaus gebaut worden. Rechts wohnte danach der Menschendoktor, links der für die Tiere.

Eines Nachts im Januar bei großer Kälte und tiefem Schnee wurde bei Dr. Rudolf, dem »Menschenarzt«, Sturm geläutet. Unser Doktor, der sich kurz zuvor zur Ruhe begeben hatte, guckte aus dem Fenster und fragte den im Einspännerschlitten haltenden Bauern, was denn los sei? Antwort: *»Herr Dokter, min Ollsch is so krank, Se möte gliek kauma!«* (Herr Doktor, meine Alte ist krank, Sie müssen gleich kommen) - *»Ist es denn wirklich so dringend?«* - *»Jau, jau!«* ertönte es von unten. *»Dann warten Sie einen Moment, ich ziehe mich an und komme gleich hinunter.«*

Unser Doktor zog sich seinen großen Fahrpelz an, kletterte mit einer dicken Decke bewaffnet in den strohgeflochtenen Schlitten, und los ging die Reise in die kalte Winternacht. Unserm Bäuerlein hingen die Eiszapfen in seinem Schnurrbart, und der Doktor mußte sich erst an den Temperaturwechsel gewöhnen. Keiner sprach einen Ton. Nach etwa zwei Kilometern an der großen Chausseekreuzung fragte der Arzt den Roßlenker neben sich: *»Sagen Sie mal, was fehlt denn eigentlich Ihrer Ollen?«* - *»Jau, ick weet ok nich. Se suhlt sich ümma so väl.«* (Ja, ich weiß auch nicht. Sie suhlt sich immer so viel).

Das kommt unserem Doktor spanisch vor, und nach einigem Überlegen fragte er weiter: *»Sagen Sie mal, wie alt ist denn Ihre Olle?«* Darauf erhielt er die prompte Antwort: *»Jau, so jenau weet ick dat ock nich, öwer farkelt hat's all zwemal!« (Ja, so genau weiß ich das auch nicht, aber geferkelt hat sie schon zwei Mal).*

»Mensch, halt, halt! Dafür bin ich nicht zuständig! Da müssen Sie den Dr. Prettin holen, der wohnt auf der linken Seite vom Haus! Also schnell umkehren und wieder zurück!« - worüber sich Dr. Rudolf mehr freute als der Besitzer der kranken Sau.

Die Trampker Kleinbahn

Zwischen Stargard und Ruhnow kreuzte die nach Gr. Silber/Klein-Spiegel/Janikow führende Kleinbahn die D-Zug-Strecke.

An einem trüben Novemberabend saß ich - aus Stettin-Stargard kommend - in »dem« Abteil 2. Klasse mit Petroleumbeleuchtung, um zur Jagd nach Klein-Spiegel zu fahren. Mit einiger Verspätung setzte sich der Luxuszug langsam in Bewegung und rumpelte über die Vollbahngeleise.

Da gab es auf einmal einen Ruck, die Petroleumfunzel ging aus, und der Wagen hielt, während der Hauptteil des Kleinbahnzuges keuchend in der Dunkelheit verschwand. Ich guckte aus dem Fenster. Bis auf einige Signallampen der Vollbahnstrecke tiefe Nacht um mich herum.

Da kam aus der Richtung, in der das Vorderteil unserer Kleinbahn verschwunden war, ein Licht angeschwankt, und eine Stimme rief: *»Kalützke, Kalützke, der Zug is us ut'nander reten, wi staua mitten up de D-Zug-Streck und de D-Zug möt gliek kauma! Kalützke, kiek bloßig - dau ist e all!«* (Kalützke, Kalützke, der Zug ist auseinander gerissen, wir stehen mitten auf der D-Zugstrecke und der D-Zug muß gleich kommen! Kalützke guck, da ist er schon).

Wenn unser guter Kalützke lateinisch gekonnt hätte, dann würde er gesagt haben »Aequam memento - rebus in arduis«.

Der praktische Landarzt

Der alte Sanitätsrat Dr. Gruber aus Falkenburg war nicht nur als Mensch überall geachtet und beliebt, sondern wußte sich auch in jeder Situation zu helfen. Seine Geschichten waren zahlreich und entbehrten meist nicht der Komik. Nachstehend eine Kostprobe:

Mein Vetter Karl Magnus v. Knebel Doeberitz hatte einen großen Karbunkel im Nacken, der ihm von Tag zu Tag mehr zu schaffen machte. Er fuhr unangemeldet zu Dr. Gr. Richtung Falkenberg. Halbwegs kam ihm der Doktor entgegengefahren. Beide hielten an und begrüßten sich freudig. Darauf mein Vetter: *»Das ist ja wirklich dumm, Herr Sanitätsrat, ich wollte gerade mit meinem Karbunkel zu Ihnen in die Sprechstunde.«* - *»Ja«*, sagte der Doktor, *»ich bin zu einer lebensgefährlich erkrankten Frau abgerufen worden. Daher treffen Sie mich jetzt hier zu der ungewohnten Zeit, und nun habe ich keinen Instrumentenkasten bei mir; aber das werden wir gleich haben: Sie haben doch ein Messer bei sich? Geben Sie das mal her.«*

Er öffnete den Nicker, wischte ihn an seinem Fahrpelz ab und applizierte dem gute Miene zum bösen Spiel machenden Vetter einen kunstgerechten Kreuzschnitt durch seinen Karbunkel. *»So«*, sagte unser Medicus, *»nun geben Sie mal Ihr Taschentuch her, das legen wir drauf, und zu Hause lassen Sie sich einen richtigen Verband mit essigsaurer Tonerde machen. Sie können nun gleich umdrehen.«*

Als er später mal diese Geschichte zum besten gab, erzählte er weiter: *»Zu der todkranken Frau bin ich zu spät gekommen, da war sowieso nichts mehr zu helfen, aber - was soll ich Ihnen sagen - die Frau starb tadellos.«*

Der Lebensretter

Von Puttkammer war als Landrat Vorsitzender der Aushebungskommission.

Der Pferdehändler erzählte davon, er sei von der Kommission schon beinahe für den Wehrdienst angenommen worden, da habe der Herr Landrat gesagt: *»Ihr werdet euch doch nicht mit dem krummen Gestell die ganze Front versauen?«*

So sei der Herr v. Puttkammer sein Lebensretter gewesen.

Andererseits behauptete dieser selbe Händler: *»Was haben wir vom Landrat? Nix haben wir vom Landrat als die Angst vorm Landrat!«*

Trotzdem ist er schluchzend hinter dem Sarge des alten Herrn hergegangen und meinte, die Augen voller Tränen: *»Er ist mir gewesen wie ein leibhaftiger Vater und hat mir immer ein lächerliches Gesicht gezeigt.«*

Der Ochs hat's auch gelernt!

Herr v. Puttkammer erzählte:

Der Ausbruch des ersten Weltkrieges überraschte mich in der landwirtschaftlichen Lehre. Ich hatte noch nicht meine Lehrzeit im Kuhstall absolviert und infolgedessen noch nicht melken gelernt. Um dies nachzuholen, bat ich eine alte Frau, mir das Melken beizubringen. Am ersten Tage mühte ich mich recht kümmerlich damit ab. Hinterher sagte ich zu der alten Tagelöhnerfrau, es sähe so leicht aus, sei aber doch recht schwierig. Da wollte sie mich trösten und sagte: *»Sie werden es auch schon noch lernen. Der Ochs lernt ja auch das Ziehen!«*

Besagter »Ochse« hat das Ziehen dann auch noch glücklich gelernt.

Ruhe ist die erste Kindespflicht!

In meinem Elternhaus durften wir uns als Kinder beim Essen nicht ohne Erlaubnis an der Unterhaltung beteiligen, besonders nicht, wenn Gäste anwesend waren.

Einmal war ein Herr da, der wohl recht wenig Kinderstube gehabt haben mußte.

Mein ältester Bruder fragte meinen Vater: *»Vater, darf ich mal was sagen?« - »Na, mein Jungchen, was denn?«* Darauf mein Bruder: *»Sieh mal, Vater, Herr Dorow ißt mit dem Messer!«* - Peinlicher Moment - Mein Vater faßte sich aber schnell und sagte: *»Wenn du mal so alt wie Herr Dorow bist, darfst du auch mit dem Messer essen.«*

Kurze Zeit später: Es herrschte strenger Frost, so daß die Wasserleitung auf dem Boden eingefroren war. Nun setzte aber Tauwetter ein.

Mein Bruder kam etwas spät zu Tisch, setzte sich und fragte: *»Vater, darf ich mal was sagen?«*

Es waren Gäste da, und mein Vater befürchtete, es könne wieder zu einer Entgleisung kommen. So sagte er, das könne er ihm auch nach Tisch sagen.

Nach dem Essen fragte Vater: *»Na, was wolltest du vorhin sagen?« - »Oben auf dem Boden ist die Wasserleitung geplatzt, und das Wasser läuft schon durch die Decke«*, erläuterte mein Bruder seelenruhig.

»Die Verfassung bewahren«

Als Landrat hatte v. Puttkamer in Bütow einen neuernannten Bürgermeister in einem kleinen, stark kaschubischen Ort auf die Verfassung zu verpflichten.

Auf die Frage, was damit gemeint sei, die Verfassung zu bewahren, antwortete dieser: *»Dat ick mi nich besupen schall!«* (Das ich mich nicht besaufen soll!)

Der Musknüppel

Im Manöver in Westfalen in einem Bauernquartier wurde mir ein Monstrum von Bett angewiesen, mit hochgetürmten Kissen und einem Baldachin darüber. Unten am Kopfende ragte ein etwa forkenstieldicker Knüppel hervor. Auf meine Frage, wofür der sei, erhielt ich die belehrende Antwort: *»Det ist de Musknüppel!«*

Gebrauchsanweisung:
Wenn die Mäuse nachts in der Strohschütte allzu lebendig wurden und man davon aufwachen sollte, dann wurde das Knüppelende ergriffen und hin und her geschwungen, worauf das Mäuserascheln aufhörte. Wie lange - das war eine andere Frage!

Logisch

Herr v. P. aus dem Kreis Rummelsburg handelte mit seinem Pferdehändler um ein Arbeitspferd. Das Pferd war auf einem Auge blind. Deswegen sagte er: *»Von dem Preis müssen Sie noch 100 Mark ablassen, weil der Wallach blind ist.«*

Darauf der Händler: *»Gott der Gerechte, Herr Baron, was soll denn tun das Pferd, soll es arbeiten oder lesen die Zeitung?«*

Das unsichere Gewerbe

Ein anderes Mal beklagte Herr v. P. sich über das schlechte Erntewetter. Sagte der Pferdehändler: *»Nu, wie kann man auch aufmachen sein Geschäft unterm freien Himmel?!«*

Geschmackssache

Zu einem Herrn X. kam dessen Hofjude auf den Hof. Herr X. hatte kürzlich geheiratet. Seine sonst sehr nette Frau war keine Schönheit. Er machte sie mit dem Händler bekannt. Nachher fragte Herr X. ihn: *»Nun, wie gefällt Ihnen denn meine Frau?«* Darauf die Antwort: *»Herr Baron, meine Frau gefällt auch nicht jedem.«*

»Der Piporitus«

Auf einem Gut wirkte ein recht geschickter Gärtner, der sein geliebtes Gewächshaus aufs beste versah, aber mit den lateinischen Namen der Pflanzen auf dem Kriegsfuß stand, wiederum ließ sein Stolz es nicht zu, sie deutsch zu benennen.

So zeigte er eines Tages einen schön blühenden Kaktus mit dem Worten: *»Ein Piporitus!«* Die Gutsfrau nahm es zur Kenntnis, fing aber leise zu rebellieren an, als kurz darauf ein Azaleentopf ebenfalls als »Piporitus« vorgestellt wurde. Als dann eine Hortensie mit leicht verlegenem Blick als »Abart vom Piporitus« bezeichnet wurde, ergab sich die Besitzerin des Treibhauses voller »Piporitusse« in ihr Schicksal.

Identisch

Der Landbürgermeister erhält eines Tages vom Landratsamt folgende Anfrage: *»Wohnt dort ein gewisser Max Müller, und seit wann ist er gemeldet?«* Antwort: *»Die eingezogenen Erkundigungen haben ergeben, daß im Nachbarort vor etwa drei Wochen ein gewisser M. Müller zugezogen ist, während sich hier ein solcher nicht befindet. Ob besagter M. Müller mit dem angefragten Max Müller identisch ist, konnte nicht festgestellt werden, jedoch zuzutrauen ist es ihm!«*

X. P. Bürgermeister!

»Die Autobahn«

Von der Bauleitung der Autobahn Stettin-Danzig erhielt der Justizrat v. K. ein Schreiben mit allen möglichen Fragen, die ihn ärgerten. Er gab keine Antwort.

Nach einiger Zeit wurde diese angemahnt. Darauf raffte er sich zu folgender Antwort auf: *»Ich habe das erste Schreiben für einen Irrläufer angesehen, denn ich habe ja gar kein Auto.«*

Der »Alte Januschauer«

Der alte Januschauer war in der Zeit vor dem ersten Weltkrieg ähnlich eingestellt. Auf die Frage, warum er eigentlich kein Auto besitze, gab er zur Antwort: *»Nee, wissen Se, ich finde immer, mit den jroßen Autos da kommen die Leute so schnell runter von den Jütern!«*

Lange Jahre hatte er einen Sitz für die konservative Partei im Abgeordnetenhaus. Eines Tages wurde er nicht wieder gewählt, sondern sein nicht ganz arischer politischer Gegner.

Der schickte ihm nach seiner Wahl folgendes Telegramm: *»Dem Kammerherrn, dem ist jetzt wohl, der sitzt zu Haus, baut seinen Kohl!«*

Mit einem Schmunzeln drehte Oldenburg das Telegramm um und schrieb als Antwort: *»Und ißt dazu den Schweinebraten, den Moses Ihnen abgeraten!«*

Oldenburg fuhr zur Winterszeit im Schlitten zur Stadt Polzin, um eine Krankenschwester dorthin zu ihrer Station zu bringen. Auf der Fahrt wurden aus irgendeinem Grunde die Pferde unruhig, gingen durch, der Schlitten eckte einen Baum an und schlug um. Der Herr Kammerherr ist durch den Sturz etwas benommen.

Plötzlich fühlt er auf seinem kahlen Kopf einen Finger der Krankenschwester und hört dann den Schrei auf ostpreußisch: *»Ich jlaub, Herr Kammerherr, Sie haben sich die Hosen zerrissen!«*

Der Leutnant mit 10 Mann

Von dem »alten Januschauer«, wie alle Welt den Kammerherrn von Oldenburg auf Januschau im westpreußischen Kreis Rosenberg nannte, stammte auch die berühmte Geschichte vom »Leutnant mit 10 Mann«, die so lange Zeit alle Gemüter bewegte und der Nachwelt unter allen Umständen erhalten bleiben sollte.

Bei einer erregten Reichstagsdebatte, die sich kritisch mit der Allerhöchsten Person Seiner Majestät beschäftigte und dem alten Januschauer an die Ehre ging, rief er temperamentvoll nach einem Leutnant mit 10 Mann, um dieser üblen Auseinandersetzung ein Ende zu bereiten.

Nach vielen Jahren mal auf diese so berühmt gewordene Episode angesprochen, erklärte er in seiner urwüchsigen Art nur: *»Na, erlauben Sie mal, wenn ein preußischer Leutnant mit 10 Mann den Saal betritt und chargieren läßt, bleiben Sie da noch drin? Ich für meine Person nicht!«*

Nur mit der Ruhe und Humor!

Ähnlich humorvolle, nie aus der Ruhe zu bringende Leute hatten wir bei uns im Kreis in Gestalt der Brüder v. Brockhausen. Sie lebten bei ihrer alten Mutter und waren eingefleischte Junggesellen, da das Heiraten ja auch »viel zu umständlich« sei.

Der ältere Bruder, *Heinrich*, war ein kluger, weitgereister Mann, welterfahren und ein guter Kaufmann, nach dem Grundsatz: Kleinvieh macht auch Mist. Er hatte eine sehr schöne Forst mit guten Traubeneichen, die er zu Furnieren einschnitt.

In jungen Jahren machte er eine Weltreise und Jagdexpedition nach Alaska, wo er u. a. das stärkste Bergschaf schoß. Keine Jagd wurde von ihm ausgelassen, war sie auch noch so klein. Er liebte auch die Schüsseltreiben, gute Kameradschaft und Unterhaltung, die er meisterhaft verstand. Er hatte viel erlebt und saß voll der schönsten Geschichten, die er mit Humor und treffenden Redewendungen vortrug.

Nebenbei war eines seiner Hobbys gute, schnell fahrende Autos, eine Leidenschaft, die er mit seinem vorzüglichen Chauffeur Boldt teilte. Eines Tages kam er mit einem riesigen, neuen 6-Zylinder, Marke Elite, vorgefahren. Der Wagen wurde bestaunt, und ich fragte ihn, wie schnell er denn wohl führe? *»Manchmal«*, antwortete er langsam, *»da krieg ich ihn runtergedrückt auf 100!«*

Nach dem ersten Weltkrieg, den er als Schwadronschef in Pasewalk mitgemacht hatte, besuchte ich ihn einmal zu Pferde. Nach dem Abendbrot saßen wir zusammen und unterhielten uns u. a. auch über die traurigen, inflationistischen Zeiten. - Wie schön sei es doch früher z. B. in Berlin gewesen! Darauf er: *»Ja, früher! Da war ich auch ein passionierter Berlinfahrer. Aber nun - bis man da hinkommt - da steht man sich die Beine in den Leib - und wenn man da hinkommt - was ist da los? - Gar nichts ist da los!«*

»Das ist schon immer so gewesen«

Sein jüngerer Bruder, *Edi*, war genau so witzig, aber noch ruhiger, etwas phlegmatisch veranlagt. Er ließ sich durch gar nichts aus der Ruhe bringen und persiflierte sich damit gern selbst.

Als Einjähriger wurde er gefragt:
»Sagen Sie mal, woher kommt es, daß die Tage im Winter so viel kürzer sind als im Sommer?« Worauf er mit lächelnder Miene nach kurzer Überlegung antwortete: *»Das ist schon immer so gewesen!«*

Nach längerer Unterbrechung durch den Krieg traf ich ihn in unserer »Sekundär-Bahn«. Er bewirtschaftete ein Gut im Korridor, das er an Polen abgeben mußte, worüber er natürlich nicht erfreut war. Auf meine Frage, was er denn da hauptsächlich anbaue, kam die langsame, lakonische Antwort: *»Meist bau ich Radieschensamen an. Er wird nicht reif - 's ist aber sonst ganz schön.«*

Die Kommission, die über die Entschädigung der Gutsabgabe zu befinden hatte, saß in Paris. Da fuhr er dann immer nach Paris. Das war auch *»ganz schön«*!

Peruschen

Nachdem er seine Entschädigung schließlich erhalten hatte, kaufte er sich in Schlesien, in »Peruschen an den Ufern der blauen Perusche«, an. Auf meine Frage, wie er denn gerade dahingekommen sei, sagte er: *»Heinrich und ich haben uns in den Zug gesetzt, der eine hat links rausgeguckt, der andere rechts. Und wo die meisten Hasen liefen, da sind wir ausgestiegen!«*

»Die Winterhilfe«

Ein bedeutender Landwirt war Edi nicht, und so kam er mit den schlesischen Rüben und der ganzen Intensivwirtschaft nicht zurecht. Infolgedessen hatte er auch seinen »Winterhilfsbeitrag« nicht bezahlt. Auf die Mahnung seitens der Partei antwortete er: *Er danke sehr für die Nachfrage, jedoch hoffe er, dieses Jahr noch ohne Winterhilfe zurecht zu kommen.*

»Noch mal«

Als kleiner Junge wurde Edi eines Sonntags zu seinem Onkel in Meilen auf Besuch mitgenommen. Der Onkel ging mit ihm auf den Hof, wo der Schäfer gerade die Mutterherde herausließ. Das interessierte den Stöpke sehr, denn zu Hause hatten sie keine Schafe. Er stand mitten vor dem Tor, als der Schäfer das Gatter fortzog, die Schafe herausstürmten und den Kleinen umrannten. Der Onkel in größter Sorge kann nur warten, bis die letzte der ca. 300 Muttern den Stall verlassen hatte. Da wurde auch Edi wieder sichtbar, er stand auf und sagte grinsend: *»Onkel - noch mal!!«*

Mit beiden Brüdern haben wir köstliche Stunden bei Jagden und anderen Zusammenkünften mit ihrem Humor und ihrer guten Kameradschaft verlebt. - Auch sie gehören einer vergangenen Generation und Zeit an.

»Wenn ich dich seh, dann muß ich weinen«

Herr v. Maltzahn in Cummerow, der seinem großen Besitz passioniert und fleißig vorstand, verabscheute jedweden Schreibkram. Eines Tages, es war in jener Zeit, in der die Weimarer Behörden schon recht empfindlich auf das Treiben der immer mehr zunehmenden Nazis reagierten, beerbte er eine 80jährige Tante.

In dem vom Finanzamt zugeschickten Erbschaftssteuerformular füllte er die Rubriken »Noten, Musikgegenstände pp« und »Schmuck, Wertsachen pp« lediglich mit einem schrägen Strich aus, da er nichts dergleichen von seiner Tante geerbt hatte.

Das Finanzamt schickte die Steuererklärung mit der Beanstandung zurück, ein einfacher Strich genüge nicht, es müßte mindestens dort »nichts« oder »keine« eingetragen werden.

Das war dem jedem Schreibkram abholden v. Maltzahn zu viel. Um dieser ihm an sich schon höchst lästigen Behörde eins auszuwischen und ihre »Tintenfuchserei« lächerlich zu machen, trug er nunmehr in die beiden besagten Rubriken, die ein eventuelles Erbteil seiner 80jährigen Tante ausweisen sollten, unter »Musikinstrumente«: »eine Mundharmonika« ein und unter »Schmucksachen«: »eine Hakenkreuzschlipsnadel!«

Der Hieb hatte gesessen. Aber der Leidtragende war wiederum v. M., denn er mußte eine Strafe von 25,- oder 50,- RM bezahlen. Das fiel ihm nicht allzu schwer, und so riskierte er sofort eine neue Attacke:

Die Beamten des Finanzamtes brüteten eines Tages über ihren Steuerakten, und so fiel es ihnen erst nach einiger Zeit auf, daß ein lästiger Leierkastenmann, der immer dieselbe Melodie spielte, heute gar nicht weiterziehen wollte. Schließlich wurde man aber doch hellhörig, denn zu der Melodie gehörte der Text: *»Wenn ich Dich seh, dann muß ich weinen!«*

Natürlich war es nicht zu verheimlichen, von wem der gute Leierkastenmann seinen auf eine gute Stunde laufenden Auftrag erhalten hatte. Humorlos, wie nun einmal Behörden häufig sind, verhängte das Finanzamt eine erneute Geldstrafe über diesen streitfertigen »Erben einer Hakenkreuznadel«.

Der verkannte Fachmann

Der mittelgroße, etwas korpulente v. Greisheim in Zülshagen fuhr eines Sommertages mit der Kleinbahn von Bärwalde nach Polzin.

Der Zugverkehr auf dieser eingleisigen, schmalspurigen und nicht allzu häufig befahrenen Strecke beschränkte sich auf täglich zwei Zugpaare für Hin- und Rückfahrten. So konnte schon ab und zu einmal eine Kuh irgendeines kleinen Bauern gefahrlos auf dem Bahndamm ihrer Futtersuche nachgehen.

Aber an diesem Tag ereilte sie doch ihr Schicksal: Die Lokomotive erfaßte sie so schwer, daß sie tödlich verletzt auf den Schienen zusammenbrach. Der Zug hielt nun auf freier Strecke, und sehr schnell sammelten sich Zugpersonal und Reisende vor der Maschine. Niemand wußte sich so recht Rat, was nun geschehen sollte.

v. Greisheim, dem dieser Aufenthalt sehr ungelegen kam, entstieg in seinem hellen Sommermantel mit aufgerundetem Körperumfang seinem Abteil II. Klasse und eilte nach vorn.

Hier rief er den etwas ratlos Dastehenden zu: »*Schneidet doch der Kuh den Hals durch, damit sie noch ordentlich ausblutet und schafft sie vom Geleise runter!*« Gesagt, getan, und die Fahrt ging weiter.

Am nächsten Tag stand eine Notiz im Blättchen etwa folgenden Inhalts: »*Kleinbahn überfuhr Kuh am Kilometerstein 60. Zugpersonal und Mitreisende standen ratlos vor der Lokomotive, bis schließlich ein erfahrener Fettviehhändler aus der II. Klasse ausstieg und den Rat gab, der Kuh den Hals abzuschneiden und sie vom Geleise zu schaffen.*«

Unerkannter Bekannter

Als etwa 1912 Kaiser Wilhelm zu einer Besichtigung der Moorkulturen von Stolp nach Schmolsin fuhr, passierte er, langsam im offenen Auto fahrend, das Dorf Lübzow, das besonders hübsch geschmückt war.

Auf einer Mauer unmittelbar neben der Straße hatte ein alter, dort beschäftigter Kaschube, seine unzertrennliche Pfeife im Mund, Posten bezogen, um den Kaiser zu sehen. Ganz in sein Schauen und Beobachten versunken, die Pfeife unverrückbar zwischen den Zähnen, guckte er auf die vorüberfahrenden Autos. Der Kaiser, amüsiert über diese völlig ins Betrachten versunkene und wie versteinert dastehende Gestalt, winkte dem Kaschuben freundlich zu.

Bedächtig nahm der Alte, als die Autos längst vorüber waren, die Pfeife aus dem Munde und fragte: »*Wer war dat eijentlich, der mut mi kennt hewwe?!*«

Das »enfant terrible«

Um die Jahrhundertwende machte die junge Braut von Vetter Kurt, Carola v. Dörnberg, bei meiner Mutter ihren Antrittsbesuch. Nachdem sie sich in der Garderobe zurechtgemacht hatte, sollte sie den »niedlichen kleinen Jungen von acht Jahren« in seinem Bettchen in Augenschein nehmen.

Sie beugte sich im Halbdunkel über mein Gitterbett, was mir aber gar nicht recht war, denn mit »fremden Frauen« hatte ich nichts im Sinn. Abwehrend tönte es ihr als Begrüßung im fremden pommerschen Land entgegen: *»Willst du mal machen, daß du rauskommst, du verfluchter Schweinehund!«*

Die also Angeredete lebte schließlich bis ins hohe Alter in ihrer Heimat in Nordhessen und hatte bis zuletzt ihre Freude an dieser ihr bis dahin ungewohnten Begrüßung.

»Der Apfel fällt nicht weit vom Stamm«

Meine Tochter, etwa fünfjährig, liebte ebenso keinen fremden Besuch. Auch eine - schon etwas ältliche - Braut »aus dem Ausland« beugte sich über ihr Kinderbett und wollte sie liebevoll begrüßen. Aber sie drehte sich ruckartig zur Wand und sagte: *»Mutti, so'ne hab ich schon viele gesehen - wie aus dem Bilderbuch - mit den komischen Köpfen!«*

Die Enkel

Unsere Enkel wachsen nun nicht mehr in »Hipo« (Ostpommern) auf, sondern der eine Zweig in Afrika, der andere in einer westdeutschen Großstadt.

Die Afrikaner haben es noch fast so wie ihre Eltern früher zu Hause: ein geräumiges Haus, Garten mit Gemüsebeeten, Hund, Hühner, Esel und neben anderem Getier ein zahmes Reh - alias Gazelle. Spielgefährten und Bedienung jede Menge, nur daß diese schwarz sind. Selbstverständlich auch Auto, Schwimmbad und elektrisch erleuchteten Tennisplatz, weil es bei Tag zum Spielen zu heiß ist und die mit einem Schlage früh hereinbrechende Nacht alles sofort in ein völliges Dunkel hüllt. Die Zivilisation schreitet in den Entwicklungswunderländern mit Riesenschritten fort, aber dort ist wenigstens noch Platz und Auslauf für die Kinder!

Die Großstadtkinder ersticken in der modernen Kultur: Auto, Radio, Fernsehen etc. Mein vierjähriger Enkel versteht vom Auto fast mehr als ich: Wenn ich mal nicht ganz geräuschlos schalte, dann sagt er: *»Opa - warum fährst du so unordentlich?«*

Da für seinen großen Autopark die »Parkplätze« in dem Spielzimmer knapp wurden, erhielt er ein kleines Schiff.

Eines Sonntags fuhr der Vater mit ihm zu einem See am Stadtrand zum »Schiffchen schwimmen lassen«. Nach dem Stapellauf und der Jungfernfahrt zog der neue Eigener sein Schiffchen an einer acht bis zehn Meter langen Leine durch die Anlagen. Sie kamen an eine wenig befahrene Ausfallstraße, auf der ein Auto anrollte und vom Vater mit: *»E. - paß auf, ein Auto«*, angekündigt wurde.

Der 4½jährige Knirps, der mit seiner Strippe schon einige Meter auf der Straße ist, kam nicht etwa zurück, sondern stoppte mit hocherhobener Hand den Mercedes ab. Der Fahrer kurbelte die Scheibe herunter und fragte: *»Was ist denn eigentlich los?«* Antwort: *»Du, halt mal an, ich muß erst mit meinem Schiff hier über'n Damm.«*

Der »königliche Landrat!«

Unter diesem Namen war der Landrat a. D. G. v. Herzberg aus Lottin allgemein bekannt. Er machte auch im Dritten Reich aus seinem Herzen keine Mördergrube und beschwor dadurch oft schwierige Situationen herauf.

Er war lange Jahre hindurch im Vorstand der von seinem Vater gegründeten »Pommerschen Meiereien« und des Verkaufsverbandes Norddeutscher Molkereien, Berlin. Der Verkaufsverband, ein Zusammenschluß von etwa 600 Molkereien des Ostens, hatte Filialen in Königsberg, Stettin, Rostock, Dresden, Breslau, wo jährlich Sitzungen abgehalten wurden. Zur Schlußverhandlung mit anschließendem Essen ergingen dann Einladungen an die örtlichen Reichsnährstands-Dienststellen bzw. ihre leitenden Herren. Dabei wurde oft kräftig der Humpen geschwungen und auch politisiert.

Auf einer solchen Tagung Anfang des Krieges hatte sich unser Landrat dann auch mal mit einem Getreuen des Dritten Reiches in der Wolle, woraufhin er das Gespräch abbrach und sich zurückzog, um schlafen zu gehen.

Im Lift nach oben fuhr ein Kollege seines Gesprächspartners, der die Auseinandersetzung mit angehört hatte, mit, und unglücklicherweise befand sich in dem Fahrstuhl folgendes Plakat: *»Benutzung nur in Begleitung des Führers gestattet.«* Unser Landrat, der schon rot sah, wenn er nur »braun« hörte, sagte darauf: *»Es wird ja immer besser - jetzt kann man sogar nicht mehr ohne den ›Führer‹ Lift fahren!«* Darauf der Braune: *»Daß Sie jetzt ruhig in Ihr Bett gehen können, verdanken Sie auch dem Führer!«* Antwort: *»Ach wo. Ich habe mir mein Nachtlager immer noch selber verschafft.«*

Beim Russeneinbruch 1945 wurde er bei Neustettin erschlagen.

»*Wiedergutmachung*«

In Breslau gab es die altbekannte Frühstücksstube Hansen. Eines Jahres wurde als Ableger der Weinstube Lutter & Wegner in Berlin eine Konkurrenz, das Weinhaus Lutter, aufgemacht.

Eine trinkfeste Tafelrunde beschloß gelegentlich eines besonderen Anlasses, das neue Restaurant zu testen. Es wurde eine runde Feier, für manche »zu rund«.

Einem alten Stammkunden von Hansen, dem Kammerherrn v. N...tz, hatte es auch sehr gut gefallen und geschmeckt. Auf dem Heimweg kam er bei Hansen vorbei und dachte in seiner »leutseligen« Stimmung: »Du mußt da mal hineinschauen, wer da wohl etwa von Bekannten noch sitzt.« Wie er aus der kalten Winterluft in die Wärme kam, wurde ihm schlecht, und er explodierte mitten im Lokal. Er machte kurz kehrt und steuerte auf dem schnellsten Wege sein Domizil an.

Am nächsten Morgen wird ihm langsam bewußt, was er da in der Nacht bei Hansen verbrochen hatte. Gegen Abend, wieder ganz nüchtern, ging er zum Ort der nächtlichen Untat und sagte zu Herrn Hansen: *»Ich komme, um mich zu entschuldigen, wie kann ich das denn bloß wieder gutmachen?«* Darauf Hansen: *»Ach, Herr Kammerherr, das ist ganz einfach, das nächste Mal betrinken Sie sich bei mir und kotzen bei Lutter!«*

»Onkel Otto«

Ein lebensfroher Herr mittleren Alters, den wir mit der Bezeichnung »Onkel Otto« unkenntlich machen wollen, kehrte von einer langen und lustigen Reise zurück, d. h., er wurde in Berlin vom Hotelportier und einem fremden Herrn in Richtung Stolp auf dem Stettiner Bahnhof verladen, worauf er in verdient tiefen Schlaf fiel.

Ab Station Schlawe begann der mitfahrende fremde Herr an ihm zu rütteln: *»Otto, wach auf, die nächste Station ist Stolp!«* Dies wiederholte sich mehrere Male, bis Onkel Otto die Augen öffnete und den Störer seiner Ruhe anknurrte: *»Wer bist du eigentlich?«*

Aber es glückte in Stolp die Entladung und Verfrachtung in das seit etwa drei Tagen zu dem gleichen Zuge angefahrene heimatliche Auto. Das Gutshaus wurde erreicht, der vorsichtige und mit den Gegebenheiten vertraute Chauffeur flüsterte: *»Die gnädige Frau hat heute Geburtstag.«* Das ist eine Überraschung, aber Onkel Otto fand in seinem Koffer ein »für den Fall, daß ... - Geschenk«, das die Geburtstagsregularien erleichterte. Dabei fragte die Frau des Hauses bescheiden: *»Otto, wer ist der fremde Mann?«* Antwort: *»Weiß ich nicht.« - »Lieber Himmel, es kommen doch gleich die Nachbarn zum Essen, wir müssen doch wissen, wer der Mann ist! Besinn dich doch!« - »Ich weiß es nicht!«*

Die Nachbarn kamen. Otto stellte den fremden Mann vor: *»Mein Neffe.«* Einer der Gäste nahm sich Otto vor: *»Sag mal, Verehrter, deine Neffen sind mir im allgemeinen bekannt, wer ist der Kerl?« »Weiß ich nicht.«*

Der fremde Mann hatte zwar kein Gepäck, wurde aber mit geborgtem Hemd und Rasierapparat einigermaßen instand gebracht und erwies sich in der Unterhaltung als eine mit landwirtschaftlichen Dingen vertraute Persönlichkeit.

Wieder fragte ein Gast unseren Otto: *»Wie lange war der Mann auf der Reise bei dir?«* Otto überlegte: *»Seit Kassel sicher, kann aber auch schon früher in meinem Abteil gewesen sein.«*

Am nächsten Morgen fuhr der fremde Mann wieder ab, nachdem er sich unleserlich in das Gästebuch eingetragen hatte.

Nach einigen Tagen kam ein Brief:

»Lieber Otto, die zwei bestellten Motorpflüge sind soeben abgegangen. In einigen Tagen wird auch einer unserer Monteure eintreffen, der - wie ich vorschlagen möchte - zwei Deiner Leute im Gebrauch der Maschinen ausbildet.

Zahlung wie besprochen.

Ich bedanke mich für den reizenden Abend bei Euch! Ich komme gelegentlich gern wieder.

Dein Theobald Beitzingel.«

»Richtig, so hieß der Kerl«, beschloß Otto den Fall.

Hinterpommern
- *Land der braunen Knollen*

Die pommersche Kartoffel ist in der Welt bekannt.

Die Kartoffel, von Friedrich dem Großen in Preußen eingeführt, hat schon mehrmals als Massen-Nahrungsmittel das deutsche Volk in Notzeiten vor Hungersnot bewahrt. Es erscheint daher gegeben, breite Kreise, die außer dem Verzehr nichts mit den »Potatos« zu tun haben, einmal etwas näher mit der Kartoffelzucht bekannt zu machen, die nach Verlust der Ostgebiete so viel schwieriger und vielfältiger geworden ist.

Der Kreis Dramburg - Reg.-Bezirk Schneidemühl (früher Köslin) - gehörte neben den Kreisen Köslin, Regenwalde und der Grenzmark zum Zentrum des Saatkartoffelbaus.

Am Südhang des Uralisch-Baltischen Höhenrückens gelegen, hat er überwiegend land- und forstwirtschaftlichen Charakter. Industrie befand sich nur in den drei Städten: Dramburg, Falkenburg und Kallies. Während in der Kreisstadt Dramburg nur die übliche ländliche Kleinindustrie vertreten war, hatten Kallies und vor allem Falkenburg eine Reihe von Tuchfabriken und Ziegeleien. Die Tuchfabrikation ist durch Friedrich den Großen in Falkenburg eingeführt worden.

Die innere Verkehrslage war günstig. Fast jedes Dorf hatte seine Chaussee, und von Westen nach Osten und von Norden nach Süden wurde der Kreis durch die Bahnlinien Ruhnow-Neustettin (zweigleisig) und Bad Polzin-Falkenburg-Kallis frachtmäßig erschlossen, was von großer Bedeutung für die Land- und Forstwirtschaft und die Ziegeleien war.

Infolge des großen Waldreichtums und entsprechenden Nutzholzanfalles waren zahlreiche Sägewerke über den ganzen Kreis verteilt. In Kietz bei Kallies befand sich eine größere Kisten- und Holzwolle-Fabrik (Schröder & Co.)

Der Waldanteil betrug des größtenteils leichten Bodens wegen etwa 60 Prozent der Fläche und erbrachte hochwertige Althölzer in Kiefer, Buche und Eiche.

Im Tal der »Drage«, die den Kreis von Nordosten nach Südwesten durchfließt, befanden sich bessere Böden, die auch gute Weizenernten hervorbrachten.

Eine besondere Stellung nahm aber der Kartoffelbau, insbesondere die Kartoffel-Saatzucht ein. Boden und Klima waren dafür ganz besonders geeignet, und so betrug der Hackfruchtanteil der größeren, intensiv geführten Betriebe 25 Prozent der Anbaufläche und mehr. Die meisten Großbetriebe hatten Spiritus-Brennereien, und an frachtgünstig gelegenen Orten wurden - meist genossenschaftliche - Flocken- und Stärke-Fabriken (Janikow) betrieben.

In ganz Deutschland und über dessen Grenzen hinaus bekannt war der Kreis Dramburg durch seine qualitativ hochwertigen Saatkartoffeln. In Burglehn bei Dramburg befand sich der Zuchtgarten der P. S. G. (Pommersche Saatzucht-GmbH), in dem der langjährige Zuchtleiter Dr. Stornier die Sorten: Flava, Erdgold, Merkur, Sabina u. a. herausbrachte.

Der Kreis Dramburg war auch die Heimat der weltbekannten »Industrie« in zwei Zuchtstämmen - Modrow und Dr. Reichert-Janikow.

Nicht umsonst hatten sich wohl auch die erfolgreichsten deutschen Kartoffelzüchter, die Gebr. Böhm, in Adolfsruh bei Kallies angekauft und dort ihre Hauptzuchtstelle eingerichtet. Aus dem dortigen Zuchtgarten gingen die Eliten an die anerkannten Saatzuchtwirtschaften des Kreises und der Nachbarkreise, um von dort aus als Hochzuchten und anerkannter Nachbau den Saatzüchtern und Anbauern im Westen zugeführt zu werden. Den Wert dieses gesunden Pflanzgutes vermögen nur Fachleute richtig einzuschätzen.

Warum bleiben die einzelnen Kartoffelsorten nicht mehr jahrelang gesund wie früher, und warum gibt es jetzt so viele, jedes Jahr neu hinzukommende Sorten?

Der Hauptgrund dürfte im Verlust unserer Nord-Ost-Gebiete, den Gesundheitslagen der deutschen Kartoffelzucht, zu suchen sein:

Der uralisch-baltische Höhenrücken mit seinem rauhen, windigen Seeklima und reichlichen Niederschlägen hatte für die dort gezüchtete oder vermehrte Kartoffel ein in ganz Westeuropa nicht wieder vorkommendes Gesundheitsklima. Auch der leichte, zum Teil grandige, lehmige Sandboden war ein besonders geeigneter Standort für die gesundheitsmäßig anspruchsvolle Hackfrucht. Die großen Zucht- und Vermehrungsbetriebe waren auch ganz auf den intensiven Kartoffelbau zugeschnitten. Viel Vieh, viel Roggenstroh, viel Tiefstalldünger bzw. Edelmist. Pflanzliche Gründüngung in Gestalt von Seradella mit Schwedenklee, Gelb- oder Weißklee, Lupinen, Peluschken-Gemenge etc. bildeten die weitere Grundlage organischer, gesundheitsfördernder Düngung. Künstlicher Dünger nur zur Ergänzung, etwa 10 bis 12 Zentner pro Hektar, also etwa 1/2 bis 1/3 der hier im Westen üblichen Mengen.

Diese drei Faktoren - Klima, Boden, organische Düngung im Osten - zu weiches Abbauklima, zu schwere Böden, keine Gründüngung mangels ausreichender Niederschläge im Westen - dürften die Hauptgründe für den schnellen Abbau und die großen Schwierigkeiten der Kartoffelneuzucht westlich der Elbe sein.

Für Laien kurze Beschreibung der Neuzucht im Westen:

Neue Sorten entstehen durch Blüten-Kreuzung. Dann drei Jahre Sämlingsauswahl. Von den auserwählten, erfolgversprechenden Sämlingen dann weitere Vermehrung und Auswahl in drei- bis vierjähriger Auswahlvermehrung im Zuchtgarten. Nach sechs bis sieben Jahren wird die neue, nur mit einer Nummer versehene Sorte zur Zulassungsprüfung an das Bundessortenamt gegeben. Nach dreijähriger fachmännischer, neutraler Prüfung entscheidet dann die Sortenzulassungskommission, ob der Stamm Nr. ... in die Sortenliste aufgenommen und damit zum Handel zugelassen werden kann.

Es dauert neun bis zehn Jahre, ehe eine Neuzüchtung auf den Markt kommt! Wer weiß aber zum Beispiel beim Beginn, ob der durch Kreuzung gewonnene Stamm sich durchsetzen und in sechs bis sieben Jahren den Erfordernissen und der Nachfrage des Marktes entsprechen wird?

Den unter derartigen Mühen und Kosten gefundenen Sorten, welche die z. Z. gültigen Bedingungen erfüllen, kann nun natürlich nicht Zulassung und Namensgebung verwehrt werden. - Daher die vielen und jedes Jahr neuauftauchenden Sorten.

Die Kartoffelzucht (Neu- und Erhaltungszucht) erfordert zähe Ausdauer, Idealismus und einen entsprechenden Geldbeutel, um Fehlschläge durchzustehen und so lange warten zu können, bis eine brauchbare Sorte gefunden ist, die sich dann auch durch Jahre hindurch bewährt und die jahrelangen Ausgaben wieder hereinbringt. - Fast ein Lotteriespiel!

Die pommerschen Kartoffelfresser

Eines Tages, ich war ein Bursche von 12 bis 14 Jahren, und ich durfte schon mittreiben, erschien als neuer Gast auf einer Rotwildjagd ein Herr v. H., der meinem Vater durch eine gewisse Ähnlichkeit aufgefallen sein mußte, denn er fragte den Herrn: *»Sind Sie ein Sohn von General v. H., der unsere Brigade 1870 nach Frankreich hineinführte?«* Herr v. H. bejahte. Darauf mein Vater: *»Wissen Sie, wie Ihr Herr Vater seine Brigade begrüßte? Er rief uns zu: >Ihr verfluchten pommerschen Kartoffelfresser, euch soll ein Donnerwetter holen!<«*

Eingesandt

Zehn Pfund für jeden

Wilhelm Lukas,
früher Groß-Schlatikow und Pegelow

Der erste Weltkrieg war zu Ende und hatte unter den wehrfähigen Männern schwere Opfer gefordert. Trotz aller Schwere der Zeit hielt alle ehemaligen Frontsoldaten ein unsichtbares Band zusammen. So auch bei uns, in dem kleinen Städtchen Zachan und Umgegend.

Wir kamen nach Absprache unter uns überein, uns monatlich einmal an einem Sonnabendabend in einem Lokal in Z. zwanglos zu treffen. Es gab keinen Vorstand, keine Satzungen und Statuten. Gute Bürger und Bauern gesellten sich zu uns. Jeder konnte nach Hause gehen, wenn er es an der Zeit hielt, aber niemals wurde über die Maßen getrunken.

So kam auch an einem solchen Abend der alte berittene Landgendarm S. zu uns. Wenn er es nicht hörte, nannten wir ihn Friedrich-Wilhelm. Ein guter Deutscher und altgedienter Soldat, sehr beliebt, sein Rat galt viel! Auch ein jüngerer Handwerksmeister Sch. gehörte dazu. Von beiden war bekannt, daß sie gut essen und trinken konnten! Der junge Fleischermeister K., der tags zuvor seine Meisterprüfung bestanden und nun die Fleischerei seines Onkels übernommen hatte, kam freudestrahlend ins Lokal, wurde beglückwünscht und gab darauf eine Lokalrunde. Er lobte gesprächsweise seine neu erlernten Wurstsorten und besonders seine Würstchen, die er nun wöchentlich zentnerweise verkaufen wolle.

Der Handwerksmeister Sch. und der Wachtmeister meinten, daß sie beide von den Würstchen wohl zehn Pfund essen könnten. Auf diese Anspielung reagierte prompt der junge Fleischermeister K. und sagte: *»Wenn ihr beide zehn Pfund*

Würstchen hier eßt, dann schenk ich sie euch.« - *»Na«*, sagte daraufhin unser guter Friedrich-Wilhelm, *»Herr K., dann holen Sie die Würstchen man her!«*

K. ging kurzerhand über die Straße zur Fleischerei. In sauber gebügelter Schlachterjacke, die Holzmolle mit zehn Pfund Würstchen auf der Schulter, stand er kurze Zeit später wieder im Lokal. Schallendes Lachen allerseits und der eigentliche Spaß begann:

Die Holzmolle mit den Würstchen wurde im Aufzug zur oben gelegenen Küche gegeben, die heißen Würstchen kamen tellerweise herunter und wurden den beiden serviert. Die Sache ließ sich gut an, beide hatten gesegneten Appetit, jedoch konnte der biedere Handwerksmeister auf die Dauer nicht mithalten und paßte zuletzt ganz. Es kam aber noch ein gehäufter Teller Würstchen, den unser Friedrich-Wilhelm näher zu sich heranzog, sich dazu noch eine Tulpe = $^{4}/_{10}$ Liter Bier bestellte und in aller Seelenruhe weiter aß. Ganz zuletzt nach den Würstchen trank er dann sein restliches Bier, zog ein großes geblümtes Taschentuch (so groß wie ein junges Bettlaken) aus der Hosentasche, wischte damit seinen großen Schnurrbart und seinen Ziegenbart ab, faltete die Hände über seinem Bauch, drehte die Daumen umeinander und sagte: *»Wie wär's denn, Herr K., wenn Sie uns nochmals zehn Pfund brächten?«* Doch K. winkte ab und meinte, daß er sein Geld nicht auf der Straße fände. Sich bedankend zogen die beiden gesättigt ab. Schallendes Gelächter bei allen Anwesenden.

Noch heute, nach 40 Jahren, erzählt man schmunzelnd davon. Mögen auch die Küchenmädchen beim Heißmachen der Würstchen ein bis zwei Pfund für sich abgezweigt haben, es war eine Glanzleistung!

Rückzug mit schweren Herzen

Zu Fuß von Ostpommern bis zur Altmark

Hasso von Knebel Doeberitz

Am 23. Dezember 1944 war ich von meiner gleichfalls unfreiwilligen »Reise« aus Potsdam (fünf Monate; Verhaftung von der Gestapo im Zusammenhang mit dem Anschlag v. Staufenberg auf A. Hitler am 20. Juli 1944) nach Hause zurückgekehrt, und wir verlebten mit beiden Kindern ein friedliches Weihnachtsfest, ohne zu ahnen, was das neue Jahr uns bringen würde.

Wie ein Sturmwind kam dann der Durchbruch im Osten, und Anfang Februar wurde bereits im Raum Deutsch-Krone, Märkisch-Friedland, Kallies, also im Südteil unseres Kreises gekämpft. Durch neu herangeführte Truppen wurden die Angriffe noch einmal unter Abschuß von 23 Panzern im Raum Kailies, Virchow, Herzberg, Groß-Linichen, zum Stehen gebracht. Die Hauptkampflinie lag drei Wochen lang 15 Kilometer von Dietersdorf entfernt, wodurch wir uns in der Wirtschaftsführung nicht stören ließen, um noch möglichst viel zu dreschen und Getreide und Vieh zurückzuführen.

Die Vorbereitungen für einen eventuellen Treck waren jedoch völlig unzureichend. So wurden zum Beispiel die aus der Kampffront im Süden evakuierten Betriebe im Norden des Kreises drei Wochen lang festgehalten, anstatt diese Trecks nun in Ruhe ziehen zu lassen. Meine diesbezüglichen Vorstellungen beim Kreisbauernführer usw., wenigstens die Trecks aus dem Südteil des Kreises und aus dem Kreis Deutsch-Krone jetzt abzuschieben, da sie uns später die Straßen verstopfen würden, blieben erfolglos und wurden nicht als notwendige oder vorausschauende Maßnahme, sondern als übertriebene Vorsicht, wenn nicht als Feigheit ausgelegt.

Nachdem auch die feindlichen Angriffe bei Amswalde zum Stehen gekommen waren, sprach man allgemein von einer großzügigen Gegenoffensive in süd-östlicher Richtung, aber nicht von der Möglichkeit des eigenen Ausweichens.

Plötzlich, am 1. März abends, kam der Treckbefehl für den nächsten Tag, und nun überschlugen sich die Ereignisse: Am zweiten Vormittag wurde das gesamte Vieh mit Bauern und an die 300 Stück Rindvieh und etwa 1.000 Schafe in nordwestlicher Richtung über Grünow in den Kreis Regenwalde abgetrieben, und nie wieder wurde etwas davon gesehen. Bei dem großen Durcheinander und viel zu wenig Treibern rannten gleich drei Stück in den Schloßteich und ertranken.

Betreffend Unterbringung, Futter etc. war nichts vorbereitet, man möge sich also das Durcheinander bei den zusammenströmenden Viehmassen vorstellen!

Am Nachmittag wurden die vorbereiteten Treckwagen beladen, was bei den fehlenden Männern und völlig mangelhaften Kutschern erhebliche Schwierigkeiten bereitete und länger dauerte als vorgesehen. Gegen 20.00 Uhr setzten sich die Wagen in Richtung Falkenburg - Dramburg - Regenwalde in Bewegung. Treckführer war für etwa 30 Fahrzeuge (mit Bruchhof und Büddow) der Bürgermeister Müller. Ich blieb daher zurück, um die Trecks Grünow und Rosenhöh in Gang zu bringen, für die aber noch kein Marschbefehl vorlag.

Obgleich jeder Gespannführer einen schriftlichen Ausweis des Ortsgruppenführers bei sich hatte, wurde der Treck in Falkenburg fast drei Stunden aufgehalten, da eine SS-Streife behauptete, die meisten Fahrer seien volkssturmpflichtig und dürften nicht fort. Die Frauen sollten alleine fahren. Nach langen Verhandlungen mit dem Volkssturm-Bataillonskommandeur, einem Falkenburger Lehrer (Schulz), habe ich schließlich den Weitermarsch durchgesetzt.

Da Groß-Grünow und Rosenhöh noch keinen Treckbefehl hatten und von irgendeiner Verschärfung der Lage nichts bekannt war, blieb ich die Nacht, die letzte, noch in Dietersdorf und fuhr am nächsten Morgen mit dem Auto über Rosenhöh - Wusterwitz, wo ich beim Ortsgruppenleiter Theuerkauff den Treckbefehl abholte, nach Grünow. Frl. v. Grothe mit Elle, Lina Tröger und Frl. Zosel hatte ich in zwei Kutschwagen mit Mielke und Vogler direkt nach Grünow geschickt. Wilhelm Rachhut, Lengtat (Sägewerk) und alle sonst noch brauchbaren Leute waren beim Volkssturm, was sich zum Beispiel bei den Kutschpferden so auswirkte, daß »Theodor« und »Rauhbautz«, ausgerechnet die zuverlässigsten und ausdauerndsten Pferde, lahm waren.

In Grünow erschien nach dem Essen der 2 a der 168. Division, um für seinen Stab aus Wutzig Quartier zu machen. Durch ihn erfuhr ich die heikle Lage im Raum Schönwalde-Rinow-Labes. Gegen 16.00 Uhr kam August Wulkow zu Fuß in Grünow an und bestätigte mir das Zusammentreffen des Dietersdorfer Trecks mit den feindlichen Panzern in Schönwalde. Die Treckwagen hatte ich gleich mittags zur Probe fertigmachen und anspannen lassen. Nun sollten sie sofort beladen werden, um schnellstens abzufahren und nachts noch durch Schievelbein zu kommen.

Der Treckbefehl lautete: Dramburg - Labes - Regenwalde. Bei den langsamen Hinterpommern und fehlendem, energischem Aufsichtspersonal war dies aber in der Dunkelheit bei einsetzendem Schneetreiben einfach nicht möglich, und so beschloß ich, beim Morgengrauen abzurücken, was dann auch einigermaßen klappte.

Von Gersdorf aus schloß sich der Rosenhöher Treck an. Es kam aber bald zu großen Stockungen, so daß wir erst nach Stunden in Ritzerow anlangten, wo wir Richtung Schievelbein große Rauchwolken sahen und Kanonendonner hörten. Ich blieb daher mit beiden Trecks in Ritzerow.

Kuli v. Rohr, der in der Nacht von Gersdorf bis Ritzerow fünf Stunden gebraucht hatte, kam mit Hannah Gräfin v. Arnim in zwei Kutschwagen gegen Mittag zurück, da er seitlich von Schievelbein nicht mehr durchgekommen war. Während

Hannah nach Gersdorf, das nun gar nicht mehr zum Trecken kam, zurückfuhr, beschlossen Rudolf v. Knebel und Leo v. Oppenfeld, am nächsten Morgen mit dem Fahrrad in nördlicher Richtung unterzutauchen.

Da ich selbst jedoch die beiden Trecks, für die ich mich verantwortlich fühlte, bei mir hatte, blieb ich zurück und ritt Richtung Wusterwitz zu eigenen Truppen, um möglichst mit diesen aus dem Kessel zu kommen. Dort wurde mir gesagt, daß am nächsten Abend von Rützow-Labenz aus in nordwestlicher Richtung angegriffen werden sollte und daß ich mich mit einem verkleinerten Treck anschließen könnte.

Als ich dann am 5. März vormittags in Rützow zur Stelle war, eröffnete mir der General, daß er sich entschlossen habe, alle Fahrzeuge und schweren Waffen zurückzulassen, um zu Fuß mit M. Pi. und Gewehr in nordwestlicher Richtung durchzubrechen, weil die Nachbardivision der fünften Jäger schon tags zuvor angetreten und sein Stoßkeil nun zu schmal geworden sei.

Alle Fahrzeuge wurden darauf angesteckt und die Pferde an die Bäume gebunden. Da diese Maßnahme nun für uns keinerlei Aussicht auf Erfolg bot, kehrte ich in Richtung Haupttreck - Klanziger Forst - um und blieb die Nacht in Pritten, wo ich auch v. Grüneisens antraf.

Ich hatte mich damit abgefunden, mit meinen Leuten in die Heimat zurückzukehren und hoffte, daß meine Ausschließung aus der Partei und fünfmonatige Haft vom 22. Juli 1944 bis 23. Dezember 1944 mir eine glimpfliche Behandlung durch die Truppen der Russen gewähren würde. Dem war aber nicht so ...

Bereits in der Nacht kamen Truppen der 1. und 2. polnischen Division an, die sofort alle Zivilpersonen untersuchten und um Uhren, Geld und sonstige Gegenstände erleichterten.

In Begleitung der polnischen Soldaten waren Zivilpolen aus der Gegend, die mich sofort als »Major«/Dietersdorf erkannten. Ich wurde nun genau durchsucht, und mir wurden bei dieser Gelegenheit zwei Uhren, Ringe, Zigarettenetuis, Ausweispapiere, Geld, Stiefel, ja sogar meine Reithosen, abgenommen.

Da ich als Offizier in Polen und Rußland gewesen war, wurde ich als Kriegsgefangener zum polnischen Regimentsstab nach Dolgen gebracht und dort vernommen. Vor dem Stabsquartier standen drei meiner Zivilpolen, die auf Befragen, wie ich mich ihnen gegenüber verhalten hätte, übereinstimmend sagten »Dobre, dobre« (gut) antworteten.

Weil ich aber als Reserveoffizier gegen Polen und Rußland gekämpft hatte, mußte ich weiter als Kriegsgefangener in Haft behalten werden.

Nach einigen Stunden wurde ich mit etwa 30 anderen Zivilisten einem Kriegsgefangenentransport angeschlossen und durfte nun, von polnischen Infanteristen bewacht, die dauernd »schnell, schnell« brüllten, quer durch meinen eigenen Besitz Groß-Grünow über den Hof an meinem Hause vorbei nach Falkenburg marschieren, wo wir auf dem Boden des Amtsgerichts untergebracht wurden. Dort war vor Kälte und Engigkeit auch die zweite Nacht an Schlafen nicht zu denken. Im Sommer hatte ich bei großer Hitze unten in der Zelle gesessen und war als Zivilgefangener des dritten Reiches mit der Bahn nach Dietersdorf gefahren, als auf den Feldern die Ernte heranreifte.

Bei einem Halt vor der Grünower Mühle sah ich kurz Lina und Zosel, die mir noch schnell eine Decke mitgaben.

Dieser Abschied von der Heimat und den Getreuen sowie allem, was einem durch 25jährige Arbeit ans Herz gewachsen war, war wohl das bitterste Erlebnis, das einem das Schicksal aufbürden konnte.

Bei dem Halt an der Mühle wäre ich fast in einem Moment der Schwäche der Versuchung erlegen, meinem Leben durch Ertrinken im Fluß an der Stätte glücklicher Jahre des Aufbaus ein Ende zu setzen, nachdem meine langjährige treue Mitarbeiterin Lina Tröger völlig gebrochen mir zuflüsterte:

»Das ist für uns alle das Ende.« Der Gedanke an die Kinder und die Pflicht ihnen, der Heimat, Volk und Vaterland gegenüber ließ mich aber diesen Schwächemoment schnell überwinden, und so ging es mit zusammengebissenen Zähnen weiter durch meinen geliebten Grünower Wald nach Falkenburg.

In der Nacht wurden Militär und Zivil getrennt. Letzteres kam in das völlig verwüstete Zimmer des Amtsgerichts, wo wir wie die Pökelheringe herumstanden. Nach Abmarsch der Soldaten am Morgen holte man auch uns auf die winterliche Straße, und zu unserem Erstaunen erklärte uns ein polnischer Offizier: »Sie können gehen.«

Ich wollte zunächst nach Grünow, Försterei Dranzig. Da die Chauseebrücke gesprengt war, mußte ich durch die Stadt und ging vorsichtshalber über die Brücke im Schloßpark, die ich als heil vermutete und auch vorfand.

Leider hatten sich mir als Ortskundigen sechs bis sieben andere zum Teil unbekannte Leute angeschlossen, die auch über die Drage wollten. Dieser »Trupp« fiel nun aber den Russen auf, die die Polizeigewalt in Falkenburg ausübten, und so wurden wir am Stadtende als verdächtige oder wenigstens arbeitsfähige Männer gleich wieder festgenommen.

Jetzt kamen wir in eine Art GPU-Gewahrsam am Markt und wurden von kleinen, schlitzäugigen Kalmücken mit M. Pi. bewacht, die Tag und Nacht wie die Schäferhunde um uns waren. Das Lokal wurde voll und voller, denn man stopfte nun auch Ausländer hinein, so daß wieder an Liegen oder gar Schlafen nicht zu denken war.

Den nächsten Morgen: Antreten im Hof und flüchtige Vernehmung der Reihe nach durch einen Kommissar und einen betrunkenen Jungen als Dolmetscher, der meinen Rucksack mal wieder durchsuchte und alles Brauchbare und Rauchbare behielt. Mehrfach wurde ich gefragt: »Wieviel Judenschießen hast du gemacht?«

Graue wollene Strümpfe bewiesen angeblich meine Zugehörigkeit zum Volkssturm, auf den sie eine besondere Wut hatten. Der Posten wurde mit »Soldat/Exekution« gerufen. Eine nicht gerade gemütliche Situation.

Es erfolgte aber Einteilung in Arbeitskommandos, die zunächst den Marktplatz zu säubern hatten. Hier sah es wüst aus wie in und vor allen Geschäften. Alles war mehrfach umgewühlt, um zum Wohnen Platz zu schaffen, auf die Straße geworfen. Inzwischen lebten an verschiedenen Stellen der Stadt trotz Schneetreibens Brände wieder auf, und so wurden wir zum Löschen mit Eimerketten von den wenigen Pumpen aus eingesetzt.

Ausgebrannt waren die Molkerei, der Bahnhof, das Viertel Hoppe, Schlosser Wiesner, Gärtner Mönke und die Ecke Kaffee Schulz. Wir mußten daher Tag und Nacht ohne Pause und Essen löschen und wurden alle sechs Stunden zum Aufwärmen in einen geschlossenen Raum geführt und dort wie die Hammel abgezählt.

Bei den Aufräumungsarbeiten auf dem Marktplatz wurde ich wohl von einem meiner russischen Kriegsgefangenen erkannt und daraufhin nochmals von einem Kommissar, diesmal ausführlicher, vernommen.

Er hörte sich meine Angelegenheit Partei, 20. Juli, ohne merkliches Interesse an. Daß ich jedoch als Offizier in Rußland gewesen war und 30 bis 50 Arbeiter, darunter russische Gefangene, beschäftigt hatte, genügte ihm, um meinen Abtransport nach dem Osten zu verfügen. Ich wurde zunächst zum weiteren Löschen entlassen, wobei ich nun die fünfte Nacht ohne Schlaf und Verpflegung zubrachte.

Gegen Mittag wurden wir in das Hotel Falcke zurückgeführt, mit der leisen Hoffnung, daß wir nun endlich was zu essen bekommen würden - aber weit gefehlt. Es hieß sofort, wieder antreten auf dem Hof, wo wir nunmehr namentlich aufgerufen und in zwei Haufen geteilt wurden. Der größere

Haufen wurde herausgeführt, wo wir in einer Nebenstraße, Kolonne zu vieren, etwa eine Stunde warten mußten, ohne zu wissen, was nun wieder mit uns passieren sollte.

Schließlich kam ein Zug von ungefähr 500 Militärgefangenen, dem wir, etwa 250 Zivilisten, angehängt wurden. Ab ging es Richtung Märkisch-Friedland, Deutsch-Krone, Warschau, wie ich aus einem der zivilen Begleitmannschaften auf Fahrrädern mit roter Armbinde und Gewehr herausbekam. Neben mir gingen der 68jährige Förster König aus Klanzig, der Postdirektor aus Dramburg, ein Dietersdorfer Bauer, mehrere Förster, kleine Gutsbesitzer, Bauern und Kaufleute.

Kurz vor dem Dorfe Wutzig wurde die erste Pause gemacht, und ich sagte mir: »Jetzt ist es Zeit, ehe die roten Radler ihr Herdenvieh genauer kennengelernt hätten.« Während alles nach rechts heraustrat, schob ich mich gleich hinter einem vorbeifahrenden LKW nach links in eine offenstehende Scheune ein und kauerte mich auf die Erde. Der zuständige »rote Radler« hatte tatsächlich nichts bemerkt, weil er dem vorbeifahrenden LKW nachschaute. Nach fünf Minuten setzte sich der Gefangenenzug ohne mich in Bewegung.

Ich verbarg mich, so gut es ging, hinter dem wenigen Stroh und wollte die Dunkelheit abwarten. Nach etwa einer halben Stunde stehen jedoch plötzlich zwei Polen vor mir und entsichern ihre Gewehre. Ich wurde zum Offizier geführt, der glücklicherweise nicht da war. Ein Unteroffizier läßt mich jedoch Richtung Falkenburg laufen, da ich dort - wie er seinen Leuten augenscheinlich erklärt - ja doch wieder von den Russen festgenommen würde.

Darüber wußte ich ja nun bestens Bescheid und ging von der Chaussee links ab durch meinen eigenen Streblower Wald - Stadtforst - Kanzigsee auf die Grünberger Dragebrücke zu. Sorge machte mir meine Spur, die im fußhohen Schnee natürlich ganz genau zu verfolgen war.

Kurz vor der Dragebrücke angekommen, hörte ich, wie der dritte Posten sein LMG schloß, wodurch ich in der Dunkelheit rechtzeitig bemerkte, daß die Brücke besetzt war.

Ich ging darauf am Drageufer Richtung Falkenburg entlang bis zu einer Heuabfuhrbrücke, die zum Glück intakt und unbesetzt war. Im tiefen Schnee an den Dragehängen ein sehr beschwerlicher Weg. Auf dem Friedrichsdorfer Felde lief ich zunächst im Kreise herum, da bei dem Schnee im Dunkeln alle Orientierung fehlte. Schließlich fand ich die Feldscheune und von dort durch den Wald zum Sägewerk Riedmüller. Die Baracke war leer und ausgeplündert. Weiter nach Dranzig, wo ich gegen Mitternacht anlangte, aber nur fremde Leute in der völlig durchwühlten Wohnung unseres Försters König antraf. Endlich erhielt ich nun etwas zu essen und sank in der Bodenstube in bleiernen Schlaf.

Am nächsten Morgen steht ein Leutnant Radtke vom Stabe des SS AK in Uniform vor mir und sucht gleichfalls Förster König, um sich Zivil zu verschaffen. Der Angriff Richtung Schievelbein ist, so berichtet er mir, völlig zersplittert, so daß selbst der Korpsstab versprengt wurde. Da ihm noch einige Sachen fehlen, gehen wir mittags hinüber zu Krack, dessen Haus wir verschlossen und völlig unberührt antreffen. Wegen Schlechtwetters bleiben wir dort die Nacht. Der Jagdterrier »Buddha« hatte mich erkannt, und ich mußte ihn mit Gewalt nach Dranzig zurückbringen. Wo mochten meine beiden Setter »Annele« und »Bertchen« sein, die in Rützow nicht zu bändigen waren und unter den vielen Soldaten voller Aufregung verschwanden?

Nach ruhig verbrachter Nacht traten wir am nächsten Morgen über Antonienhof, Gersdorf, Weißenbruch den Weg nach Nordwesten an. In Antonienhof sahen wir Pagel und Klützke aus Falkenburg und versahen das Vieh.

Der Pächter selbst war fort. Wir gingen dann unbehelligt an Schönberg und Gersdorf vorbei nach Weißenbruch, wo meine Cousine Hannah Gräfin v. Arnim mit allen ihren Leuten, sie selbst beim Förster König, saß. Sie sind oft von Polen aus Redel kontrolliert worden, und man hatte natürlich auch viel mitgehen lassen, aber es ging allen doch verhältnismäßig gut. Meine Cousine stattete mich rührend mit Lebensrnitteln, ja sogar mit Zigarretten aus, und wir schliefen ungestört und gut verpflegt bei dem alten Ehepaar, obwohl die Vormarschstraße wie über Grünow so auch hier über das entlegene Weißenbruch ging.

Bei schlechtem, kaltem Wetter marschierten wir den nächsten Morgen weiter über Redel (feindfrei), Neu-Schlage, Nelep nach Norden. Übernachtung in einer Scheune. Weiter bis in die Kreiziger Forst, wo uns der in einem Unterstand wohnende Förster riet, in einem Hochsitz zu übernachten.

Es war eng und kalt, ging aber. Der alte Herr v. der Goltz saß gleichfalls in einem Unterstand in seinemWalde.

Wir gingen als »Elsässer« - aber ohne irgendwelche Papiere, weswegen wir Begegnungen mit Polen und Russen möglichst vermieden.

Eine Kosackenpatrouille wollte uns schon festnehmen, drückte uns aber freundschaftlich die Hand, als wir ihnen erzählten, daß wir Franzosen seien.

E. v. P. 1943

Der Spruch an der alten Pappel

Im Dorf Z. an der Chaussee Dramburg-Falkenburg, an der Abzweigung zur »Keiperschen Ziegelei« stand eine alte Pappel, die noch aus der Zeit der Landstraße stammte.

An ihrem mächtigen Stamm hatte meine Mutter auf einem großen Blechschild nachstehenden Spruch anbringen lassen, der mir von frühester Jugend an im Gedächtnis geblieben ist, wie wohl vielen, die damals zu Fuß oder Pferdewagen des Weges kamen. Der von der Besinnlichkeit damaliger Tage zeugende Vers lautet:

Als Wegwart stand ich lange Zeit,
Sah Viele kommen und gehen.
Viel Freude sah ich und auch viel Leid
Im Menschenleben entstehen.
Nur kurze Zeit noch ist für mich
Auf Erden hier beschieden.
Ein Sturm, ein Blitz - so lieg auch ich,
Spend nimmer Schatten Müden.
Bedenk, oh Mensch, welch Spanne Zeit
Hast du auf Erden noch zu weilen?
Bald läßt dich Gottes Richterspruch
Vor seinen Richtstuhl eilen.
Sahst du der Erde Herrlichkeit
Auch in dem Abendschimmer -
Der Morgen, Mensch, gehört dir nicht -
Vielleicht siehst du ihn nimmer!

In den Inflationsjahren nach dem ersten Weltkrieg, in denen das Blechschild wohl mehr Wert besaß als der an die Vergänglichkeit des menschlichen Seins mahnende Spruch, war dieser eines Tages verschwunden. Ich ließ ihn daher erneut an einer gleich starken Pappel am Landweg D.-Zkp. mit weitem Blick über den Vansowsee anbringen, wo mancher Wanderer aus Falkenburg und Umgebung im Schatten der Riesenpappel innehielt, um in sich aufzunehmen, was sie ihm zu sagen hatte. Wohl der letzte freie Deutsche, der sich an dem Pappelspruch erfreute, war St. H. B. auf St., als er Ende Februar 1945 seine Heimat verlassen mußte und zu Pferde aus dem Kreis Deutsch-Krone über Dietersdorf nach Nordwesten zog.

Besinnlicher Ausklang

Meine »innere Stimme« hat mir geraten, vorstehende Geschichten einmal aufzuschreiben, damit sie nicht in Vergessenheit geraten. Mit ernsten Strophen möchte ich schließen.
Wie so oft Freud und Leid dicht beieinander liegen, so sollen die lustigen Geschichten mit diesen ernsten Versen ihren Abschluß finden.

Sollte ich einem kleinen oder auch größeren Kreis von Schicksalsgefährten damit einige frohe Stunden bereitet haben, so wäre das für mich der beste Lohn!

Hasso von Knebel Doeberitz

Wir wissen's nicht!

Warum der Strom, der unser Land durchfloß,
Nun Schranke ist, die uns die Heimat wehrt,
Die unser war durch die Jahrhunderte, -
Warum dies Land entvölkert und entehrt?
Wir wissen's nicht.

Ob unsere Äcker dort noch Früchte tragen,
Die unser Pflug durchbrach, die wir gepflegt, -
Ob unsere Wälder noch im Winde rauschen,
Die wir gehütet und gehegt?
Wir wissen's nicht.

Zieht noch der Hirsch durch Wald und Heide,
Glüht noch die Sonne über Moor und Porst,
Tritt noch das Reh im letzten Abendscheine
Auf stille Wiesen aus dem dunklen Forst?
Wir wissen's nicht.

Das stille Haus im alten, dunklen Park,
Der Hof und alles, was uns einst gehört,
Was uns des Lebens Inhalt einzig war,
Verwüstet seid ihr, doch seid ihr zerstört?
Wir wissen's nicht.

Vom Wind verweht, die unsere Freunde waren,
Die Waidgenossen bei so mancher Jagd, -
Sie irren fremd, verarmt, verachtet und geschändet,
Warum ein Gott dies alles dulden mag? -
Wir wissen's nicht.

Nach vielen Jahren

Reise in die »Vergangenheit«

Bernd u. Astrid v. Knebel Doeberitz

Der Koffer und die Taschen waren gepackt, die Frühstücksbrote für die Fahrt geschmiert, aber etwas traurig darüber, die Katze Cleo, die uns seit einigen Wochen als Herrchen und Frauchen adoptiert hatte, zuhause zurückzulassen, starteten wir am 6. Oktober 2001 noch vor Sonnenaufgang. Randvoll beladen mit Kleidung, die Bekannte uns mitgaben, sowie Spenden von Apotheken in Form von Vitaminbonbons, Erkältungstees etc. sowie Schreibmaterial für Schüler, gespendet von Volksbank und Sparkasse, fahren wir an dem wunderschönen Herbstmorgen auf der A 2 Richtung Osten.

Am Grenzübergang bei Stettin habe ich ein eigenartiges, mulmiges Gefühl. »Auspacken tue ich nichts«, denke ich, »das können die dann selber. Habe mühsam die vielen Tüten so verstaut, daß alles Platz hatte!« Unsere Ausweise werden von einem deutschen wie auch einem polnischen Beamten aber nur kurz betrachtet. Erleichtert dürfen wir die Fahrt fortsetzen.

Hinter Stettin, heute Szczecin, endet die Autobahn, und weiter geht es per Landstraße, teilweise auf richtigen Prachtalleen. Gerade im Herbst ist es wunderschön, hier entlang zu fahren, und aufgrund der vielen alten Bäumen, die rasenden Autofahrern mit Sicherheit keinen Platz machen, finden wir es angebracht, daß hier nur 80 km/h erlaubt sind. Leider wird diese Vorschrift insbesondere von den Landsleuten, die jetzt froh darüber sind, ebenfalls schnelle Autos haben zu können, kaum beachtet. Die gut asphaltierten Landstraßen mit Hügeln und Kurven, jedoch ohne Randstreifen und oft ohne

Mittellinie sind für rasante Fahr- und Überholmanöver nicht geeignet. An so manchem Baumstamm sehen wir ein Kreuz und künstliche Blumen angebracht.

Gegen Nachmittag erreichen wir Dramburg (Drawsko Pomorskie) und schauen uns den Dom an, in dem gerade eine Art Kinderstunde stattfindet. Im Vorraum befindet sich ein großes farbiges Fenster mit dem Familienwappen v. Knebel Doeberitz, in einem ebensolchen Fenster auf der anderen Seite sind die fünf Familienwappen v. Brockhausen, v. Griesheim, v. Zadow, v. Borcke und v. Grünberg zu sehen. Dies waren die einflußreichsten Großgrundbesitzer des Kreises Dramburg.

Weiter Richtung Falkenburg fahren wir nach Zülshagen, heute Suliszewo, auch einem ehemaligen knebelschen Gut. Das Herrenhaus finden wir nicht, dafür aber das Gutshaus im Nachbarort Dalow (jetzt Dalewo), das einem Onkel von Bernd, Sixtus v. Knebel Doeberitz, gehörte, der auf der Flucht ums Leben kam. Dessen Tochter Ingwelde (heute v. Knobelsdorff) hat sich vor kurzem das leider von außen nicht mehr ansehnliche, jedoch bewohnte Haus angesehen. Als wir dort parken, kommen etliche Kinder angelaufen, denen wir Malkreide schenken, die sie sofort an einer alten Hausmauer mit Begeisterung ausprobieren.

Gegen 16.30 Uhr treffen wir in Falkenburg, heute Zlocieniec, ein und suchen Straße und Haus der deutschen Käthe Kononowicz, die wir von Herrn v. Zadow empfohlen bekamen. Sie erwartet uns bereits und macht uns, nur einen Feldweg weiter am Rande von Falkenburg wohnend, mit ihrem Sohn Peter und Schwiegertochter Wiesa bekannt, bei denen unsere Übernachtung eingeplant ist.

Sofort bekommen wir Kaffee und warmes Essen angeboten. Eine der drei Töchter studiert in Stettin, die beiden anderen lernen wir kurz kennen, gut erzogene Mädchen, und nicht zu vergessen: Hund »Flipper«, eine kleine, französische, schwarz-weiße Bulldogge. Sein mopsartiges Gesicht wirkt zuerst abstoßend, doch alles, was er will, sind Streicheleinheiten! Peter und Wiesa überlassen uns ihr neu eingerichtetes Schlafzimmer, doch trotz aller freundlicher Aufnahme schlafen wir unruhig. Bis auf die knarrenden Holztüren von Schlaf- und Badezimmer ist das Haus sehr schön renoviert.

Beim gemeinsamen Sonntagsfrühstück, zu dem auch Mutter Käthe ins Haus kommt, um ihren Sohn in deutscher Sprache zu unterstützen, tauschen wir uns über die deutsche Vergangenheit und heutige Gegenwart dieses Landstriches aus.

Mittags sind wir bei Lidia Borowicz und ihrer Familie in Groß Grünow, heute Gronowo, eingeladen - große Wiedersehensfreude.

An diesem Tag, 7. Oktober 2001, wäre Bernds Mutter 112 Jahre alt geworden; und gerade deshalb hat er die Fahrt nach »Rosenhöh«, heute heißt es »Slowianki«, geplant. Das Schloß ist von seinen Großeltern 1870 erbaut worden. 1889 wurde seine Mutter, Hertha, hier geboren. Die Gastgeber fahren am Nachmittag mit uns dorthin, um zu übersetzen, denn der polnische Verwalter, der dort wohnt, kann kein Deutsch. Freundlicher als beim letzten Besuch vor zwei Jahren werden wir von ihm empfangen. Vier Hunde laufen um uns herum, und das erste, was Henzyk Matuszak uns zeigt, sind die Grabsteine von Bernds Großeltern, die inzwischen im Park zwischen den großen, alten Bäumen und nicht mehr irgendwo im Wald verwahrlost ihren Platz gefunden haben. Zu Bernds Freude werden ihm so weitere Überlegungen, wie man die schweren Steine transportieren könnte, erspart. Beide Grabsteine sind gesäubert worden und die Inschriften sehr gut leserlich.

Der Hausmeister erlaubt uns einen Rundgang durchs Schloß, und wir staunen darüber, daß die Wände gestrichen und die Zimmer mit einfachen Betten, Tisch, Stühlen, Nachtschränkchen und Kleiderschränken ausgestattet sind. Eine Übernachtung ist zum günstigen Preis möglich (20 Sloty, ungefähr 10 DM pro Person und Nacht), jedoch nur im Sommer. Eine neue Heizung ist unbedingt notwendig, die alte ist seit etwa zehn Jahren schrottreif. Die alten, doppelten Fenster mit Einfachverglasung sind mit Stores und Vorhängen versehen, verschiedene Bilder des Besitzers, beim Fischen in Alaska, hängen an den Wänden. Toiletten- und Waschräume gibt es extra. Immerhin sieht alles gepflegter aus als bei unseren bisherigen Besuchen.

Unten, im damaligen Eßsaal, sind Ruderboote und Kajaks aufbewahrt, da die Urlaubssaison vorbei ist.

Pferdereiten und Kutschfahrten werden im Sommer angeboten, vom Nachbarn Marek Serafin, einem Polen, der, aus Chicago zurückgekehrt, das einen Kilometer von Rosenhöh entfernte Gehöft mit Wohnhaus gekauft und dazu jede Menge Land gepachtet hat, auf dem sich jetzt insgesamt an die 200 Pferde und einige Kühe wohlfühlen. In der Scheune neben dem Schloß Rosenhöh sind einige Boxen eingerichtet. Der junge Mann erscheint uns jedoch, als fehle ihm weiterer Elan, und wir denken: »Man könnte gemeinsam viel daraus machen, wenn Rinteln nicht so weit weg wäre ...«

Der Spaziergang zum Zetzin-See darf nicht fehlen. Beim Hinuntergehen bemerken wir die Neubepflanzung mit Buchsbäumchen an beiden Seiten der Schlossauffahrt. Am See haben die beiden polnischen Eigentümer, die das Schloß vor drei Jahren kauften, zwei massive Boots- und Badestege aus Holz angelegt. Der kleine Sandstrand ist sauber, und einige neue Bäume wurden gepflanzt. Wir genießen den Blick auf den See und den bunt gefärbten Wald rundherum. Bernd läßt seine Seele in alten Zeiten wandeln - Erinnerungen. Welch angenehme Ruhe hier in dieser idyllischen Landschaft!

Im Dunkeln fahren wir in Richtung Ostrowice (Wusterwitz) und erreichen nach gut einem Kilometer die Pension Gospodarstwo (Urlaub auf dem Bauernhof), geführt von Magdalena und Miroslaw Piwowarczyk.

Unser Zimmer ist geräumig, mit drei Betten ausgestattet und einem wunderschönen Badezimmer mit Dusche. Die Übernachtung mit Frühstück kostet pro Person umgerechnet nur 20 DM/Tag.

Montagmorgen - wir öffnen die leichten Vorhänge vor dem großen Fenster mit zweifacher Verglasung und haben einen weiten Blick geradeaus in die grüne pommersche Wiesenlandschaft und den teilweise buntgefärbten Forst. Von Ostrowice kommend führt leicht kurvig die kleine Verbindungsstraße unterhalb der Pension vorbei zum Dorf Gronowo, das aus kaum mehr als zehn Wohnhäusern, einem großen Schweinestall und der kleinen, gut erhaltenen Kirche besteht. Etwas neblig ist es, aber schon nach dem ausgiebigen Frühstück, das Magdalena unter anderem mit Tomaten, Gurken, Zwiebeln und Schmalz einladend vorbereitet hat, kommt die Sonne durch.

Schade, daß die junge Hauswirtin nur wenig Deutsch und wir noch weniger Polnisch sprechen können, sonst hätten wir uns sicher gut unterhalten. Irgendwie klappt die Verständigung, manchmal mit Händen und Füßen.

Mit Fernglas und Fotoapparat machen wir uns auf den Weg an den Dolgensee, der ungefähr einen Kilometer von der Pension entfernt liegt. Wir genießen den Spaziergang durch die nur leicht hügelige, typisch pommersche Landschaft mit viel Ginster, Wacholder und naturbelassenen Wiesen.

»Auf pommerschem Sandboden gab's vier *K* - Kiefern, Kartoffeln, Karnickel und Knebels!« erinnert sich Bernd spontan. Ja, Kiefern überwiegen hier, rund um den Dolgensee, aber auch Birken und andere Laubbäume lockern das Landschaftsbild auf. Kartoffeln werden inzwischen auch wieder angebaut, und die Knebels sind gerade zu Besuch im Lande. Fehlen also noch die Karnickel, die sich leider nicht blicken lassen! Dafür gibt es besonders in diesem Jahr - aufgrund des feuchten Septembers - sehr viele Pilze. Wir kennen uns nicht allzugut mit ihnen aus, lassen die Finger davon.

Früher zogen in der Pilz- und Beerenzeit ganze Kolonnen von Sammlern in den Wald, meist mit gültigen Erlaubnisscheinen zum Sammeln. Mit prall gefüllten Körben kehrten sie zurück, um die Waldprodukte an den Händler zu verkaufen oder für den Eigenbedarf zu nutzen. Das Sammelgut wurde vielerorts auf den Wochenmärkten angeboten. Heute stehen die Sammler mit ihren Pilzen direkt an den Straßen.

Eine wunderbare Ruhe hier, als könne man das Gras wachsen hören! Es sei jedem empfohlen, der des Autolärmes und hektischen Stadtalltags überdrüssig ist, die Gegend einmal zu besuchen und abzuschalten.

Vor 1945 war fast ein Drittel unserer Kreisfläche (Krs. Dramburg) mit Wald bestockt, besonders dort, wo in der Eiszeit die Böden der Sanderzone abgelagert und für die landwirtschaftliche Nutzung nicht geeignet waren. Die meisten Standorte sagten der Kiefer zu, so daß ausgedehnte Kiefernwälder auch noch heute vorherrschend sind. Die Waldfläche betrug 38.250 Hektar, der Landeswald 18.250 Hektar und die Privatforsten der Güter sowie der Bauern 18.500 Hektar. Im Besitz der Städte befanden sich etwa 1.662 Hektar Wald. Zum Einschlag kam Bau-, Gruben- und Brennholz, wobei der Anteil des letzteren als Ersatz für Kohle relativ hoch war.

Wir gehen weiter, machen einen größeren Bogen bis zum nächsten See, dem Lütgensee, an dem wir uns vor dem Schilf, das den Blick aufs Wasser verdeckt, unter eine knorrige Kiefer legen und diese kostbare Zeit der Entspannung dankbar genießen. Früher habe man den See sehen können, erzählt Bernd. Mit Freunden und Feriengästen ist er als Kind hier baden gegangen.

Beide finden wir es schade, zum späten Mittagessen in Gronowo verabredet zu sein. An diesem Tag wären wir gerne bis in den späten Nachmittag hier sitzen geblieben, doch leider hat Lidia in Gronowo kein Telefon. Und selbst wenn sie dort eins hätte, unser Handy funktioniert hier auf dem einsamen Lande sowieso nicht

Wir verlassen das idyllische Plätzchen bereits nach einer Stunde und gehen mit unserem polnischen Begleiter Borowicz weiter Richtung Gronowo. Bernd und ich wollen noch einen Abstecher zum abgelegenen, alten evangelischen Grünower Friedhof machen, den wir im Wald erst suchen müssen. Aufgrund der vielen Jahre, in denen die Gräber ungepflegt geblieben sind, ist kaum mehr ein Grabstein leserlich. Das von Friedhelm Kobs im Frühling aufgestellte, mit künstlichen Blumen versehene neue Holzkreuz am Grab seiner Mutter fällt uns sofort ins Auge.

Am Nachmittag machen wir zusammen mit unseren Gastgebern einen Spaziergang zur Kirche. Danach geht es weiter durch Gestrüpp hin zu den kärglichen Überresten des Grünower Gutshauses, in dem Bernd aufgewachsen ist. Die restlichen Steine des Anwesens sind auch bald verwachsen. Wer es nicht weiß, kann kaum ahnen, daß an dieser Stelle vor 60 Jahren das 1924 von Bernds Eltern erbaute Gutshaus mit 28 Zimmern stand, umgeben von einem gepflegten Park mit zwei Gärtnereien. Ein kleiner Fluß, genannt das Krebsfließ, bahnt sich wie eh und je den Weg durch die früheren Parkanlagen - heute leider eine Wildnis. Das Groß Grünower Gut hatte Onkel Arthur v. Knebel Doeberitz Bernds Vater Hasso quasi geschenkt. Später, nach dem Ableben des von Verwandten und Bediensteten wegen seiner Einfachheit, Zuverlässigkeit und Nächstenliebe geschätzten Onkels, zog die Familie ins Schloß des ererbten Gutes Dietersdorf.

Plötzlich springt genau vor Bernd etwas hoch: ein Reh. Wer sich wohl in diesem Augenblick mehr erschrocken hat?! Es flüchtet durchs Gestrüpp und weckt alte Erinnerungen an die Jagd: Bernd ist als Junge hier einst durch Wald und Flur gestreift.

Sofort kommt ihm ein Jagderlebnis mit seinem Vater in Erinnerung:

1938, zu Beginn der Brunft in den ersten Septembertagen pirschte er gemeinsam mit seinem Vater einen Platzhirsch mit sechsköpfigem Kahlwildrudel an, das auf einer kleinen Halbinsel an einem Hang mitten im Wacholder stand. Nachdem der Hirsch eines der Schmaltiere beiseite getrieben hatte und kurzzeitig verhoffte, schoß sein Vater mit seiner Büchse (8x57, Teilmantel) auf etwa 90 Schritt. Der Hirsch brach wie vom Blitz getroffen auf der Stelle zusammen, das Kahlwild äugte verunsichert, bevor es abging.

Als sie nach fünf Minuten den Anschuß erreichten, war der Hirsch verschwunden - unverständlich für Vater Hasso. Am nächsten Tag fand man bei der Nachsuche lediglich ein Kalb in achtzig Meter Entfernung vom Anschuß. Nun schlägts Achtzehn - Vater und Sohn schienen endgültig verwirrt. Ein Irrtum war ausgeschlossen, schließlich gab es zwei Zeugen. Beim Zerlegen fand man im Wildkörper des Kalbes ein Fingernagel großes Stückchen »Eisen«, ein Splitter des Geschosses. Der Hirsch blieb für immer verschwunden, war ganz offensichtlich nur gekrellt worden.

Teilweise durch Brennnesseln stiefeln wir bis zum Kartoffelacker, der heute wieder als solcher genutzt wird. Am Rande stehen noch die beiden etwa 200 Jahre alten und dementsprechend eindrucksvollen Bäume.

Kinder wachsen hier noch so ganz anders auf. Sie haben mehr Bezug zu der Landschaft, spielen viel draußen und sind noch kreativ, was in Deutschland weitestgehend durch Computerspiele, Gameboys etc. verkümmert. Die kleine neunjährige Anna, Tochter unserer Gastgeber, malt wunderschöne Bilder mit Buntstiften. Aus unserem mitgebrachten Fotoalbum hat sie unsere damaligen Katzen Pussy und Tapsi abgemalt und danach aus dem Kopf ein Bild von ihrem Hund Szoda.

Wie viele Kinder mag es bei uns in Deutschland noch geben, die Freude an diesen Dingen haben, deren Verwirklichung keine großen Unkosten erfordern, sondern viel mehr eigene Fantasie?!

Eine Dreiviertelstunde fahren wir bis nach Swidwin (früher Schievelbein) und finden den Bahnhof beim zweiten Anlauf. Ich warte im Auto, während Bernd im Gebäude verschwindet und zusammen mit einem älteren Herrn in Anzug und Hut - irgendwie typisch polnisch aussehend - zurückkommt.

Herr Kazimierz Kupoczyk war als Kind in Dietersdorf, dem heutigen Bobrowo. Seine Eltern mußten dort als polnische Gefangene auf dem Gut arbeiten. Bernds Eltern haben der Familie zu Weihnachten Wein und Wolle geschenkt, was sie in Mißkredit bei den Nationalsozialisten brachte und sicherlich mit dazu beitrug, daß sein Vater aus der NSDAP »hinausbefördert« wurde (siehe Dokument). Dies und andere Reaktionen von Bernds Vater brachten ihm am 22. Juli 1944 die Verhaftung durch die Gestapo ein. Die Hysterie gegen den pommerschen Adel nach dem Anschlag vom 20. Juli 1944 war allgegenwärtig.

Persönlich hatten Bernd und Kazimierz keinerlei Kontakte. Der Pole kann ein wenig Deutsch, doch gemeinsam wollen wir eine deutschstämmige Freundin, die bei Swidwin wohnt, zum besseren Verständnis mitnehmen. Allerdings müssen wir nach dem kleinen Haus mit Hof, in dem Helene Marton wohnt, immer wieder fragen. Wir sind erst ein Mal bei Tag dort gewesen, und hier auf dem Lande gibt es viele ähnliche kleine Feldwege und Höfe. Gut, daß Kazimierz in Polnisch Leute nach dem Weg fragen kann.

Nach fast einer Stunde abenteuerlicher Querfeldeinfahrt landen wir endlich vor ihrem Haus. Manches Mal haben wir befürchtet, aufzusetzen, weil unser kleiner Mazda relativ tief liegt, doch - Gott sei Dank - ging alles gut.

Helene hat schon gedacht, wir kämen nicht mehr. Ein wenig sollen wir doch zu ihr reinkommen. Nach einer kurzen Rast geht es dann weiter.

Nach einer fast einstündigen Fahrt erreichen wir Dietersdorf, wo wir unseren Kofferraum endlich ausleeren können. Einige unserer Mitbringsel überlassen wir Helene, aber die meisten Kleidungsstücke, Vitamine und Schreibmaterialien bekommen die geistig behinderten Kinder im Schloß Dietersdorf.

Der bisherige, nette Rektor ist inzwischen als Erzieher tätig. Den neuen Rektor konnten wir nicht kennenlernen, da er gerade auf einer Tagung war. Von der seit zwanzig Jahren im Schloss tätigen Buchhalterin werden wir zum Teller Suppe eingeladen und machen dann einen Rundgang durchs Schloß.

Gerade sind dort 36 Kinder zwischen 6 und 16 Jahren in hübsch eingerichteten und in aufgeräumten Mehrbettzimmern untergebracht. Es gibt einen gemeinsamen Aufenthaltsraum im Erdgeschoss mit Fernsehgerät und Blick auf den Ziegensee. Fantasievoll haben die Kinder dieses geräumige Zimmer gestaltet. Der Jahreszeit entsprechend wurden bunte Herbstblätter gemalt und an einer Schnur quer durchs Zimmer gespannt. Wir sind angenehm überrascht.

Bernd bittet darum, in der ersten Etage auf den Balkon zu dürfen, und eine Lehrerin, die uns durch die Räume begleitet, schiebt die beiden kleinen Schränkchen beiseite und öffnet die zwei Glastüren. Ein Blick nach oben an die Gebäudewand: Das Familienwappen der Familien v. Knebel Doeberitz und v. Günberg ist nach wie vor an der Fassade oberhalb der Balkontür unbeschädigt erhalten. Es wurde sogar farblich aufgearbeitet.

Nach einem kurzen Rundgang durch den Park gehen wir hinüber auf den angrenzenden landwirtschaftlichen Hof, der seit Jahren von dem polnischen Landwirt Osiak gut geführt wird. Nachdem er jahrelang Pacht in Form von Getreideabgaben (240 Tonnen Weizen/Jahr) an den Staat leistete, hat er inzwischen nach zehn Jahren das Gut kaufen können. Leider treffen wir ihn nicht persönlich an. Seine Sekretärin, die uns bei einem früheren Besuch Brote, Wurst und Getränke für die Kutschfahrt vorbereitet hatte, erkennt uns wieder.

1.800 Schweine gibt es hier, bestätigt sie uns. Das Pferd - damals noch ein Fohlen -, das Herr Osiak nach mir »Astrid« benannt hatte, ist allerdings nicht mehr dort. Auf dem Hof stehen zwei große Claas-Mähdrescher.

Kazimierz geht am Bürogebäude vorbei zur ehemaligen Stellmacherei Schulz und denkt wohl an seine Kindheit zurück.

Die Landwirtschaft ist von Bernds Vater früher sehr intensiv und leidenschaftlich geführt worden und wies rund 30 Prozent Hackfruchtanteile im Feldbau und gute Rindviehbestände aus Herdbuchhaltung auf. Neben Zuckerrüben wurden vor allem anerkannte Saatkartoffel-Eliten, Hochzucht und Nachbau, erzeugt. Desweiteren erfolgte der Anbau von Roggen, Hafer, Gerste und auch Raps.

Dann laufen wir durchs Dorf zur neu erbauten katholischen Kirche, die wir uns rundherum anschauen. Es ist ein modernes weißes Bauwerk mit rotem Dach und einem Metallkreuz am Giebel, im ovalen Seitenfenster ein Kreuz aus Ziegelsteinen. Auf dem Schornstein hat sich ein Storchenpaar sein Nest gebaut, das es im nächsten Jahr sicher wieder aufsuchen wird. Die evangelische Fachwerkkirche, die früher auf diesem Platz stand, war wesentlich kleiner. Nur schwer kann ich Bernd davon abhalten, die beiden Glocken, die sich rechts neben dem Eingang befinden, zu läuten!

Angenehm verwundert sind wir darüber, daß vor dem Gebäude keine Marienstatue steht, wie das bei sehr vielen Kirchen in Polen der Fall ist.

Zu Fuß gehen Bernd und Kazimierz noch ein Stück weiter bis an den Vansowsee, der am Ende des Dorfes beginnt. Dort steht das Haus, in dem Kazimierz mit seinen Eltern und seiner Schwester untergebracht war. Besichtigen will er es nicht, hat daran - seinem Gesichtsausdruck nach zu urteilen - zu schlechte Erinnerungen.

Mit dem Auto geht es zurück, da die Weiterfahrt für unseren Wagen auf den Wald- und Feldwegen mit teils sehr großen Löchern nicht empfehlenswert ist. Kazimierz hat den Wunsch, den früheren Dietersdorfer Friedhof zu sehen, auf dem seine Mutter beerdigt wurde. Dort sieht es ebenso verlassen aus wie auf dem alten Grünower Friedhof.

An Gutshaus und Schloß vorbei fahren wir in den nördlichen Teil des dazu gehörenden Parks vor ein neues, im Bau befindliches, rotes Backsteingebäude. Das Grundstück und Teile des Parks sind von einem Polen aus Stettin gekauft worden. Es scheint ein gemütliches Wohnhaus zu werden.

Vor zwei Jahren stand hier noch die alte, verfallene Villa des Sägewerkdirektors Bernhard König. Davon ist jetzt nur noch ein Steinhaufen einige Meter neben dem neuen Haus zu sehen.

Vor 1945 gehörten zu den drei von den Knebel Doeberitz bewirtschafteten Gütern Groß Grünow, Rosenhöh und Dietersdorf insgesamt 2.387 Hektar Wald. Die Kiefer mit einer Umtriebszeit von 120 Jahren nahm fast 72 Prozent, die Eiche und Buche 20 Prozent, die Fichte und Birke nur jeweils vier Prozent der Holzbodenfläche ein. Die forstliche Bewirtschaftung erfolgte mit Referenz der forstlichen Behörden auf hohem Niveau und nachhaltig. Das ist Bernds Vater nach 1945 im Zusammenhang mit der »Schadensberechnung« mehrfach durch Zeugen bestätigt worden. Im fast 1.200 Hektar großen Revier Groß Grünow, übrigens mit besonders guter Hochwildjagd, zum Beispiel wurden jählich durchschnittlich 2.400 Festmeter Rohholz eingeschlagen. Der wüchsige Kiefernboden (II. Bonität 70 % und III. Bonität 30 %) erbrachte viel Wertholz, d. h. Furnier- und Tischlerware. Außerdem fielen Rammpfähle an. Durch Verwertung eines Großteils des Holzes im eigenen Sägewerk wurden Erlöse von 25

Reichsmark je Festmeter erzielt. Die jährlichen Einnahmen lagen zwischen 50 und 60 Tausend Reichsmark, während die Ausgaben 20 bis 30 Tausend Reichsmark betragen haben. Fast die Hälfte der Bestände befanden sich im angehenden oder reifen Baumholz, so daß das Sägewerk stets gut ausgelastet war und schwarze Zahlen schrieb. Brennholz wurde zu sechs Reichsmark je Festmeter veräußert.

Das Bernds Vater gehörende Sägewerk ist übrigens nach dem Krieg vollständig abmontiert worden - von Polen oder Sowjets, das wissen wir nicht genau. Heute stehen dort hinter dem Waldstück ein paar wenig ansehnliche Wohnblöcke aus den 60er Jahren.

Kazimierz will nicht am gleichen Tag zurück nach Danzig reisen, immerhin 4½ Stunden Bahnfahrt. So beschließen wir gemeinsam, nach Falkenburg zu Peter und Wiesa zu fahren. Erstaunlich finden wir immer, wie sehr sich die Menschen hier über spontanen Besuch freuen. Sofort gibt es Kaffee und Kekse, und selbst Peter unterbricht seine Arbeit - den Bau eines Gewächshauses im Garten. Wiesa ruft ihre Schwiegermutter an, die einige Minuten später zusammen mit ihrem zweiten Sohn, der nebenan wohnt und eine Champignonzucht auf eigenem Grundstück betreibt, herbei eilt. Für 30 DM kann Kazimierz in einem Zimmer bei ihr übernachten und am nächsten Tag um 7 Uhr frühstücken, damit er seinen Zug zurück nach Danzig kriegt. Er hat Wodka (mit dem bekannten Grashalm des russischen Büffels drin) mitgebracht. Wir lassen das Trinken, weil solche harten Sachen nichts für Bernds Herz und Blutdruck sind. Den 40%igen dürfen sich Kazimierz, Peter und dessen Bruder zu Gemüte führen.

Als Christen untereinander beten wir fünf gemeinsam zum Abschied, jeder in seiner Muttersprache. Schön zu wissen und ganz gleich, wo wir auch immer sein oder leben mögen, daß wir einen gemeinsamen Herrn - JESUS CHRISTUS - haben. Helene, Margarete und Daniel gehören zur kleinen freien Christengemeinde in Swidwin.

Gegen Mitternacht sind wir wieder in der Pension in Gronowo, froh darüber, daß uns auf den von Bäumen gesäumten Alleen kein Tier vors Auto lief. Bernd überläßt mir im Dunkeln das Steuer, und ich bin froh, auf dieser Strecke nicht alleine zu sein. Wer würde in dieser Einsamkeit nachts schon gerne stecken bleiben!? Es war aber eine ruhige Nachtfahrt, auf der uns nur drei Autos auf dem 35 Kilometer weiten Weg begegnet sind.

Mittwoch, der 10. Oktober, unser letzter Tag in Pommern/ Polen, und wir haben noch keine Pierogi gegessen! Wenn wir schon mal in Polen sind, möchten wir doch gerne eine polnische Spezialität essen, wie zum Beispiel diese gefüllten Teigtaschen. Unsere Gastgeberin erfüllt uns den Wunsch: »Kein Problem. Machen Pierogi. Bringe heute Abend zu Lidia.« »Prima! Ganz toll, aber für die ganze Familie?« Sie nickt zustimmend, lehnt eine Bezahlung ab und macht uns klar, daß es so in Ordnung ist. Wir hätten doch schon Bettwäsche für ihre Kinder mitgebracht. Als wir die vier Übernachtungen bezahlen, nimmt sie kein Trinkgeld an.

Wir fahren kurz ins Dorf Gronowo, um Lidia Bescheid zu geben, daß fürs Abendbrot schon gesorgt ist.

Bernd will noch das Versprechen an Herrn v. Zadow einhalten und nach Altwuhrow (heute Stare Worowo), um dessen früheres Gut anzusehen. Der Ort liegt etwa fünf Kilometer von Slowianki (Rosenhöh) entfernt, doch sind wir bei unseren bisherigen Pommernreisen noch nicht dort gewesen. Das damalige Herrenhaus v. Zadow ist leider bis auf einen Haufen Backsteine zerfallen.

Wir schauen uns die auf einer kleinen Anhöhe gelegenen Kirche (erbaut 1786) und die Gedenktafel an.

Eine Polin führt uns zum schräg gegenüber liegenden Hof der deutschen Frau Bierszanowska. Es stellt sich heraus, daß es ihre Schwägerin ist. Herr v. Zadow hatte uns geraten, diese Deutsche aufzusuchen. Sie weiß nichts von unserem

Kommen, aber wir werden auch hier herzlich aufgenommen und sofort hereingebeten. Frau Bierszanowska freut sich darüber, wieder jemanden zu Besuch zu haben, mit dem sie Deutsch sprechen kann. Sie verlerne sonst die deutsche Sprache ganz, sagt sie. Diese Meinung können wir nicht teilen, denn sie spricht sehr gut Deutsch, mit leichtem Akzent, der verrät, daß sie aus Berlin stammt. Ebenso wie Helene ist sie seit acht Jahren Witwe. Einerseits genießt sie die Ruhe hier, das besinnlichere Leben, andererseits denkt sie an das frühere Berlin zurück.

Auf dem Hof laufen die Hühner um den Mist, zwei Hunde bellen, und wieder gibt es jede Menge Katzen. Eine davon ist sehr zutraulich und darf auch im Haus bleiben. Als ich den Stubentiger auf den Schoß nehme, bleibt er schnurrend dort liegen, bis wir nach zwei Stunden bei Kaffee und Plätzchen aufbrechen. Es sind gute Gespräche mit Frau Bierszanowska, nicht nur was Gegend, Leute, Landwirtschaft betrifft. So genau weiß sie nicht, was in diesem Jahr rund um dieses Dorf angebaut worden ist, aber etwas Getreide (Hafer, Weizen, Roggen und Grütze) und Kartoffeln auf jeden Fall. Die Kartoffeln seien wegen des nassen Septembers aber nicht so gut.

Als sie mit Bernd zusammen die Landkarte der Umgebung anschaut, braucht sie ihre Lesebrille und meint fast entschuldigend: »Schau'n Sie, wie ich rumlaufe. Nur ein Bügel.« Sie hält das gute Stück an der heilen Seite fest. Hauptsache, sie kann gucken, was doch in diesem Moment einzig zählt. Ihre ruhige, nette Art gefällt uns - und was hat das schon mit Äußerlichkeiten zu tun?!

Wir kommen auch auf den Glauben zu sprechen, die Bibel, Gottes Wort, und Jesus Christus können ihr unbefangen unser Lebenszeugnis erzählen. Ist interessant, wie Gott Menschen zueinander führt. Schade, daß so wenig Zeit ist, doch manchmal ist wenig auch viel, je nachdem wie die Zeit ausgefüllt ist. Es erscheint uns, als würden wir diese Frau schon lange kennen.

Wir einigen uns darauf die in Falkenberg wohnende deutsche Familie Thiel aufzusuchen. Erstaunlich ist, wie gut sich das Ehepaar in Polen eingelebt hat. Nur wenn Udo Thiel seinen Namen sagt, stutzen die Polen. Udo - das sei doch sein Spitzname, wie er wirklich heißt, wollen sie wissen. »Udo« heißt auf Deutsch »Oberschenkel«. Aufgrund seiner akzentfreien Aussprache können die Polen kaum glauben, daß er nicht ihr Landsmann ist. »Wenn man polnische Wörter nicht aussprechen kann, so geht das besser, wenn man sie singend lernt. Mir hat das geholfen«, verrät er uns.

Die Thiels zeigen uns die Ferienwohnung, in der gerade ein deutscher Bekannter Urlaub macht, und kommen auf »Die deutsche Minderheit« zu sprechen. Diese ist im 1993 gegründeten Verein, von dem Udo seit kurzem der Vorsitzende ist, zusammengeführt. Der Verein hat eine ehemalige Baptistenkirche in Dramburg erworben und hält nun dort seine Treffen ab. Ziel ist es nicht, die alten pommerschen Zustände wiederherzustellen, sondern sich für ein gutes Miteinander von Deutschen und Polen einzusetzen. Sogleich ist Bernd begeistert und wird 247. Mitglied, da er dieses Anliegen voll und ganz teilt.

Gerade rechtzeitig zum Abendbrot kommen wir nach zwanzigminütiger Fahrt in Gronowo an. Mira und Lidia haben schon den Tisch gedeckt und auch noch einen Eintopf und Brot vorbereitet. Da trifft auch Magdalena mit zwei großen Schüsseln Pierogi ein, die wir uns alle gemeinsam schmecken lassen. Eine Hälfte hat sie mit Quark, die andere mit Kraut und Pilzen gefüllt. Beides sehr lecker zubereitet! Da hat sie uns eine große Freude gemacht. Es ist noch ein gemütliches Beisammensein, während sie schon zeitig nach Hause zu Mann und Kindern fahren muß.

Am späten Abend heißt es von allen vorläufig Abschied zu nehmen, denn am nächsten Morgen fahren wir Richtung Westen. Vielleicht gibt es ein Wiedersehen - so Gott will.

Quellenverzeichnis

Caminneci, O. »Undankbar«, Wild und Hund, 1942-44

»Diana, Hubertus und Ich«, Verlag Paul Parey, 1932

Heck, L. »Weidwerk mit bunter Strecke«, Verlag Paul Parey, 1968

Neuschäffer, H. »Schlösser und Herrenhäuser in Hinterpommern«, Seekamp, 1987

Scherping, U. »Dankbar«, Wild und Hund, 1942-44

Bildnachweis

Archiv Caminneci, Manfred

Archiv v. Knebel Doeberitz, Bernd aus dem Nachlaß von
Hasso v. Knebel Doeberitz (verstorben am 02.04.1970)

Archiv WAGE-Verlag Tessin und K.-P. Reif

Archiv Verlag Paul Parey - mit freundlicher Unterstützung

Zeichnungen von Klaus-Peter Reif (Künstler)

Hochzeitsfoto von Gerd von Knebel Doeberitz mit Alice Gräfin v. Medem (23.06.1921 in Dresden im Schloß der Familie v. Medem)

auf 2. Stufe mit Zigarre u. Monokel: Hasso v. Knebel Doeberitz
auf 1. Stufe: Vera Wolff, geb. Korff
ebenerdig von links: Carl Medem; Irmgard v. K. D. (Rosenhöh); Hanna Gräfin v. Armin-Gerdorf, geb. v. K. D.; *dahinter von links:* Theodor Medem (Alt Stütz); Coky Berchem; Emmy Wolff, geb. Weiß
Rechts über Hasso v. K. D.: Herta v. K. D (seine Frau); Elisabeth v. Medem, geb. Hahn (Alt Stütz); Onkel Arthur v. K. D. (Rosenhöh)
über dem Bräutigam: Meta und Elly Medem
hinter dem Bräutigam: Helene v. K. D., geb. Kramsta (Zülshagen)
neben dem Bräutigam v. l: Gertrud v. K. D. (Rosenhöh); Meta Haniel, geb. Rauch; Lilli Medem; Clence Medem, geb. v. Transehe (Roseneck); Konrad Graf v. Medem; *dahinter:* Geschwister Peter
auf dem Balkon von rechts: der Pfarrer; Erich v. Puttkammer; Carola v. Griesheim, geb. v. Dörnberg; Wally v. Anderten (mit Pelz); Ellen und Diana Medem; Herr Mellin; Her v. Stackelberg; Frau v. Trensehe; Therese Gräfin v. Einsiedel, geb. v. Kramsta; Sonny Saß; Paul Medem; Herr v. Brünau; (Hinter ihm zwei Personen nicht bekannt); Fred Medem; Carl Magnus v. K. D. (Friedrichsdorf)
links außen mit Zigarette: Wanda v. Puttkamer
(Angaben von Bernd v. Knebel Doeberitz)

Ein Ort zum Bleiben
Lfm. i. R. Waldemar Martens
338 S., 51 Fotos, 14 Zeichn.
ISBN: 3-9805273-2-8, 22,00 €

Der letzte Landforstmeister auf dem Darß z. Zt. der DDR (30 J.) schildert mit unterhaltsamen Anekdoten das Leben auf der einmaligen Halbinsel, die jagd- und forstlichen Entwicklung bis hin zum Staatsjagdgebiet.
Folgewerk auf "Wo Adler noch und Stürme jagen"

Die Welt ist uns gram und wir sind nur ein Spiel
Goede Gendrich
312 S., 25 Fo., 8 Zei. K.-P. Reif
ISBN: 3-9805273-3-6 18,00 €

Das letzte Buch des bekannten Autors. Die Lebensgeschichte seiner Försterfamilie von 1923 bis 1953. Er schildert seine Jugend- und Lehrzeit in der Forst, seinen Einsatz im 2. Weltkrieg. Nach Einmarsch der Russen in sein Dorf versteckt er sich mit seiner Frau 98 Tage in einer Erdhöhle im Wald, dann die gefährliche Flucht in den Westen und der neue schwere Anfang.

Im Kranichwald
Joachim Kolmer
204 S., 27 Fo., 20 Zei. v. K.-P. Reif
ISBN: 3-9805273-6-0 13,00 €

Schon als naturbegeistertem Jungen begegneten ihm die mächtigen erhabenen Seeadler hautnah, auch der exotisch erscheinende Wiedehopf, später der legendäre "Polzer Hirsch" (231,87 IP), imposante Kraniche, das "Platzkommando" u. v. a.

...auf den Spuren von Busdorf..

Hinter den dunklen Wäldern
Lothar von Hausen
311 S., 58 Fo., 10 Zei. v. H. Busch, **ISBN: 3-9805273-9-5**, 22,00 €

Deutschland erlebte Anfang der 30er Jahre des vergangenen Jahrhunderts einen der spektakulärsten Wilddiebs-Kriminalfälle, bei dem der Preußische Staatsförster Max Daecke ums Leben kam. Einer der zu langen Haftstrafen verurteilten Frevler brach aus dem Gefängnis aus. Zum "Schrecken der Wälder" erklärt, trieb er in den Waldungen des 740 m hohen Dolmars sein Unwesen. Erbarmungslos gejagt, geschunden, ermordet!
Auf den Spuren von Busdorf*...*
Jahrzehntelange Recherchen des Autors, eigene Erlebnisse und der persönliche Kontakt zu den Hauptpersonen gingen diesem Buch voraus.